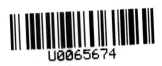

書名：袁氏命譜（下）
系列：心一堂術數古籍珍本叢刊　星命類
作者：〔民國〕袁樹珊撰

主編、責任編輯：陳劍聰
心一堂術數古籍珍本叢刊編校小組：陳劍聰　素聞　梁松盛　鄒偉才　虛白盧主

出版：心一堂有限公司
地址／門市：香港九龍尖沙咀東麼地道六十三號好時中心LG 六十一室
電話號碼：+852-6715-0840　+852-3466-1112
網址：publish.sunyata.cc
電郵：sunyatabook@gmail.com
網上書店：http://book.sunyata.cc
網上論壇：http://bbs.sunyata.cc/

版次：二零一四年五月初版
平裝：二冊不分售

　　　港幣　二百四十八元正
定價：人民幣　二百四十八元正
　　　新台幣　八百八十元正

國際書號：ISBN 978-988-8266-71-5

香港及海外發行：香港聯合書刊物流有限公司
地址：香港新界大埔汀麗路三十六號中華商務印刷大廈三樓
電話號碼：+852-2150-2100
傳真號碼：+852-2407-3062
電郵：info@suplogistics.com.hk

台灣發行：秀威資訊科技股份有限公司
地址：台灣台北市內湖區瑞光路七十六巷六十五號一樓
電話號碼：+886-2-2796-3638
傳真號碼：+886-2-2796-1377
網路書店：www.govbooks.com.tw
　　　　　www.bodbooks.com.tw
經銷：易可數位行銷股份有限公司
地址：台灣新北市新店區寶橋路二三五巷六弄三號五樓
電話號碼：+886-2-8911-0825
傳真號碼：+886-2-8911-0801
email：book-info@ecorebooks.com
易可部落格：http://ecorebooks.pixnet.net/blog

中國大陸發行・零售：心一堂書店
深圳地址：中國深圳羅湖立新路六號東門博雅負一層零零八號
電話號碼：+86-755-8222-4934
北京地址：中國北京東城區雍和宮大街四十號
心一店淘寶網：http://sunyatacc.taobao.com

袁氏命譜卷四

鎮江　袁樹珊著

趙孟頫二五

元。姓趙氏。名孟頫。字子昂。號松雪道人。宋太祖十一世孫。因賜第湖州。故爲浙江湖州人。（湖州。即今浙江省。吳興縣治。）幼聰敏。讀書過目輒成誦。爲文操筆立就。宋咸淳丁卯。（年十四）用父蔭補官。辛未（年十八）試中國子監。調眞州司戶參軍。宋亡。家居益力於學。元世祖至元丁亥。（年三十四）程鉅夫奉詔搜訪遺逸。以孟頫入見。才氣英邁。如神仙中人。世祖顧之喜。使坐右丞葉李之上。授兵部郎中。出佐濟南府。（濟南。即今山東省。歷城縣治。）累官翰林學士承旨。至治壬戌。六月辛巳卒。年六十九。追封魏國公諡文敏。著有尙書註。琴原。樂原。得律呂不傳之妙。又著松雪齋集。詩文淸邃奇逸。讀之使人有飄飄出塵之想。篆籀分隸。眞行草書。無不冠絕古今。遂以書名天下。其畫山水木石。花竹人馬。尤精緻。前史官楊載。稱孟頫之才。頗爲書畫所掩。知其書畫者。不知其文章。知其文章者。不知其經濟之學。人以爲知言云。

南宋寶祐二年九月初十日巳時生（生卒見松雪齋集）

元英宗至治二年六月十五日□時卒

甲寅	命	三歲	乙亥	十三	丙子
甲戌	宮	二三	丁丑	三三	戊寅
己酉	丁	四三	己卯	五三	庚辰
己巳	丑	六三	辛巳	七三	壬午

子平大全云。凡看八字先明從化。從化不成。方論其他。又云。天幹化合者。秀氣也。地枝合局者。福德也。珊謹按趙文敏公之造。甲寅甲戌己酉己巳。日幹之己。與月幹之甲。陰陽聯合。時幹之己。與年幹之甲。又陰陽聯合。不獨日時二幹之己。不能作正五行土言。卽年月二幹之甲。亦不能作正五行木言。蓋

二己二甲。同化爲土矣。既化爲土。辨吉凶。論休咎。皆當以化氣五行之土爲標準。若再泥正五行之土木言。直是沽醬而索豆。値失之遠矣。此化土於霜降節前。黃帝雖未司權。土王行將用事。再得寅戌化火以生土。酉巳化金以洩土。而寅巳各具藏丙戊。酉各具藏辛。比隣而居。相親相近。又復同化爲水。此誠秀氣充足。福德饒餘之造。雖命宮丁字。暗中引壬。化木剋土。得丑字貴神人從中斡旋。小疵大醇。何足爲病。仁宗帝問與左右論公。謂有人所不及者數事。帝王苗裔一也。狀貌昳麗二也。（昳音耋。屑韻 日昃也。）博學多聞知三也。操履紸正。（紸音注。紸續曰注。）四也。文詞高古五也。書畫絕倫六也。旁通佛老之旨。造詣玄微。七也。珊謂七事雖美。猶不足爲公多。惟大兵以後。十室九空。桑哥暴斂。民不聊生。公獨能力勸奉御徹里。公密奏朝廷。蠲除錢糧。誅戮桑哥。及至出爲同知濟南。公獨署府事。凡有民事。隨時決遣。輕則諭解。且以振興學校爲先務。夜出巡邏。聞讀書聲。輒削其柱以記之。翌日饋酒以勞其勤。能爲辭章者。必加褒勉。與之聲譽。或授以法度。使慕高古。凡此種種。較之以上七美。有過之。無不及。故當時有民歌子產。人詠召公者。然果推其本原。實因八字四合。有以致之。否則不過留夢炎之流。在宋雖狀元及第。位至丞相。何嘗些須爲國計民生哉。十二歲亥運。歲值乙丑。喪父。此亥遙衝巳丑遙刑戌之故。十八歲丙運。歲值辛未。試中國子監。調眞州司戶參軍。此丙辛化水潤土之故。未戌相刑。尙無大害。三十四歲丁亥。十一月。程公鉅夫奉詔搜訪江南遺佚二十餘人。（佚質韻・與逸通・）公居首選。世祖皇帝一見稱之。以爲神仙中人。使坐於右丞葉公之上。自布衣擢奉訓大夫。三十六歲戊子。至六十八歲辛酉。自兵部郎中拜集賢直學士。進朝列大夫。出爲同知濟南路總管府事。進拜翰林學士承旨。知制誥。兼修國史。至謁告致仕。如此三十餘年。家齊國治。順理成章。此皆戊寅己卯庚辰等運。與甲己化土格。不相背謬。有以致之。不盡關於人力也。六十九歲巳運。歲値壬戌。溘然逝世者。此乃合丁化木破土之故。豈止巳寅戊丑。傷格損貴已哉。別本載公九月九日生。非是。

附錄

自警

齒豁頭童六十三。一生事事總堪慚。唯餘筆硯情猶在。留與人間作笑談。

贈張德玉

張君說易萬人誇。幽贊神明斷不差。動靜六爻雖有象。吉凶萬變本無涯。河圖妙在縱橫用。皇極曾傳一倍加。自笑已無疑可卜。有疑來問爾西家。

葉氏經疑序

大凡讀書不能無疑。讀書而無所疑。是蓋於心無所得故也。無所得則無所思。不思矣何疑之有。此讀書之大患也。善讀書者。必極其心思。一字不通。弗舍之而求一句。一句不通。弗舍之而求一章。一章不通。弗舍之而求一篇。夫如是則思之深。思之深則必有疑。因其疑而極其心思。則其有得也。凡書皆然。經爲甚。何者。六經其來最古。傳之久。而訛謬生焉。以今人而臆度古人。吾見其不能矣。則夫疑之多也何恠。通川葉君。白首於六經。凡有疑。皆萃而爲一編。其疑之淺深。固未易遽釋。而其所以疑者。有以見葉君之用心於經書。而非泛泛口耳之學。所可同年而語矣。葉君以僕嘗從事於斯。不遠千里。來求敍引。故敍其所以疑者。覽者其詳諸。（以上松雪齋文集）

帝嘗問葉李。留夢炎優劣。孟頫對曰。夢炎臣之父執。其人重厚。篤於自信。好謀而能斷。有大臣器。葉李所讀之書。臣皆讀之。其所知所能。臣皆知之能之。帝曰。汝以夢炎賢於李耶。夢炎在宋爲狀元。位至丞相。當賈似道誤國罔上。夢炎依附取容。李布衣乃伏闕上書。是賢於夢炎也。汝以夢炎父友。不敢斥言其非。可賦詩譏之。孟頫賦詩云。狀元曾受宋家恩。國困臣強不盡言。（此二句見松雪齋集）往事已非那可說。且將忠直報皇元。帝嘆賞焉。孟頫退謂奉御徹里曰。帝論賈似道誤國。責留孟炎不言。桑哥罪甚於似道。而我等不言。他日何以辭其責。然我疏遠之臣。言必不聽。侍臣中讀書知義理。慷慨有大節。又爲上所親信。無踰公者。夫捐一旦之命。爲萬姓除殘賊。仁者之事也。公必勉之。既而徹里至帝前。數桑哥罪惡。帝怒。命衞士批其頰。血涌口鼻。委頓地上。少間復呼而問之。對如初。時大臣亦有繼言者。帝遂按誅桑哥。罷尚書省。大臣多以罪去。（元史趙孟頫傳）他日徹里公與孟頫論及此事。嘆曰。使我有萬世之名。公之力也。（此語見松雪齋集）

楹聯

元世祖初聞趙子昂之名。卽召見之。子昂丰姿如玉。照映左右。世祖心異之。以爲非人臣之相。使脫冠見其頭尖銳。乃曰。不過一俊書生耳。遂命書殿上春聯。子昂題曰。九天閶闔開宮殿。萬國衣冠拜冕旒。又命書廳門春聯。題曰。日月光天德。山河壯帝居。按日月十字。今率用爲新歲桃符。幾徧閭巷。而不知始自松雪翁。且非臣工所宜用也。又按今人家門聯。率用天恩春浩蕩。文治日光華。十字。不知此乃雍正年間御賜桐城張文和廷玉桃符句。張氏歲歲懸之。後京官度歲强半書此作大門春聯。近日。則外省亦比戶皆然矣。

又引堅瓠集云。趙子昂過揚州迎月樓趙家。其主求作春聯。子昂題曰。春風閬苑三千客。明月揚州第一樓。主人大喜。以紫金壺奉酬。

靈隱寺山門。有趙松雪一聯云。龍湖風迴。萬壑松濤連海氣。鷲峯雲斂。千年桂月印湖光。今西湖志不載。以上楹聯叢話

劉基二六

明。姓劉氏。名基。字伯溫。浙江靑田縣人。虬髯。貌修偉。元。泰定甲子。年十四入郡庠。習舉業。爲文有奇氣。決疑義。皆出人意表。凡天文兵法諸書。過目洞識其要。丙寅。年十六舉於鄉。至順庚午。年二十登進士第。授江西高安縣丞。有廉直聲。江西行省大臣。素知公。遂辟爲職官掾史。掾音硯·古佐貳官之通稱。後與幕官議事不合。遂投劾去。隱居力學。至是而道益明。後爲浙江提學副提舉。爲行省考試官。頃之。建言監察御史失職事。爲臺憲所阻。遂棄官歸田里。至正庚子。年五十明太祖定括蒼。縣名·故城在今浙江省·麗水縣東南·聘至金陵。陳時務十八策。建禮賢館處之。佐太祖。滅陳友諒。執張士誠。降方國珍。北伐中原。遂成帝業。授太史令。累遷御史中丞。諸大典制。皆基與李善長宋濂。計定。封誠意伯。洪武四年辛亥。年六十一以弘文館學士致仕。性剛嫉惡。與物多忤。爲胡惟庸所搆。憂憤卒。時八年乙卯。四月乙巳。年六十五。正德中追諡文成。基博通經史。尤精象緯之學。有郁離子。覆瓿集。寫情集。犂眉公集等書行世。其占諗象緯諸書。公啓手足時。命其子獻諸朝。具在金匱石室。靡可得窺云。

元武宗至大四年六月十五日午時生（生卒見年譜）

明太祖洪武八年四月十六日□時卒

四柱	命宮	歲	運	歲	運
辛亥	命	一歲	甲午	十一	癸巳
乙未	宮	二一	壬辰	三一	辛卯
乙卯	壬	四一	庚寅	五一	己丑
壬午	辰	六一	戊子	七一	丁亥

讀誠意伯劉公文集。附年譜。敬悉公誕生於元至大四年六月十五日。幷未詳載生時。珊仰止情殷。謹就其學識經歷。擬作午時。其八字爲辛亥。乙未。乙卯。壬午。謹按日元之乙爲陰。在五行屬木。古人以花卉喻之。當此小暑節後。葵傾烈日。槐動薰風。生意滿園。概可想見。再益以月幹乙木。及亥年。未月。卯

日。三枝藏木。蕃榮滋長。更逾尋常。假令無土以栽培之。無金以翦裁之。直是野草閒花。豈能分紅間白耶。恰好時枝之午。中藏己土。年幹之辛。特立屬金。栽培有素。翦裁見功。非惟解語忘憂。尤應春華秋實。是以忽爲仙人隱士。忽爲君子大夫。以視淵明和靖。蓋有過之。或曰。天幹二乙。地枝亥卯未三合。格成曲直。用土培之則可。豈能用金以戕賊之耶。曰四柱無金。始爲曲直。今年幹明見辛金。非曲直也。既非曲直。而又木象森森。安可不藉金翦裁。芟其繁蕪。歸於簡當耶。得土培木。得金制木。用神完備。不同尋常。總之非命宮壬辰。不能慈闈壽永。而亦不致弦斷再續。有四氏之多。非日枝卯祿。不足以勝辛金。而亦不能有二男濟美。壽近稀齡。非午時藏土。必不能天資穎異。凡經史子集。天文兵法諸書。過目洞識其要。指迷賦云。祿生旺兮。則分節鉞。造微賦云。長生乃延壽之星。良有以也。十四歲癸運。甲子小限己卯。入郡庠。十六歲仍行癸運。丙寅小限丁丑。舉於鄉。二十三歲已運庚午。小限癸酉。登進士第。授江西高安縣丞。有廉直聲。江西行省大臣素知公。遂辟爲職官掾史。以讜直聞。後與幕官議事不合。遂投劾去。隱居力學。至是而道益明。就此三則觀之。可見己土。丑土。庚金。酉金。及巳中藏金。均有裨於繁木也。及至辛運。爲儒學副提舉。庚運。爲浙東都司。辭金鎰金。亦嘗牛刀小試。五十歲寅運藏土。庚子幹金枝貴。是以應太祖之聘。親赴建康。（故城在今江蘇江寧縣南）條陳時務。自此一鳴驚人。接行己丑二運。土金連環。是以謀議機密。預言必中。規定律令。建築新宮。自太史令而拜御史臺中丞。復又晉封誠意伯。可見土能生金。金能制木。效用特殊也。六十二歲交入戊運。經過壬子。癸丑。甲寅等年。水木爲害。是以發生談洋地事。爲胡惟庸所訐。（音揭。月韻。發人陰私曰訐。）致令引咎自責。憂憤成疾。延至六十五歲乙卯。與日主幹枝犯比。故一病不起。當誠意伯疾篤時。卽以天文書授子璉曰。亟上之。（亟音棘。職韻。急也。）毋令後人習也。又謂次子璟曰。夫爲政寬猛如循環。當今之務。在修德省刑。祈天永命。諸形勝要害之地。宜與京師聲勢連絡。我欲爲遺表。惟庸在。無益也。惟庸敗。上必思我。有所問。以是密奏之。居一月而卒。時爲四月十六日也。

附錄

田家

田家無所求。所求在衣食。丈夫事耕稼。婦女攻紡績。侵晨荷鋤出。暮夜不遑息。飽暖匪天降。賴爾筋與力。租稅所從來。官府宜愛惜。如何恣刻剝。滲漉盡涓滴。（滲·森·去聲·沁韻 漉音祿·屋韻）怪當休明時。狼藉多盜賊。豈無仁義矛。可以弭鋒鏑。安得廉循吏。與國共欣戚。清心罷苞苴。養民瘳國脉。

送醫士賈思誠還浙東二首

西風嫋嫋水鱗鱗。一曲離歌淚滿巾。殘柳數株鷗數點。夕陽江上送歸人。

落木長亭獨客回。蹇驢聊可當駑駘。還山須種千株杏。等待仙華道士來。

遺興

一炷清香一卷書。此身安處是吾廬。綠槐翠柏宜長日。門外何須長者車。

春蠶

可咲春蠶獨苦辛。爲誰成繭却焚身。不如無用蜘蛛網。網盡蜚蟲不畏人。

靈棋經解序

昔者聖人作易以前民用。靈棋象易而作也。易道奧而難知。故作靈棋以象之。靈棋之象。雖不足以盡易之蘊。然非精於易者。又焉能爲靈棋之辭也哉。靈棋之式。以三爲經。四爲緯。三以上爲天。中爲人。下爲地。上爲君。中爲臣。下爲民。四以一爲少陽。三爲太陽。二爲少陰。四爲老陰。少陽與少陰爲耦。而太陽與太陰爲敵。得耦而悅。得敵而爭。其常也。或失其道。而耦反爲仇。或得其行。而敵反爲用。其變也。陽多則道同而相助。陰多則志異而相乖。君子小人之分也。陰陽迭用。體有不同。而名隨之異。變易之道也。易之取象。曰車。曰馬。曰桷。（音角。椽之方者曰桷。）曰矢。曰鬼。曰狐之類。推而達之。天下之物。無不該矣。曰馬矣。

而又化爲龍。曰水矣。而又以爲雲。變易之義也。非通天下之賾者不識也。故
曰靈棋象易而作也。非精於易者不能也。予每喜其占之驗。而病解之者不
識作者之旨。而以世之卜師之語配之。故爲申其意而爲之言。若夫以爲黃
石公之授。張子房之受。則傳無其文。史無其實。不敢從而附會之也。
珊按古今事物考。引異苑曰。十二碁卜出張良。受法於黃石公。蓋靈碁法
也。通志略卷二十。載有靈棋經一卷。張良撰。又一卷唐李遲撰。文成所解
者。卽謂爲黃石公授之子房。亦未爲不可也。

徐仲遠序

世之所謂禍福通塞者。果由於命耶。聖人罕言命。命果不足道耶。孔子曰。道
之將行也與。命也。道之將廢也與。命也。自古固有不仁而安榮。守道而戮辱
者。庸非命乎。古之人以壽。富。康甯。攸好德。考終命。爲福。而不言貴。今之論命。
以官爵之大小品高下。豈古之所謂禍福。與今異耶。好德無踰於仲尼。則厄

窮而在下。顏淵亞聖。三十以死。曹孟德。司馬仲達。位在人上。而以壽終。且及其子與孫。禍耶福耶。所謂命者。當何以斷之哉。易曰。窮理盡性。以至于命。孔子曰。不知命無以爲君子也。今之言命者。其果有合於古人否乎。天以陰陽五行。生爲人也。陰陽五行之精。是爲日月木火土金水之曜。七曜運乎上。而萬形成乎下。人也者。天地之分體。而日月木火土金水之分氣也。理生氣。氣生數。由數以知氣。由氣以知理。今之言命者之所由起也。夫氣。母也。人。子也。母子相感。顯微相應。天人之理也。則亦何可廢哉。日至而麋鹿解。月死而蠃硥瞧。（蠃魯果切・音裸・蜾蠃・又郎何切・音羅・蚌屬・本作螺・硥同蚌・武項切・音儱・石貌・）溫風動而薺麥死。淸霜降而豐鍾鳴。物理相通。不可誣也。天台徐仲遠。以七曜四餘。推人生禍福。無不驗。予甚異之。而贈以言。若夫吉凶利害之所趨避。則吾聞之孟子矣。（以上誠意伯文集卷五）

郁離子曰。天地之呼吸。吾於潮汐見之。禍福之素定。吾於夢寐之先兆見之。同聲之相應。吾於琴之弦見之。同氣之相求。吾於鐵與磁石見之。鬼神之變化。吾於雷電見之。陰陽五行之消息。人命繫其吉凶。吾於介鱗之於月見之。祭祀之非虛文。吾於豺獺見之。天樞之中。吾於子午之針見之。巫祝之理不無。吾於吹蠱見之。三辰六氣之變。有占而必驗。吾於人之脈色見之。觀其著以知微。察其顯而見隱。此格物致知之要道也。不研其情。不索其故。梏于耳目而止。非知天人者矣。郁離子

誠意伯佐命之功。追綜文成。而時罕傳記。至其學所師承。亦無能言之者。或云師九江黃楚望。更考之。予鄉人顧梗知青田縣。與劉翁爲遊。誠意之末孫。能通其家學。爲梗言誠意未遇時。知青田山有靈異。日手一編。面山而坐。目不暫釋。經歲。忽厓上豁開三扉。公亟擲書趨入。聞有呵之者曰。此中毒惡。不可入也。公不顧。竭力排而進。其中日色明朗。有石室方丈。壁上見七大字云。此石爲劉基所破。公喜。引巨石推之。應手折裂。得一石函。中有古鈔兵書四卷。懷之出。纔展足。而壁合如故。歸誦之。甚習。然猶未得其肯綮。乃多遊深山崇刹。以訪異人。

久之。入一山寺。見老道士憑几讀書。若知其隱者。拜之。請教。道士不顧。公力懇之。道士舉所讀書以授之曰。讀此旬日能背誦。則可。不能姑去。書厚二寸。公一夕記其半。道士驚歎曰。子天才也。遂傳其學。後佐高皇帝。嘗對御言及道士。上令驛召至闕。年且八十。而容色甚少。命與誠意及張鐵冠擇建宮之地。初各不相聞。既而皆爲圖以進。尺寸若一。上欲留之。不可。遂放還山。不知所終。又言公疾革時。謂其子云。吾家封爵當中絕。然至五世後應得武職。從茲可傳繼矣。至孫薦襲爵後果被革。弘治初詔錄公後。爲處洲指揮使。正五世矣。時嫡孫以罪繫獄。有司脫桎梏而冠服之。人以爲奇遇。

誠意伯嘗過吳門。中夜聞邪許聲。以問左右。曰。人家上梁也。又問其家貧富。及屋之豐儉。曰。貧家數楹屋耳。公嘆曰。擇日人術精乃爾。又曰。惜哉其不久也。左右問故。公曰。此日此時上梁最吉。家當大發。然必巨室乃可。若貧家驟富。必復更置。此屋旺氣一去。其衰可待也。其後此家生計日長。不數歲藏鏹

百萬。果撤屋廣之。未久。遂貧落如故。以上庚己編

丹徒巨村有劉文成讀書處。歐陽蘇容安軒初稿。懷青田劉先生詩並序。先生以元季棄官。隱於我里。居村西蛟溪書屋。十二世祖太守公。遣子弟受學先生。每與人言。凡事皆由前生定。一日逢重九。太守公開筵賞菊。先生以是年春。因事他適。席將終而始至。止餘酒一杯。鷄頭半箇耳。太守公重命整肴核。先生曰。此前生定也。太守公曰。有說乎。先生命觀戶後題句云。去時三月三。來時九月九。半箇鷄頭一杯酒。讀畢大笑。至今傳爲佳話。今書屋雖巋然尙存。而先生不可復見矣。憑窗悵望。感而成章云。危檐何高高。下瞰長溪水。煙景足山川。收入窗戶裏。大河從北來。依村環邐迤。春至桃花浪。洋洋浮百里。茅峯峙西南。當軒屏幛起。嶺樹翠欲挹。山光滿案几。歌詠愧凡才。前賢今杳矣。緬懷蚪潛時。詩酒逢知己。重九與上巳。前定識妙理。從龍謝詩人。指揮定明紀。茲樓久寂寞。憑眺懷被美。高風不可攀。舉首徒翹企。朗吟題壁詩。愍

然接容止。先生有蛟谿詩載文集卷十三〇年譜

古今人品有絕相類者漢曰張子房。蜀漢曰諸葛孔明。國朝曰劉伯溫。三人。其德器同。其才略同。其出處同。其超然遠覽爵祿富貴不係於心同。其以布衣掉三寸舌。運籌帷幄。爲王者師亦同。其佐英主於草莽之中。而成帝業亦同。蓋此三人者。光明俊偉。倜儻磊落。三代而下。所僅見者也。新知錄摘抄

明太祖高皇帝二七

明。姓朱氏。諱元璋。字國瑞。太祖之先世。故沛人。徙江東句容。爲朱家巷。宋季。大父再徙淮。家泗州。（清康熙時。淪入洪澤湖。徙舊虹縣地。屬安徽省。民國改爲泗縣。）父世珍始徙濠州之鍾離（故治在今安徽省。鳳陽縣東。少北二十里。）太平鄉。（濠州隋置。明廢。今安徽鳳陽縣是。）母陳。生四子。太祖其季也。比長。姿貌雄傑。奇骨貫頂。志意廓然。人莫能測。元至正四年甲申。旱蝗。大饑疫。太祖時年十七。父母兄相繼歿。貧不克葬。里人劉繼祖與之地。乃克葬。卽鳳陽陵也。太祖孤無所依。乃入皇覺寺爲僧。（皇覺寺。在鳳陽縣東南二里。洪武初。改名龍興寺）逾月。僧乏食。太祖遊食合肥。歷光固汝潁諸州。道病。輒見兩紫衣人與俱。護視甚至。病差。遂不見。崎嶇三載。仍還皇覺寺。時元政不綱。羣雄並起。定遠人郭子興。家富饒。任俠喜賓客。見天下方亂。散家貲。與壯士相結。集少年數千人。襲據濠州。元將徹里不花。不敢進。日掠良民邀賞。至正十二年壬辰。太祖時年二十五。謀避兵。卜於神。去留皆不吉。乃曰。得毋當舉大事乎。卜之吉。大喜。遂以閏三月甲戌朔。入濠州。抵門。門者疑爲諜。執見子興。子興奇其狀貌。與語。大悅之。留帳下。爲十夫長。數從戰有功。子興喜。其次妻張氏。亦指目太祖曰。此異人也。秋九月。遂妻以所撫馬公女。卽高皇后也。始子興同起事者。孫德崖等四人。繼與德崖齟齬。太祖屢調護之。十三年癸巳。年二十六 太祖收里中兵。得七百人。子興喜。署爲鎮撫。時彭趙所部暴橫。子興弱。太祖度無足與共事。乃以兵屬他將。獨與徐達。湯和。費聚等。南略定遠。縣名。屬安徽省。復下徐州。故治。卽今江蘇省·銅山縣。 十四年甲午。年二十七 元兵攻滁。太祖設伏誘敗之。十五年乙未。年二十八 子興用太祖計。拔和州。今爲和縣。屬安徽省。 乃搜軍中所掠婦女。縱還家。民大悅。三月。子興卒。時潁州劉福通。迎立欒城韓山童之子林兒於亳。今爲亳縣。屬安徽省。 國號宋。建元龍鳳。檄子興子天敘爲都元帥。張天祐。太祖爲左右副元帥。四月。常遇春。廖永安等。以水軍千艘來附。太祖遂定計渡江。拔牛渚。牛渚山名·在安徽省·當塗縣西北二十里·一名采石· 下太平。太平·卽今當塗縣· 自領元帥十六年丙申。年二十九破采石克集慶降其衆三萬六千。爲吳國公。自此克江陰。縣名。屬江蘇省。克婺源。縣名。屬安徽省。克諸暨。縣名。屬浙江省。中原大亂。太祖所過不殺收召才雋。由是人心日附。二十年庚子。年三十三徵劉基。宋濂。以劉基留帷幄。謀機密。宋濂爲提舉。遣子標受經學。自此而後。滅陳友諒。稱吳王。滅張士誠。克燕京。十五載而成帝業。建都應天爲南京。時在四十一歲。乃元至正二十八年。即明洪武紀元戊申也。洪武二年己酉。至三十年丁丑。纂修元史。築寧海諸城。重士愛民。頗多善政。惟求治太急。疾惡太嚴。誅戮功臣。株連尤衆。科舉以八股取士。亦始於此。三十一年戊寅閏五月初十日乙酉。崩於西宮。享壽七十有一。葬孝陵。廟號太祖。諡高皇帝。年號洪武。

元天曆元年九月十八日未時生參考明史紀事本末及通會

明洪武三十一年閏五月初十日□時卒見明太祖本紀

戊辰　命　三歲 十三　癸亥 甲子

壬戌　宮　二三乙丑　三三丙寅
丁丑　癸　四三丁卯　五三戊辰
丁未　亥　六三己巳　七三庚午

三命通會卷六引古歌云。四鎮之星福自强。更看權殺在何方。數重貴祿兼生旺。不作公侯便作王。註云。如明太祖戊辰。壬戌。丁丑。丁未。土居四季。辰戌丑未順。陰陽貴全。所以爲創業天子。同卷又引千里馬云。四庫全備。龍變化逢大海。爲九五之尊。又引寶鑑賦云。辰戌丑未俱順行。帝王君命無疑。理愚歌云。四庫在時爲四貴。位班上列據權衡。珊對於命學。媿少發明。然認爲通會所引各節。猶有未盡之義。茲再就管見引伸之。查得明太祖之造。日主之丁。與月幹之壬。互相聯合。同化爲木。自不待言。時幹之丁。引壬化未堪資臂助。不得誤以妒合論。古書一陽二陰。一陰二陽。作化氣論者。比比皆是。惜讀者不加深察耳。或謂丁壬化木。非亥卯未月不化。其次寅月亦化。今誕生霜降節後。何得以化木言哉。殊不知陰陽會合。水乳交融。其氣質必起變化。不復再具本來之面目矣。滴天髓云。化得眞者只論化。化神還有幾般話。又云。假化之人亦可貴。孤兒異姓能出類。讀此具見化氣無論得時失令。全眞全假。半眞半假。以及眞中之假。假中之眞。皆當以化氣言也。而況太祖之造。生年戊辰。納音爲大林之木。生月壬戌。命宮癸亥。納音同爲大海之水。生日丁丑。納音固爲澗下之水。生時丁未。納音又爲天河之水。得此大林之木。固可助化木之聲勢。得此納音四水。尤可爲化木之奧援。再益以辰戌丑未之四土。栽者培之。有不喬木參天。林林總總者乎。此似假實眞之化木格・納音水木固奇・四庫全衝尤奇・因是乘時應運。豪傑景從。崛起布衣。奄奠海宇。西漢以後。所未有也。廿四歲前。忽而父母俱喪。昆仲並逝。孤無所依。忽而入寺爲僧。游食四方。道路多病。艱辛備歷。困躓頻遭者。皆甲運子運。納音屬金剋木之故也。及至廿五歲壬辰。乃謀避兵。卜於神。去留皆不吉。乃曰。得毋當舉大事乎。卜之吉。大喜。遂入濠。見定遠人郭子興。時子興適與其黨孫德崖等。起兵濠州。元將徹里不花。憚不敢攻。惟日俘良民邀賞。子興見太祖姿貌雄傑。留爲親兵。戰輒勝。遂妻以所撫馬公女。卽高皇后也。子興與德崖齟齬。太祖屢調護之。廿六歲癸巳。太祖度子興弱。無足與共事。獨與徐達湯和等南略定遠。復下徐州。是年張士誠據高郵。自稱誠王。廿七歲甲午。元兵大至。攻滁。太祖設伏誘敗之。然度元兵勢盛。且再至。乃還所獲馬。遣父老具牛酒謝元將曰。守城備他盜耳。奈何舍巨寇。戮良民。元兵引去。城賴以完。廿八歲乙未春正月。子興用太祖計。拔和州。乃搜軍中所掠婦女。縱還家。民大悅。三月。子興卒。時劉福通迎立韓山童之子林兒於亳。國號宋。建元龍鳳。檄子興子天敘爲都元帥。張天祐。太祖爲左右副元帥。太祖慨然。大丈夫甯能受制於人耶。然念林兒勢盛。可倚勢。乃用其年號。以令軍中。夏四月。常遇春來歸。五月。巢湖帥廖永安等。以水軍千艘來附。太祖大喜。往撫其衆。遂定計渡江。拔牛渚。下太平。置太平興國翼元帥府。自領元帥事。秋九月。郭天敍張天祐攻集慶。（今江蘇江寧縣治・）皆戰死。於是子興部將。盡歸太祖矣。廿九歲丙申。大破采石。克集慶。降其衆三萬六千人。皆疑懼。不自保。太祖擇驍健者五百人入衞。解甲酣寢達旦。衆心始安。改集慶爲應天府。即今南京。秋七月。爲吳國公。三十歲丁酉。自取寧國（縣名屬安徽省・）克江陰。常熟。（縣名・屬江蘇省・）池州。（即今安徽省貴池縣・）揚州。三十一歲戊戌。又克婺源等處。斯時中原大亂。太祖故得次第略定江表。所過不殺。收召才雋。由是人心日附。三十二歲己亥。謀取浙東。克諸暨等郡。兵至即下。三十三歲庚子。三月。徵劉基。宋濂。五月。陳友諒自稱皇帝。國號漢。盡有江西湖廣地。約士誠會攻應天。應天大震。閏五月。大破陳友諒。復太平。下安慶。（即今懷寧縣屬安徽省・）以宋濂爲提舉。遣子標受經學。劉基留帷幄。預機密謀議。如此九載。屈伸互見。智勇兼施。固因賦命激昂。亦由流年協助。有以致之。非乙丑二運。納音屬金之能力也。至三十四歲交入丙運。歲值辛丑。敗友諒於江州。（今江西省九江縣治・）友諒奔武昌。三十五歲壬寅。

春正月。陳友諒丞相。以江西降。三十六歲癸卯。秋七月。戰友諒於鄱陽湖。友諒驍將張定邊。直犯太祖舟。舟膠於沙。不得退。危甚。常遇春從旁射中定邊。俞通海復來援。舟驟進。水湧。太祖舟乃得脫。八月。友諒中流矢死。九月。張士誠。自稱吳王。三十七歲甲辰。太祖卽吳王位。立子標爲世子。二月。下武昌。辰州。衡州。辰州・卽今沅陵縣・衡州・卽今衡陽縣・均屬湖南省・ 三十八歲乙巳。正月。下寶慶。湖湘平。冬十月。討張士誠。是時士誠所據。南至紹興。今爲紹興縣・屬浙江省・ 北有通。泰。高郵。淮安。濠。泗。又北至於濟甯。今爲濟寧縣・屬山東省・ 三十九歲交入寅運。歲値丙午。士誠敗。淮東平。太祖如濠州省墓。秋八月。改築應天城。作新宮鍾山之陽。四十歲丁未。三月。始設文武科取士。九月。徐達克平江。卽今江蘇・吳縣治・ 執士誠。吳地平。四十一歲戊申。正月。初四日乙亥。卽皇帝位。八月。元亡。四十二歲己酉。二月。始修元史。八月。元史成。四十三歲庚戌。二月。追封郭子興爲滁陽王。四月。元帝崩於應昌。今爲經棚縣・屬熱河省・ 如此十載。料敵制勝。勘亂摧強。竟能底定四方。康濟天下。雖曰人事。實由丙寅二運。俱爲化木喜神。有以致之也。四十四至五十三歲。設科取士。平定四川。以及高麗。暹羅。琉球入貢。誠爲美事。然若誠意伯之致仕。宋濂之戍於茂州道卒。（茂州・今改茂縣・屬四川省・）燕王棣之北平。汪廣洋貶廣州賜死。胡惟庸謀反伏誅。種種現狀。皆不安定。可見丁卯二運。雖與化木有情。其實在效能遜於前運丙寅多矣。五十四至七十一歲。戶部侍郎郭桓。吏部尚書余熂。（熂・許旣切・音餼・）吉安侯陸仲亨。衛國公李善長。江夏侯周德興。靖甯侯葉昇。涼國公藍玉。鶴慶侯張翼。普定侯陳桓。景川侯曹震。舳艫侯朱壽。東莞伯何榮。（莞音桓・寒韻・）吏部尚書詹徽。穎國公傅有德。定遠侯王弼。宋國公馮勝。駙馬都尉歐陽倫。有伏誅者。有賜死者。種種拂逆。固已紛至沓來。益以壬戌年馬皇后崩。己巳年周王橚有罪。（橚・音肅・又音簫・）庚午年潭王梓自焚。壬申年皇太子薨。骨肉傷亡。尤不免中心戚戚。此無他。戊辰己巳四運。皆與丁壬化木格。不盡妥協。然能於福建。濱海等區。練兵防倭。（倭・烏禾切・音渦・渦音戈・）築有寧海臨安（寧海・臨安二縣・皆屬浙江省・）

等五十九城。此誠千秋不朽之盛業。若非造化奇特。豈能若是。七十一歲正行巳運。衝犯命宮之亥。歲值戊寅。限逢癸丑。又爲化木忌神。是以崩於西宮。然而武定禍亂。文致太平。太祖實身兼之矣。

附錄

皇陵碑

孝子皇帝謹述。洪武十六年夏四月。命江陰侯吳良督工。新造皇堂。予時秉鑑窺形。但見蒼頭皓首。忽思往日之艱辛。況皇陵碑記。皆儒臣粉飾之文。不足以爲後世子孫之戒。特述艱難。以明昌運。世代見之。其辭曰。昔我父王寓居是方。農桑艱辛。朝夕傍徨。俄爾天災流行。眷屬罹殃。皇考終而六十有四。皇妣五十有九而亡。孟兄先逝。合家守喪。田主德不我顧。呼叱昂昂。既不得與葬地。鄰里惆悵。忽伊鄭兄之慷慨。惠此黃壤。殯無棺槨。被體惡裳。浮掩三尺。奠何肴漿。既葬之後。家道惶惶。仲兄少弱。生計不張。孟嫂攜幼。東歸故鄉。

値天無雨。遺蝗騰翔。里人缺食。草木爲糧。予往何有。心驚若狂。乃與兄計。如何是常。兄云去此。各度凶荒。兄爲我哭。我爲兄傷。皇天白日。泣斷心腸。兄弟異路。哀慟遙蒼。汪氏老母。爲我籌量。遣子相送。備禮馨香。空門禮佛。出入僧房。居無兩月。寺主封倉。衆各爲計。雲水飄颺。我何作爲。百無所長。依親自辱。仰天茫茫。既非可倚。侶影相將。突朝烟而急進。暮投古寺以趨蹌。仰穹崖崔嵬而倚壁。聽猿啼夜月而淒涼。魂悠悠而覓父母無有。志落魄而徜徉。西風鶴唳。俄淅瀝以飛霜。身如蓬逐風而不止。心滚滚乎若沸湯。一浮雲乎又過三載。年方二十而强。時乃長淮盜起。民生擾擾。予思親之心明著。日遙盼乎家邦。已而既歸。仍復業于皇住。三載而有雄者跳梁。初起汝潁。次及鳳陽之南廂。未幾陷城。深高城隍。拒守不去。號令彰彰。友人寄書。云及趨降。既憂且懼。無可籌詳。傍有覺者。將欲聲揚。當此之際。逼迫而無已。試與智者相商。乃告之曰。果束手以待罪。抑奮臂而相戕。智者爲我計畫。且陰禱以默相。如其言往卜去守之何祥。神乃陰陰乎有聲。其氣郁郁乎洋洋。卜逃卜守則不吉。將就凶而不妨。卽起趨降而附城。幾被無知而創。少頃獲釋。身體安康。從遇朝暮日夜戎行。元兵討罪。將士揚揚。一攫不得再攫再攘。移營易壘。旌旗相望。已而解去。棄戈與鎗。予脫侶隊。馭馬空彊。去遊南土。氣舒而光。唱農夫以入伍事業是匡。不逾月而衆集。赤幟蔽野而盈岡。率渡淸流。戍守滁陽。思親詢舊。終日慊慊。知仲姊之已逝。獨存駙馬與甥雙。駙馬引見來接我。外甥見舅如見娘。此時孟嫂亦有知。攜兒挈女皆從傍。次兄已歿數載。獨遺寡婦野持筐。因兵南北生計忙忙。一時聚會如再生。牽衣訴昔以難當。於是家有眷屬。外練兵鋼。羣雄並驅。飲食不遑。暫宿和州。東渡大江。首撫姑熟。禮義是尙。遂立建業。四守關防。礪兵秣馬。靜看頡頏。羣雄自爲乎聲教。戈矛天下鏗鏘。元綱不振乎彼世祖之法。豪傑何有乎仁良。予乃張皇六師。飛旗角亢。勇者效力。智者贊襄。親征荊楚。將平湖湘。三苗盡服。廣海入降。命大將軍東平平吳越齊魯。耀乎其疆。西有乎伊洛崤函。地險河湟。入胡都而市不易肆。虎臣露鋒刃而燦若星芒。已而長驅於井陘河山之內外。民庶咸仰。關中一日卽定。市巷笙簧。玄菟樂浪。以歸版籍。南藩十有三國而來王。以金陵而定鼎。托虎踞而儀鳳凰。天塹星高。而月輝滄海。鍾山鎭嶽。而巒接乎銀漢。欲厚陵之徵葬。卜者乃曰不可。而地且藏。於是祀事之禮已定。每精潔乎烝嘗。惟劬勞罔極之恩難報。爲此勒石銘於皇堂。世世承運而務德。必彷彿於殷商。淚筆以述難。諭嗣以撫昌。稽首頓首再拜。願時時而來享。七修類稿國事類○浙音錫・浙瀝・雨雪聲・

諭天下府州縣官來朝 元年正月

天下始定。民財力俱困。要在休養安息。惟廉者能約己而利人。勉之。

修女誡詔 元年三月辛未

戒。后妃。毋預政。

將還應天。諭徐達等。元年七月辛卯

中原之民。久爲羣雄所苦。流離相望。故命將北征。拯民水火。元祖宗功德在人。其子孫罔卹民隱。天厭棄之。君則有罪。民復何辜。前代革命之際。肆行屠戮。違天虐民。朕實不忍。諸將克城。毋肆焚掠妄殺人。元之宗戚。咸俾保全。庶幾上答天心。下慰人望。以副朕伐罪安民之意。不恭命者。罰無赦。

赦卹及襲封詔 元年八月丁丑

殊死以下將士從征者。卹其家。逋逃許自首。新克州郡。毋妄殺。輸賦道遠者。官爲轉運。災荒以實聞。免鎭江租稅。避民復業者。聽墾荒地。復三年。衍聖公襲封。及授曲阜知縣。並如前代制。有司以禮聘致賢士。學校毋事虛文。平刑毋非時決囚。除書籍田契稅。民間逋賦。免征。蒙古色目人。有才能者。許擢用。鰥寡孤獨廢疾者。存卹之。民年七十以上。一子復。他利害當興革。不在詔內者。有司具以聞。

舉賢詔 元年九月癸亥

天下之治。天下之賢共理之。今賢士多隱巖穴。豈有司失於敦勸歟。朝廷疎於禮待歟。抑朕寡昧。不足致賢。將在位者壅蔽。使不上達歟。不然。賢士大夫。幼學壯行。豈甘沒世而已哉。天下甫定。朕願與諸儒講明治道。有能輔朕濟民者。有司禮遣。

正禮卹民詔五年五月

天下大定。禮儀風俗不可不正。諸遭亂為人奴隸者。復為民。凍餒者里中富室假貸之。孤寡殘疾者官養之。毋失所。鄉黨論齒。相見揖拜。毋違禮。婚姻毋論財。喪事稱家有無。毋惑陰陽拘忌。停柩暴露。流民復業者。各就丁力耕種。毋以舊田為限。僧道齋醮。雜男女。恣飲食。有司嚴治之。閩粵豪家。毋閹人子為火。犯者抵罪。

給鈔賑貧詔十二年二月乙巳

今春雨雪經旬。天下貧民。困於饑寒者多有。其令有司給以鈔。

舉賢良方正詔十三年二月壬戌朔

舉聰明正直。孝弟力田。賢良方正。文學術數之士。發丹符。驗天下金穀之數。

諭廣平府吏目請開磁州鐵冶十五年五月丙子

朕聞王者使天下無遺賢。不聞無遺利。今軍器不乏。而民業已定。無益於國。且重擾民。杖之。流嶺南。

詔免聖賢後裔輸作十八年冬十月己丑

孟子傳道。有功名教。歷年既久。子孫甚微。近有以罪輸作者。豈禮先賢之意哉。其加意詢訪。凡聖賢後裔輸作者。皆免之。

諭廢除黥刺等刑二十八年六月己丑

朕起兵至今。四十餘年。灼見情僞。懲創奸頑。或法外用刑。本非常典。後嗣只循律與大誥。不許用黥刺剕劓閹割之刑。臣下敢以請者。寘重典。

諭廢除丞相詔二十八年六月己丑

朕罷丞相。設府部都察院分理庶政。事權歸於朝廷嗣君。不許復立丞相。臣下敢以請者。寘重典。皇親惟謀逆不赦。餘罪宗親會議。取上裁。法司只許舉奏。毋得擅逮。勒諸典章。永爲遵守。

遺詔

朕膺天命三十有一年。憂危積心。日勤不怠。務有益於民。奈起自寒微。無古人之博知。好善惡惡。不及遠矣。今得萬物自然之理。其奚哀念之有。皇太孫允炆。仁明孝友。天下歸心。宜登大位。內外文武臣僚。同心輔政。以安吾民。喪祭儀物。毋用金玉。孝陵山川。因其故。毋改作。天下臣民。哭臨三日。皆釋服。毋妨嫁娶。諸王臨國中。毋至京師。諸不在令中者。推此令從事。

元亡

洪武三年四月丙戌。元帝崩於應昌。六月壬申。李文忠捷奏至。命仕元者勿賀。謚元主曰順。癸酉。買的里八剌至京師。羣臣請獻俘。帝曰。武王伐殷。用之平。省臣以唐太宗嘗行之對。帝曰。太宗是待王世充耳。若遇隋之子孫。恐不爾也。遂不許。又以捷奏多侈辭。謂宰相曰。元主中國百年。朕與親等父母皆賴其生養。奈何爲此浮薄之言。亟改之。乙亥封買的里八剌爲崇禮侯。以上明太祖紀二〇剌從束・音辣・戾也・與從束之剌音賜者不同・

滁陽王

郭子興薨於河陽。歸葬滁州。洪武三年二月。癸未追封滁陽王。立廟於滁祀之。又以其女爲妃。生蜀王。豫王。如意王。十六年十一月七日。上親藁子興事實。召太常丞張來儀。諭使爲文。刻於廟石。文載中都志見七修類稿國事類

牛首山

高帝既都金陵。觀山川形勝。勢皆內輔。惟牛首山外向。乃特定其罪。發令太平府編置。令牛首稅絲。獨隸太平收納。鍾山西南一岡。勢若飛走。每視卽與舊形不同。乃用銅釘數丈埋山中。築於城下。曰以城爲索。縲以繫之。以上明良記

金陵殿基

高皇建都金陵。命劉誠意相地。築前湖爲正殿基。業已植樁水中。上嫌其逼。少徙於後。誠意見之。默然。上問之。對曰。如此亦好。但後不免遷都之舉。時金陵城告完。高皇與誠意視之。曰。城高若此。誰能踰之。誠意曰。除飛燕子能飛入耳。其意蓋謂燕王也。高皇又問誠意國祚短長。誠意曰。國祚悠久。萬子萬孫方盡。後泰昌。萬曆子。天啓。崇禎。弘光。皆萬曆孫也。果符其讖。堅瓠六集

命不如他

太祖嘗至國子監。有廚人進茶。偶稱旨。詔賜冠帶。有老生員夜獨吟云。十載寒牕下。何如一盞茶。帝微行。適聞之。應聲曰。他才不如你。你命不如他。明良記

春聯

春聯之設。自明孝陵昉也。帝都金陵。於除夕前。忽傳旨公卿士庶家門上須加春聯一副。帝微行出觀。以爲笑樂。偶見一家獨無。詢知爲醃豕苗者。尙未

侍人耳。帝爲大書曰。雙手劈開生死路。一刀割斷是非根。投筆徑出。校尉等一擁而去。嗣帝復出。不見懸挂。因問故。云知是御書。高懸中堂。燃香祝聖。爲獻歲之瑞。帝大喜。賞銀五十兩。俾遷業焉。(簪雲樓雜說)

大明一統

劉三吾侍高皇微行。入市小飲。無物下酒。高皇獨吟曰。小村店三杯兩盞。無有東西。三吾未及對。店主對曰。大明國一統萬方。不分南北。高皇稱其才。明日召至。欲官之。店主以元人辭。不受任。(堅瓠二集)

太祖二十四子

我太祖高皇帝。生二十四子。傳至今八十年矣。除以事削籍外。尚存十五府。及列聖所封親支。星布海內。共三十三府。今玉牒幾十萬口矣。(蒹葭堂雜著摘抄)

商　輅 二八〇輅音路・車輅前之橫木也・

明姓商氏名輅字弘載淳安人淳安・今縣名・宋置・明清屬浙江嚴州府・宣德乙卯年二十二舉鄉試第一乙丑年三十二會試殿試皆第一終明之世三試第一者輅一人而已除修撰與劉儼等十八人進學東閣輅丰姿瓌偉帝親簡爲展書丁卯年三十四郕王監國命入內閣參機務景泰庚午年三十七迎上皇於居庸進學士景泰丁丑年四十四因忤石亨亨輩不悅諷言官朋奸下獄斥爲民成化丁亥年五十四召至京命以故官入閣首陳八事帝嘉納之進兵部尚書久之又進戶部宋元通鑑綱目成改兼文淵閣大學士皇太子立加太子少保進吏部尚書未幾又進謹身殿大學士輅爲人平粹簡重寬厚有容至臨大事決大議毅然莫能奪成化丙午卒年七十三贈太傅謚文毅有商文毅疏稿略蔗山筆塵通鑑綱目續編資治通鑑續編商文毅公集

明成祖永樂十二年二月廿五日未時生見通會

明憲宗成化廿二年□□月□□日□時卒 明史本傳

甲午 命 三歲戊辰 十三己巳
丁卯 宮 二三庚午 三三辛未
己巳 庚 四三壬申 五三癸酉
辛未 午 六三甲戌 七三乙亥

商文毅公之造。甲午。丁卯。己巳。辛未。通會卷九曾載之。僅云商輅三元閣老。名臣數字。餘未詳及。珊謹按其八字。認爲奇異。不同尋常。蓋天幹之甲丁己辛。乃木火土金也。以甲木而生丁火。丁火復生己土。己土復生辛金。生生不已。相愛相親。此是何等氣象。地枝午卯巳未。既會南方一氣。又會東方半局。此又是何等規模。巫咸經云。四柱遞互相親。多生喜慶。此之謂也。惜四柱無水。雖格局奇異。究不免有火炎土燥之弊。雖曰三試第一。官至尚書。究不免宵小播弄。憂患頻遭。然卒能奉身而退。克享高年者。仍是遞互相生。遞互相親之功也。二十二歲巳運。歲值乙卯。鄉試第一。三十二歲午運。歲值乙丑。會試殿試皆第一。自此而後進學東閣。遐邇咸欽。具見乙卯乙丑。納音金水。皆有裨燥土也。三十四歲丁卯。至四十三歲丙子。入內閣。參機務。進侍讀學士。無煩無惱。優哉游哉。此辛未二運。或運逢喜神。或歲逢喜神。參伍錯綜。故偏饒佳趣也。四十四歲壬運。歲值丁丑。壬丁化木。丑未遙衝。故爲石亨所算。以致下獄罷職也。五十四歲癸運。歲值丁亥。至六十三歲酉運。歲值丙申。命以故官入閣。輅疏辭。帝曰。先帝已知卿枉。其勿辭。首陳勤學。納諫。儲將。防邊。省冗官。設社倉。崇先聖號。廣造士法。凡八事。帝嘉納之。進吏部尚書。兼文淵閣大學士。加太子少保。當此十年。竟能得非常之寵。獲不次之恩者。皆癸酉二運。水金得勢。有以致之也。六十四歲甲運。歲值丁酉。汪直譖公。譖側禁切・譖去聲・沁韻・愬也・遂力求去。七十三歲戌運。歲值丙午。公卒於故里。可見火炎土燥之造。甲丁困忌。戌丙尤差也。

附錄

商文毅公謝政後。劉吉遇之。見其子孫林立。歎曰。吉與公同事歷年。未嘗見公筆下妄殺一人。宜天之報公厚。公曰。正不敢使朝廷妄殺一人耳。明史本傳

商文毅公輅。初本淳安大姓。至其祖以樵獵爲業。貧特甚。出居山中。就一大石。結菴居之。生子霖。爲嚴州府小吏。太守忽夜聞絲竹聲。自空中直下諸吏廨宇中。明旦召詰諸吏夜歡飲爲誰。不得。更問有何異。或具以霖生子對。太守知其爲祥。給俸養之。是爲文毅。既長與桐廬姚公夔齊名。宣德乙卯秋。將赴省闈。與姚公舟會富陽。公夜夢神人呼解元。因叩解元爲誰。神人持一簡示之。公復以己名叩。覆簡示之。則公名在焉。是秋公第一。至正統戊午。姚亦第一。明良記

淳安縣學進士題名記

朝廷設科目以取士。非以爲士之榮。士之階科目以行道。非以爲身之榮。以

科目爲士之榮。是以利誘。非朝廷意也。以科目爲身之榮。是以利進。非士之志也。然則。科目奚爲而重也。重夫士之由此而進。道之由此而行也。如是而錄名以彰之。刻石以傳之。庸非激勵人心之一大機括歟。湻安自宋元來。士之第進士者。既皆刻石樹之學宮。而我朝未續而附之。此有司者因循之過也。景泰丙子進士巴陵鄧君廷瓚。受命來尹是邑。舍菜之暇。見而歎曰。我朝崇重進士。超越前代。而湻安進士。數倍他邑。顧題名之石未立。非缺典歟。於是命工礱石。自洪武開科以來。凡邑士之登名鄉試會試廷試者。悉次第刻之。虛其左方。以俟來者。尹之意。非以爲榮而以爲勸。誠知所重已。茲以述職來京。屬予爲記。惟進士之科。始於隋唐。盛於宋元。而尤莫盛於我朝。行之愈久而無弊者。以上之取賢士之行道。此爲正路也。士君子跬步不離於正。進以禮。而退以義。用舍以之。何庸心哉。吾黨之士。其毋以致身科目爲榮。而以無玷於科目爲貴。未進於此者。不可萌一毫倖進之心。已進於此者。不可有一念自念之意。飭身勵行之功。明德新民之術。必求至於聖賢之地而後可。苟或德不加修。學不加勤。節操之弗立。功業之無聞。使人得以指而議之。曰。是假科目以媒利者也。非有志於行道者也。若然。雖穹碑著名。適以爲辱。尙何榮幸之有哉。嗟乎。後之視今。猶今之視昔。吾鄉前輩諸公。無容議矣。自今以始。凡我同志之士。幸相與戒之勖之。以求無負於科目之設哉。以上明文任

王守仁 二九

明。姓王氏。名守仁。字伯安。浙江餘姚縣人。學者稱陽明先生。娠十四月而生。祖母夢神人自雲中送兒下。因名雲。五載不能言。異人拊之。更名守仁乃言。弘治己未。（年二十八）舉進士出身。授刑部主事。正德丙寅。（年三十五）以論救言官戴銑等。忤劉瑾。杖闕下。謫貴陽龍場驛驛丞。（貴陽。即今貴州省城。）瑾誅。移廬陵知縣。累擢右僉都御史。丙子（年四十五）巡撫南贛。平大帽山諸賊。（大帽山。在江西尋鄔縣南二百里。綿亘數百里。與廣東平遠興寧等縣接界。中有老虎隘。林木深阻迴三十里。絕無人煙。明正德中。賊徒聚此。嘉靖末。程鄉人。葉芳。復嘯聚其中。萬曆初。始勦平之。）定宸濠之亂。（明太祖子。寧王權之後。武宗時。反於南昌。攻南康。九江。浮江東下。攻安慶。將據南京。王守仁起兵攻南昌。宸濠回救。守仁破而虜之。）辛巳（年五十）陞南京兵部尚書。參贊機務。封新建伯。嘉靖丁亥（年五十六）復命為都察院左都御史。兼巡撫兩廣。破斷藤峽賊。繼而被譖。削爵。明世文臣用兵。未有如守仁者。戊子十一月乙卯。卒於南安。年五十七。隆慶改元。贈侯。諡文成。議祀孔廟。其學以良知良能為主。謂格物致知。當自求諸心。不當求諸事物。

故於宋儒特推重陸九淵。而以朱子集註或問之類。爲中年未定之論。世稱爲姚江派。嘗築室陽明洞中。學者稱陽明先生。有王文成全書。其文博大昌達。詩秀逸有致。卽文章亦足傳世云。

明憲宗成化八年九月三十日亥時生（見通會）

明世宗嘉靖七年十一月二十九日辰時卒（見年譜）

壬辰	命	九歲	十九	壬子	癸丑
辛亥	宮	二九	三九	甲寅	乙卯
癸亥	丁	四九	五九	丙辰	丁巳
癸亥	未	六九	七九	戊午	己未

陽明年譜。載先生爲憲宗成化八年九月三十日生。其生時未詳。及讀三命通會。（卷九）乃知先生爲壬辰年。辛亥月。（過節立冬）癸亥日。癸亥時生。原註僅云王守仁尚書。封新建伯數字。並未說明原理。珊不揣謭陋。略述如下。謹按陽明先

生之造。日元之癸。與時幹之癸皆屬水。年幹之壬。與月日時三枝之亥。又皆屬水。再益以年枝辰藏癸水。合計之。水有七矣。生年壬辰。納音爲長流之水。生日癸亥。生時癸亥。納音又爲大海之水。再益以生月辛亥。納音爲釵釧之金。釧音串·釵韻·臂環也·俗謂之鐲· 命宮丁未。納音爲天河之水。具見納泗呑淮。涵星映日。非惟流通萬物。且可沐浴羣生。巫咸撮要云。象成一家。貴應極品。又云。納音生旺之方。用神坦然無忌。此之謂也。或曰。水多若是。而四柱無土。何貴之有。曰。其貴正妙在無土。若幹頭見一戊土。則全局皆非矣。蓋瀰瀰洋洋之水。非寸膠可治。撮土能塡。假使稍稍見土。徒增其潰決氾濫而已。何益之有哉。或又曰。枝排三亥。遙衝三巳。豈非飛天祿馬乎。曰。飛天祿馬。乃是片面象。成一家。始合全體。今全體成格。遑論片面哉。總之。象成一家之水。一生運歲。大致以木爲上。金火次之。土最忌。觀於二十一歲癸運壬子。舉浙江鄉試。二十八歲丑運己未。舉進士出身。會試·舉南宮第二八·賜二甲· 觀政工部。卽可知癸爲同氣。丑爲冠滯。均有特殊成績也。三十五歲寅運丙寅至三十九歲庚午。自抗諫下獄。謫赴貴陽。至陞爲南京刑部主事。忽榮忽辱。備歷艱辛。具見寅運藏土之爲害。幸中藏木火得免危亡耳。四十歲乙運辛未至四十五歲丙子。自吏部主事。而滁州馬政。陞都察院御史。巡撫南贛。具見乙運爲單純之木不似前行寅運。含蓄土質。是以從容不迫。左右逢源也。四十五歲卯運丙子至四十九歲庚辰。自巡撫南贛。迄至勘福建叛軍。平宸濠危亂。烈烈轟轟指揮若定。足證卯爲長生。與癸水日元有密切關係也。五十歲丙運辛巳。陞南京兵部尚書。封新建伯。遂疏乞休。五十一歲壬午至五十五歲辰運丙戌。退居講學。寵辱不驚。丙運屬火與有功焉。五十六歲辰運丁亥。五月命爲都察院左都御史。征廣西思田。十二月命兼巡撫兩廣。具見丁火亥水。與象成一家。尚有情致。至五十七歲戊子。會辰爲水。乃是吉徵。惜歲逢戊土。雜而不清。以致二豎爲魔。中道而殂。此豈不善調攝者哉。

附錄

詠良知四首示諸生

箇箇人心有仲尼。自將聞見苦遮迷。而今指與眞頭面。只是良知更莫疑。

問君何事日憧憧。煩惱場中錯用功。莫道聖門無口訣。良知兩字是參同。

人人自有定盤針。萬化根源總在心。卻笑從前顚倒　。枝枝葉葉外頭尋。

無聲無臭獨知時。此是乾坤萬有基。拋卻自家無盡藏。沿門持鉢效貧兒。

示諸生二首

爾身各各自天眞。不用求人更問人。但致良知成德業。謾從故紙費精神。乾坤是易原非畫。心性何形得有塵。莫道先生學禪語。此言端的爲君陳。

人人有路透長安。坦坦平平一直看。盡道聖賢須有祕。翻嫌易簡卻求難。只從孝弟爲堯舜。莫把辭章學柳韓。不信自家原具足。請君隨事反身觀。

氣候圖序

天地一元之運。爲十二萬九千六百年。分而爲十二會。會分而爲三十運。運分而爲十二世。世分而爲三十年。年分而爲十二月。月分而爲二氣。氣分而爲三候。候分爲五日。日分爲十二時。積四千三百二十時。三百六十日。而爲七十二候。會者元之候也。世者運之候也。月者歲之候也。候者月之候也。天地之運。日月之明。寒暑之代謝。氣化人物之生息終始。盡於此矣。月證於月者也。氣證於氣者也。候證於物者也。若孟春之月。其氣爲立春爲雨水。其候爲東風解凍。爲蟄蟲始振。爲魚負冰。獺祭魚之類。月令諸書可考也。氣候之運行。雖出於天時。而實有關於人事。是以古之君臣。必謹修其政令。以奉若夫天道。致察乎氣運。以警惕夫人爲。故至治之世。天無疾風盲雨之愆。而地無昆蟲草木之孼。孔子之作春秋也。大雨震電。大雨雪則書。無冰則書。無麥苗則書。多麋則書。蜮蜚雨螽蝝生則書。六鷁退飛則書。隕霜不殺草。李梅實則書。春無水則書。鸜鵒來巢則書。凡以見氣候之愆變失常。而世道之興衰治亂。人事之汙隆得失。皆於是乎有證焉。所以示世之君臣者。恐懼修省之道也。大總兵懷柔伯施公。命繪工爲七十二候圖。遣使以幣。走龍場。屬守仁敍一言於其間。守仁謂使者曰。此公臨政之本也。善端之發也。戒心之萌也。使者曰。何以知之。守仁曰。人之情。必有所不敢忽也。而後著於其念。必有所不敢忘也。而後存於其心。著於其念。存於其心。而後見之於顏色言論。志之於弓矢几杖盤盂劍席。繪之於圖畫。而日省之於其心。是故思馳騁者。愛觀夫射獵遊田之物。甘逸樂者。喜親夫博局燕飲之具。公之見於圖繪者。不於彼而於此。吾是以知其爲善端之發也。吾是以知其爲戒心之萌也。其殆警惕夫人爲。而謹修其政令也歟。其殆致察乎氣運。而奉若夫天道也歟。夫警惕者萬善之本。而衆美之基也。公克念於是。其可以爲賢乎。由是因人事以達於天道。因一月之候。以覯夫世運會元。以探萬物之幽賾。而窮天地之始終。皆於是乎始。吾是以喜聞而樂道之。爲之敍而不辭也。以上陽明全書外集

開先寺留石刻讀書臺後

詞曰正德己卯。六月乙亥寧藩濠以南昌叛。稱兵向闕。破南康九江。攻安慶。遠近震動。七月辛亥。臣守仁以列郡之兵復南昌。宸濠擒。餘黨悉定。當此時。天子聞變赫怒。親統六師臨討。遂俘宸濠以歸。以赫黃威神武不殺。如霆之震。靡擊而折。神器有歸。孰敢窺竊。天鑒於宸濠。式昭皇靈。嘉靖我邦國。正德庚辰正月晦。提督軍務都御史王守仁書。陽譜

客坐私祝

但願溫恭直諒之友。來此講學論道。示以孝友謙和之行。德業相勸。過失相規。以教訓我子弟。使毋陷於非僻。不願狂躁惰慢之徒。來此博弈飲酒。長傲飾非。導以驕奢淫蕩之事。誘以貪財黷貨之謀。冥頑無恥。扇惑鼓動。以益我子弟之不肖。嗚呼。由前之說。是謂良士。由後之說。是謂凶人。我子弟苟遠良士而近凶人。是謂逆子。戒之戒之。嘉靖丁亥八月。將有兩廣之行。書此以戒

我子弟。并以告夫士友之辱臨於斯者。請一覽教之。陽明全書外集

王文成將略

高沙夏氏曰。有明將略。韓襄毅而後。斷推王文成。宸濠以梟雄之姿。挾藩王之重。擁衆二十萬。順流而下。直掩金陵。乃不終日而談笑平之。當其破桶岡三浰時。浰音練。急流也。又音利。義同。驅三五千市人以爲兵。用一二書生以爲將。而掃數十年積寇。如拂塵然。措畫安閒。防禦周匝。只從出其不意。攻其無備八字中。變化出奇。所以爲難。乃宸濠就擒之後。江彬等。欲縱之鄱湖。俟上親遇戰而後奏凱。軍旅重事。幾同兒戲。文成之綸巾野服。入九華山。殆亦有所不得已也夫。蠡勺編

王文成紀功碑

文成摩厓碑。其字大如手。萬古一浯溪。浯音吾。水名。又江名。光芒同不朽。

贛州謁王文公祠

新建當年此誓師，森然松柏見靈祠，軍聲不藉條侯壁。籌策唯應漢相知。萬古許孫同廟食。一時張桂太傾危。後來論定煩青史。峴首猶存墮淚碑。以上漁洋精華錄

嚴嵩 三十

明。姓嚴氏。名嵩。字惟中。江西分宜縣人。長身戍削。疎眉目。大音聲。舉弘治十八年乙丑年二十六進士。改庶吉士。授編修。移疾歸。讀書鈐山十年。鈐山・在江西分宜縣南二里・袁江南岸・亦名鈐岡・正與縣對・新澤水出其右・長壽水出其左・夾於山末・故名曰鈐・爲詩古文辭。頗著清譽。世宗時。累官太子太師。居首輔。搆殺夏言。恃寵攬權。貪賄賂。親僉邪。凡直陳時政者。皆斥戮之。嵩子世蕃。爲太常寺卿。父子濟惡。楊繼盛劾嵩十大罪五奸。嵩殺之。徧引私人居要地。久之。帝寖厭嵩。而親徐階。至嘉靖四十一年壬戌。年八十三御史鄒應龍抗疏。極論嵩父子不德。帝降旨令嵩致仕。下世蕃於理法司。籍其家。四十三年甲子。年八十五世蕃論斬伏誅。四十五年丙寅。嵩老病。寄食墓舍以死。年八十七。有西使志。北上志。鈐山堂集。其詩在流輩中。獨爲適出云。

明憲宗成化十六年正月廿二日酉時生見通會

明世宗嘉靖四十五年□月□□日□時卒見明史

庚子	命	八歲 庚辰	十八 辛巳
己卯	宮	二八 壬午	三八 癸未
癸卯	辛	四八 甲申	五八 乙酉
辛酉	巳	六八 丙戌	七八 丁亥

嚴嵩造。庚子年。己卯月。癸卯日。辛酉時。見於通會。卷九僅云嚴嵩閣老。無子。世蕃其妻姪也。晚被大禍。皆此兒所致。其理由並未詳敘。然此公姓名。具載明史奸臣列傳。其命造亦必有研究之價值。茲略敘一二。或可爲知人論世之參考也。謹按嵩造日元之癸。在五行屬水。年枝之子。在五行又屬水。年幹之庚屬金。月幹之辛。與時枝之酉。又俱屬金。再益以命宮辛巳。天幹屬金。地枝藏金。其爲金多生水。水氣有餘。概可想見。假使天幹不見己土。未嘗不可作水清金白論。今既有此污點。只可棄而之他。恰好月日二枝。並見卯木。論五

行。固有木洩水氣之妙。蓋不平而能使之平也。論星宿。則將星學堂。左右交拱。當此誕生之際。適在驚蟄節後。將星學堂。均皆得令。若生於秋後。卯木居於死地。則不足取矣。再參以命宮之巳驛馬。貴人遙助癸水日元之聲勢。其爲國寶卿材。夫復何疑。指迷賦云將星文武兩相宜。祿重權高足可知。氣象篇云學堂逢驛馬山斗文章。此之謂也。惟細按之年枝之子。與月枝卯刑。時枝之酉。與日枝卯衝。命宮之巳。又值空亡。有始無終。秀而不實。是以貌似謙恭。心如蛇蠍。明史雖稱其詩古文辭。頗著清譽。然究不能掩其一意媚上。竊權罔利之大罪。況又排除異己。殘害忠良耶。廿六歲巳運乙丑。小限丙辰。舉進士。改庶吉士。授編修者。巳運塡實命宮空亡。丑年合生年之子。辰限合生時之酉。而將星學堂。雙方得勢。豈止乙木洩水已哉。三十八歲午運丁丑。小限甲辰。進侍講署南京翰林院事。召爲國子際酒者。仍是辰遙合酉。丑遙合子之功。否則子午卯酉。四仲全衝。禍且不測。安有此名位耶。四十九歲甲運戊子。至八十三歲丁運壬戌。自侍郎尚書。迄至大學士。太子太保。經過甲申。乙酉。丙戌。丁等運。木火蓋頭。是以勢焰日張。炙手可熱。間有風浪。皆不足以搖撼之也。八十四歲癸亥。帝降旨令嵩致仕。八十五歲甲子。假兒世蕃伏誅。八十六歲乙丑。嵩苟延殘喘。八十七歲丙寅。嵩老病。寄食墓舍而死。此皆亥運屬水。滿溢高危之故。其所以尚得善終者。乃流年丙寅。小限乙卯。衝中有合。得以緩和耳。嗚呼。翰林閣老。結果如斯。吾不知其鈐山十載。所讀何書也。

附錄

嚴嵩科第先夏言。而位下之。始倚言事之謹。嘗置酒邀言。躬詣其第。言辭不見。嵩布席展所具啓。跽讀。（跽音技。跪也。）言謂嵩實下己。不疑也。帝以奉道。嘗御香葉冠。因刻沈水香冠五。賜言等。言不奉詔。帝怒甚。嵩因召對。冠之。籠以輕紗。帝見。益內親嵩。嵩遂傾言斥之。言去。醮祀青詞。非嵩無當意者。

嘉靖二十一年八月。拜武英殿大學士。入直文淵閣。仍掌禮部事。時嵩年六十餘矣。精爽溢發。不異少壯。朝夕直西苑板房。未嘗一歸洗沐。帝益謂嵩勤。久之。請解部事。遂專直西苑。帝賞賜嵩銀記。文曰忠勤敏達。尋加太子太傅。翟鑾資。序在嵩上。帝待之不如嵩。嵩諷言官論之。鑾得罪去。

吏部尚書許讚。禮部尚書許璧。同入閣。皆不預聞票擬事。政事一歸嵩。讚嘗歎曰。何奪我吏部。使我旁睨人。嵩欲示厚同列。且塞言者意。因以顯夏言短。乃請凡有宣召。乞與成國公朱希忠京山侯崔元及讚。璧。偕入。如祖宗朝蹇夏三楊故事。帝不聽。然心益喜。累進禮部尚書。謹身殿大學士。少傅。兼太子太師。久之。帝微覺嵩橫。時讚老病罷。璧死。乃復用夏言。帝爲加嵩少師以慰之。言至復盛氣、陵嵩頗斥逐其黨。嵩不能救。子世蕃。方官尚寶少卿。橫行公卿間。言欲發其罪。嵩父子大懼。長跪榻下。泣謝乃已。知陸炳與言惡。遂與比而傾言。世蕃遷太常少卿。嵩猶畏言。疏遺歸省墓。嵩尋加特進。再加華蓋殿大學士。窺言失眷。用河套事構言及曾銑。俱棄市。已而南京吏部尚書張治。

國子祭酒李本。以疎遠擢入閣。益不敢預可否。嵩既傾殺言。益僞恭謹。言嘗加上柱國。帝亦欲加嵩。嵩乃辭曰。尊無二上。非人臣所宜稱。國初雖設此官。左相國達。功臣第一。亦止爲左柱國。乞陛下免臣此官。著爲令典。以昭臣節。帝大喜。允其辭。而以世蕃爲太常卿。嵩無他才略。惟一意媚上。竊權罔利。帝英察。自信果。刑戮頗護己短。嵩以故得因事激帝怒。戕害人以成其私。張經。李天寵。王忬之死。嵩皆有力焉。前後劾嵩世蕃者。謝瑜。葉經。童漢臣。楊繼盛等。皆被譴。經鍊用他過。置之死。繼盛附張經疏尾殺之。他所不悅。假遷除考察以斥者甚衆。皆未嘗有跡也。以上明史卷三百八

揣菴雜俎。嘉靖中。宗給諫弘暹。官江西時。奏旨籍分宜相。宗實與監籍之員。言嚴相青搢紗巾。手持小書數帙而出。監籍者難之。嚴曰。此經驗方書。欲藉以送老耳。監者曰。方書有刀創藥方否。曰有。能治得楊繼盛沈鍊頸創否。嚴爲默然。監者曰。若然。則此書猶無效者也。遂奪而投之於火。堅瓠集

楊繼盛三一

明。姓楊氏名繼盛。字仲芳。別號椒山。直隸容城縣人。居城東北河照村。世業耕讀。嘉靖元年壬午。甫七歲失母。庶母妒使牧牛。繼盛經里塾。覩里中兒讀書。心好之。因語兄請得從塾師學。兄曰。若幼何學。繼盛曰。幼者任牧牛。乃不任學耶。兄言於父。聽之學。然牧不廢也。七年戊子。（年十三）始從邸師。正式學。家貧。益自刻厲。十三年癸巳。（年十八）院考。獲充縣學生員。十五年丙申。（年二十一）歲考優等補廩。十九年庚子。（年二十五）鄉試中式。二十六年丁未。（年三十二）會試中式。選南京吏部主事。二十八年己酉。（年三十四）師事大司馬韓公苑洛。盡通其天文地理。太乙壬奇。兵陣之學。名聲重一時。三十年辛亥。（年三十六）遷兵部車駕員外。俺答入寇。大將軍仇鸞畏寇甚。請開馬市。繼盛極陳其不可。貶狄道典史。（狄道縣名。今屬甘肅省。）已而俺答敗約。鸞伏誅。三十一年壬子。（年三十七）帝思繼盛言。累遷刑部湖廣司員外郎。時嚴嵩用事。恨鸞陵己。心善繼盛。欲驟貴之。調兵部武選司。而繼盛惡嵩甚於鸞。三十二年癸丑。年三十八正月十八日。奏劾大學士嚴嵩十罪五奸。二十日拿送下獄。三十三年甲寅。年三十九在獄備受酷刑。三十四年乙卯十月初一日就義。年四十。繼盛將行刑時。其妻張氏上書請代死。不報。及繼盛死西市。張亦同日自縊。後七年嵩敗。穆宗立。卹直諫諸臣。以繼盛爲首。贈太常少卿。謚忠愍。建祠保定。名旌忠。

明武宗正德十一年五月十七日辰時生 生卒均見年譜

明世宗嘉靖三十四年十月初一日□時卒

丙子	命	四歲 十四	乙未 丙申
甲午	宮	二四 三四	丁酉 戊戌
丁酉	甲	四四 五四	己亥 庚子
甲辰	午	六四 七四	辛丑 壬寅

明楊忠愍公之造。與宋文信國公之造。同爲丁火日元。生於午月。忠愍年幹

逢丙火。信國年幹亦逢丙火。忠愍月幹逢甲木。信國月幹亦逢甲木。忠愍午爲子衝。信國亦午爲子衝。忠愍辰子遙合水局。信國申子亦遙合水局。此大同也。忠愍命占三木一金。信國命占三金一木。忠愍命宮甲午。具土木火三行。信國命宮己亥。具土木水三行。此小異也。其大同者。夏火炎炎。必須用金用水。以調劑之。其小異者。忠愍公金只有一。水只有二。調劑力薄。信國金計有三。水亦計有三。調劑力厚。忠愍詞館祿元。直接相衝。信國詞館祿元。間接相衝。雖同一下獄就義。同一千秋不朽。然一爲進士知縣。一爲狀元丞相。一爲上疏鋤奸。一爲督兵殺敵。爲稍異耳。至於運歲宜忌。忠愍與信國。亦復大同小異。信國二十一歲丙辰。小限丁酉。廷試點元。中丁酉運。服官尙妥。戊運晉階。反覺棘手。戌運被執就義。此因金水爲宜。火土木爲忌也。忠愍十八歲丙運癸巳。入縣學。二十五歲丁運庚子。舉於鄉。三十二歲酉運丁未。小限癸亥。登進士第。授南京吏部主事。戊運陞山東諸城知縣。(屬山東省) 有湖廣司員外

之報。並肆力於詩文。及天文地理。太乙壬奇兵陣之學。以期報國。卒因奏劾
大學士嚴嵩。拿問下獄。四十歲戌運。歲值乙卯。十月初一日就義。此亦金水
爲宜。火土木爲忌。忠愍與信國大同。其小異者。信國午午刑刃。忠愍卯酉破
金也。文愍臨刑。賦詩有曰。浩氣還太虛。丹心照千古。生平未報恩。留作忠魂
補。天下相與涕泣。此又與信國就義之自贊。大同而小異也。嗚呼。命運可憑
乎。抑人力可憑乎。抑人力與命運。須并行不悖乎。珊不敏。願與有道者商摧
之。

附錄

讀易有感

眼底浮雲片片飛。吉凶消息只幾希。自從會得羲皇易。始覺前時大半非。椒山全集

諭妻張貞

古人云。死有重於泰山。死有輕於鴻毛。蓋當死而死。則死比泰山尤重。不當死而死。則無益於事。比鴻毛尤輕。死生之際。不可不揆之於道也。我一時間。死在你前頭。你是一個激烈麄暴的性子。只怕你不曉得死比鴻毛尤輕的道理。我心甚憂。故將這話勸你。婦人家有夫死就同死者。蓋以夫主無兒女可守。活着無用。故隨夫亦死。這纔謂之當死而死。死有重於泰山。纔謂之貞節。若夫主雖死。尚有幼女孤兒。無人收養。則婦人一身。乃夫主宗祀命脈。一生事業所係於此。若死。則棄夫主之宗祀。隳夫主之事業。負夫主之重託。貽夫主身後無窮之慮。則死不但輕於鴻毛。且爲衆人所唾罵。便是不知道理的婦人。我打一百四十棍。不死是天保佑我。那時不死。如今豈有死的道理。萬一要死。也是重於泰山了。所惜者只是兩個兒子俱幼。讀書俱有進益。將來教得成的。只怕誤了他。一個女兒。尚未出嫁。無人教導看管。怕惹人嗤笑。我就死了。留的你在。教導我的兒女成人長大。各自成家立計。就合我活着的一般。我在九泉之下。也放心。也歡喜。也知感你。如今咱一家兒。無有我也罷了。無有你一時成不得。便人亡家破。稱了人家的願。惹人家的笑。你是一個最聰明。知道理的。何須我說。千萬只是要你戒激烈的性子。以我的兒女爲重方可。二貞(妾名)年幼。又無兒女。我死後。就着他嫁人。衣服首飾都打發他。我在監三年。他發心喫齋誦經。是他報我的恩了。不可着他在家守寡。咱哥雖無道理。也無別意。不過只是要便宜心腸。凡事讓他些。與他便宜。他便歡喜了。不可與他爭競。其餘家事。諒你善處。故不須多言。

諭應尾應箕兩兒

人須要立志。初時立志爲君子。後來多有變爲小人的。若初時不先立下一個定志。則中無定向。便無所不爲。便爲天下之小人。衆人皆賤惡你。你發憤立志要做個君子。則不拘做官不做官。人人都敬重你。故我要你第一立志。習舉業。只是要多記多作。四書本經。記文一千篇。讀論一百篇。策一百問。表五十道。判語八十條。有餘功則讀五經白文。好古文讀一百篇。每日作文一篇。每月作論三篇。策二篇。問二篇。切記不可一日無師傅。無師傅則無嚴憚。無稽考。雖十分用功。終是疎散。以自在故也。又必須擇好師。如一師不愜意。即辭了另尋。不可因循遷延。致誤學業。又必擇好朋友。日日會講切磋。則舉業不患其不成矣。

居家之要。第一要內外界限嚴謹。女子十歲以上。不可使出中門。男子十歲以上。不可使入中門。外面婦人雖至親不可使其常來行走。一以防說談是非。致一家不和。一以防其爲姦盜之媒也。只照依我行。便是院牆要極高。上面必以棘針。緣的周密。少有缺壞。務要追求來歷。如夏間霖雨。院牆倒塌。必即時修起。如雨天不便。亦即時加上寨籬。不可遷延日月。庶止姦盜之原。酒肉麵果油鹽醬菜。必總收一庫房。五穀糧食。必總收一倉房。當家之人。掌其鎖鑰。家人不得偸盜。衣服要朴素。房屋休高大。飲食使用要儉約。休要見人家穿好衣服便要做。住好房屋便要蓋。使好家活便要買。此致窮之道也。若用度少有不足。便算計可費多少。卽賣田產補完。切記不可揭債。若揭債則日日行利。累的債深。窮的便快。戒之戒之。

與人相處之道。第一要謙下誠實。同幹事則勿避勞苦。同飲食則勿貪甘美。同行走則勿擇好路。同睡寢則勿占牀席。寧讓人勿使人讓我。寧容人勿使人容我。寧喫人虧。勿使人喫我之虧。寧受人氣。勿使人受我之氣。人有恩於我。則終身不忘。人有讎於我。則卽時丟過。見人之善。則對稱揚不已。聞人之過。則絕口不對人言。人有向你說某人感你之恩。則云他有恩於我。我無恩於他。則感恩者聞之。其感亦深。有人向你說某人惱你謗你。則云彼與我平日最相好。豈有惱我謗我之理。則惱我者聞之。其怨卽解。人之勝似你。則敬重之。不可有傲忌之心。人之不如你。則謙待之。不可有輕賤之意。又與人相交。久而益密。則行之邦家。可無怨矣。節忠愍公遺訓

戚繼光 三二

明。姓戚氏。名繼光。字元敬。號南塘。晚號孟諸。安徽定遠人。生於濟寧南六十里之魯村。（濟寧·州名·今改爲縣·屬山東省·）世襲登州衞指揮僉事。（登州故治·即今山東省·蓬萊縣·）繼光幼倜儻。負奇氣。好讀書。通經史大義。嘉靖中年十七至三十九。自嗣職。至擢署都指揮僉事。備倭山東。歷浙江參將。以破浙東倭。進秩三等。倭犯江西福建。皆命援擊。戰功特甚。陞福建總督。屢平劇寇。威震南方。人號戚家軍。隆慶丁卯。（年四十）薊門多警。命以都督同知。總理薊州昌平保定三鎭練兵事。（薊州·即今薊縣·昌平·即今昌平縣·保定·即今新鎭縣·均屬河北省·）始至鎭。議建墩臺。一千二百所。台宿百人。二千里間。聲勢相通。又立車營制。拒馬器。節制精明。器械堅利。薊門軍容。遂爲諸鎭冠。萬曆癸酉。（年四十六）俺答已通貢。而土蠻徙居插漢地。控弦十餘萬。常爲薊門憂。朶顏董狐狸。及其兄子長昂。同犯喜峯口界嶺等處。繼光擊敗之。狐狸乃款關請貢。廷議給以歲賞。明年春。狐狸之弟長禿。復入寇。繼光擒之。狐狸長昂。率部長親族三百人。叩關請死罪。乞赦長禿。繼光遺將盡受降。皆羅拜。獻還所掠邊人。攢刃設誓。乃釋長禿。許通貢如故。繼光在鎮十六年。邊備守飭。薊門晏然。繼之者踵其成法。數十年無事。亦賴當國大臣。徐階。高拱。張居正。先後倚任之。居正歿半載。給事中張鼎思言繼光不宜於北。當國者遽改之廣東。繼光悒悒不得志。强一赴。踰年卽謝病歸。卒諡武毅。繼光更歷南北。並著聲。在南戰功特盛。北則專主守。有紀效新書。練兵實紀。涖戎要略。武備新書。止止堂集。

明世宗嘉靖七年閏十月初一日亥時生見年譜通會

明神宗萬曆五十五年十二月初一日丑時卒見年譜

戊子　命　五歲　甲子

　　　　　十五　乙丑

癸亥　宮　二五　丙寅

　　　　　三五　丁卯

己巳　戊　四五　戊辰

　　　　　五五　己巳

乙亥　午　六五庚午　七五辛未

戚公元敬之造。戊子。癸亥。己巳。乙亥。載在三命通會。卷九僅註戚繼光都督名將七字。並無說明。珊不敏。謹就所知。敍述一二。查得日元之己在五行屬土。生於十月。天寒氣降。固不比暮春季夏。黃帝司權之當道。月幹透癸水。年枝之子藏癸水。月時二枝之亥。又各藏壬水。水多土淫。更不相宜。就此觀之。毫無佳趣。其實日枝之巳。中藏丙火。命宮之午。中藏丁火。生年戊子。生時乙亥。納音又俱屬火。得此四火。固可濟彼四水。得此四火。尤可暖彼寒土。而況年幹明見戊土。日枝之巳。中藏戊土。命宮之幹。戊固屬土。命宮之枝午。又藏土。得此四土。同爲己土日元之臂助。其爲地大物博。概可想見。何得以水多土淫而少之哉。不寧惟是。月時二亥。驛馬雙排。年枝之子。貴人特立。形勢雄偉。氣宇軒昂。故能飈發電舉。(飈、音標・蕭韻・暴風也・)爲國干城。運籌臥鼓。建功百世。豈偶然哉。十七歲乙運甲辰捧檄。襲官兵戍薊門。二十二歲丑運己酉。中式山東武舉鄉試。二十六歲丙運癸丑。擢署都指揮僉事。備倭山東。二十八歲乙卯。改僉浙江都司。二十九歲丙辰。詔爲參將。分守寧紹台三郡。雲程發軔。小試牛刀。此乃木運洩水。土年制水之效。三十歲丙運歲值丁酉。公改守台金嚴三郡。至浙時。見衞所軍。不習戰。而金華義烏。（此二縣・皆屬浙江省・）俗稱慓悍。請召募三千人。教其擊刺法。長短兵迭用。由是公之一軍特精。又以南方多藪澤。不利馳逐。乃因地形制陣法。審步伐便利。一切戰艦火器兵械。精求而更置之。於是戚家軍名聞天下。此無他。歲運丙丁。火能生土。故思想新穎。時機湊合也。三十三歲庚申。倭大掠桃渚（寨名・在浙江省・臨海縣・東一百里・）圻頭。公急趨寧海。扼桃渚。敗之龍山。追至雁門嶺。賊遁去。乘虛襲台州。（即今浙江省臨海縣・）公手殲其魁。蹙餘賊瓜陵江盡死。而圻頭倭復趨台州。公邀擊之仙居道。無脫者。先後九戰。皆捷。俘馘一千有奇。（馘音幗・陌韻・截耳也・凡殺敵而獻其左耳曰馘・）焚溺死者無算。乃還浙。公進秩三等。三十四歲辛酉。倭大舉犯福建。自溫州來者。合福寧連江諸倭。攻陷壽寧政和寧德。自廣東南澳來者。南澳縣名・屬廣東省・合福清長樂諸倭。攻陷元鍾。所延。及龍巖松溪。大田。鎮名古田。縣名莆田。縣名是時寧德已屢陷。距城十里有橫嶼。四面皆水。路險隘。賊結大營其中。官軍不敢擊。相守踰年。其新至者營牛田。而酋長營興化。酋・音遒・尤韻・魁帥之名・東南互爲聲援。閩中連告急。胡宗顯檄公勦之。先挈橫嶼賊。人持草一束。塡濠進。大破其巢。斬首二千六百。乘勝至福清。搗敗牛田賊。覆其巢。餘賊走興化。急追之。夜四鼓。抵賊柵。連克六十營。斬首千數百級。平明入城。興化人始知。牛酒勞不絕。公乃旋師還浙。後新至者日益衆。復破興化城。據平海衛等處。平海衛・在福建省・蒲田縣東・九十里・舊名南嘯・叠巡司・明洪武時以倭警・始改叠衞・尋築城焉初興化告急時。

帝已命胡大猷爲福建總兵官。公副之。三十五歲壬戌四月。公又將浙兵至。巡撫譚綸。令將中軍。劉顯左。俞大猷右。合攻賊於平海。公先登。左右軍繼之。斬級二千二百。還被掠者三千人。綸上功。公首。顯。大猷次之。公先以橫嶼功。進署都督僉事。及是進都督同知。世蔭千戶。遂代大猷爲總兵官。三十六歲癸亥。餘黨復糾新黨萬餘。圍仙游三日。繼光擊敗之。城下。又追敗之王倉坪。斬首數百級。餘多墜厓谷死。存者數千。奔據漳浦蔡丕嶺。公分五哨。身持短兵。緣崖上。俘斬數百人。餘賊遂掠漁舟出海去。久之。自浙犯福寧。（壽寧．政和．寧德．長樂．龍巖．松溪．古田．蒲田．興化．福清．漳浦．福寧．皆縣名．屬福建省．）公督參將李超等擊敗之。乘勝追永寧。斬馘三百有奇。尋與大猷擊平餘孽。以上四年。功在平倭。其所以戰無不勝。攻無不克者。固由公號令嚴。賞罰信。士無敢不用命。有以致之。然寅運合亥。丁火生土。亦莫不有重大之關係耳。自四十歲丁卯至五十五歲壬午。命以都督同知。總理薊州昌平保定三鎮練兵事。總兵以下。悉受節制。是以又平朵顏。董狐狸等之亂。并創建敵臺一千二百座。精堅雄壯。延袤二千里。（袤音茂．宥韻．廣袤也．東西曰廣．南北曰袤．）聲勢聯接。於是進位左都督。加太子少保。史稱公在鎮十六年。邊備修飭。薊門宴然。此固公之聲威韜略。有以致之。然卯木得丁。辰土得戊。蓋頭助日之功。張神峯先我言之矣。五十六歲癸未。張居正已歿。給事中張鼎思。言繼光不宜於北。當國者遽改之廣東。鎭守都督南粵諸事。公悒悒不得志。强一赴。踰年卽謝病。給事中張希臯復劾之。竟罷歸。居三年。御史傅光宅疏薦。反奪俸。至六十歲丁亥。公亦遂卒。凡此種種。其弊不屬己運。皆經過流年爲害。而三亥自刑。巳亥相衝。爲尤烈也。總之。公之造。土寒喜火。故南方戰功特盛。北則主守而已。

珊按年譜云。戊子閏十月朔。夜漏方午。大父夢中躍起。如拱揖狀。大母張。居北堂驚而挽之。始寤。詰所以。曰吾方夢鍾仙峨冠絳衣。執簡降庭。正迎迓間。倏忽變虎。躍入南堂。母王夫人居此乃公之生母也。言未已。侍婢扣戶。報家嚴生。時閏十月朔日己巳子時也。據此觀之。其爲非子時生可知。何則。夜漏夢覺。侍婢扣戶。種種擷延。斷非片刻。夜漏方午。亦不過約計而已。三命通會載公爲乙亥時。必有所本。且亦近理。證以年譜所載。公十歲丁丑。太母王太夫人捐庭闈。益信其爲乙亥時誕生無疑。蓋日枝巳火。爲亥水所衝。再逢丑年會合亥子。水勢愈大。其巳火更難立足。喪母之痛。豈能幸免。果係子時。則丙火透幹。必不若是也。

附錄

癸未夏四月還里放舟蓬萊閣下尋有南粵之行

三十年來續舊遊。山川無語自悠悠。滄波浩蕩浮輕舸。紫石崚嶒出畫樓。日月不知雙鬢改。乾坤尙許此身留。從今復起鄉關夢。一片雲飛天際頭。

秋七月赴粵途中偶作

四十年來汗血間。征鞍重度穆陵關。如今南北多良將。何日天王爲賜環。

乙酉春二月復上引退疏得旨准回衞調理遂東歸因賦別粵中諸公

六十年來夢更懜。（莫紅切．音蒙．東韻．懜懜．無知也．）幸存骸骨乞重瞳。風塵久矣迷眞覺。苦海何緣悟性空。前世有心仍野寺。故吾不復識鍾公。遐方但願無烽火。烟柳年年繫去驄。

諸公盡是濟川才。吾臥蓬蒿亦快哉。聞說伏杉生百粤。常看飛棟斲三台。報君未老驅羸骨。聽笛先聞吹落梅。但願五雲扶日月。相逢到處好銜杯。年譜

紀效新書序

天下之事難者多矣。至於兵則難之尤者也。世有視弓馬爲末藝。等行伍爲愚民者。是豈知本之論哉。黃帝之法。根於幾微。湯武之兵。本諸仁義。幾微之所由起。仁義之所從出。在於吾心。是故迹至粗也。而用至神也。然則兵豈細故哉。愚嘗讀孫武書。嘆曰。兵法其武庫乎。用兵者其取諸庫之器乎。兵法其藥肆乎。用兵者其取肆之材乎。及讀諸將傳。又悟曰。此固善握器而妙用材者乎。學者欲求下手着實工夫之門。莫踰於此。數年間。予承乏浙東。乃知孫武之法。綱領精微莫加矣。第于下手詳細節目。則無一及焉。猶禪家所謂上乘之教也。下學者何由以措。於是乃集所練士卒條目。自選畎畝民丁。以至號令戰法。行營武藝。守哨水戰。間擇其實用有效者。分別教練。先後次第之。

各爲一卷。以誨諸三軍。俾習焉。顧苦于繕寫之難也。爰授梓人。客爲題曰紀效新書。夫曰紀效。明非口耳空言。曰新書。所以明其出于法而不泥于法。合時措之宜也。蓋嘗驗之技藝行陣。特其練中之一事耳。然精徽極于無聲無臭。而小不能破。放之格天地動鬼神。而大莫能踰者。乃躬行心得之學。至誠無僞之道。自非正其誼不謀其利。明其道不計其功之造詣。其孰能與此。是故根之于性。發之以誠。令民與上同意。如是而終日乾乾。時無滿假。功愈盛而心愈下。道愈行而守愈密。則固之不以城郭。居之不以宅室。藏之胸臆。而三軍服者。此古之賢將也。繼光則豈敢。惟旦夕淬礪。庶幾無負今日之言。遂爲敍。定遠戚繼光撰。

將官到任寶鑑

將者。三軍司命。惟悔吝固人事所召。然時日吉凶。所以定衆志而作氣。擬之他任不同。今將緊要應驗用忌日辰。開略于左。

道藏經論。本命枝幹對衝。凡上官赴任。移居入宅。嫁娶出行修作一應等。先看作主之人本命無犯衝剋。然後選用。今人但求日吉而不知本命衝剋所犯。是宜詳察。

甲子生對戊午庚午。　甲戌生對戊辰庚辰。　餘如此例。

珊按練兵實紀所載擇日之法甚詳。茲不備錄。

予與諸將。叨有一日之長。師率之責。乃撰其節要爲到任寶鑑。吾輩眞肯信而行之。決無不利。凡吾將領。無論大小。不拘邊腹地方。奉有欽命推擢之日。或生長此地。或昔爲屬伍。旦夕面見地方事宜。似不必徇衆而後知也。但一官自有一官之體。或內而衙門之羣務。或外而上司之新政。便是舊遊。終隔藩籬。況曾未經其地者。安得不爲先事之圖乎。悉當于未仕之前。于曾經彼地遊宦。或士大夫。或前官。或聞知彼中事情者。先行多方諮訪。其時人言尚公。語云。禮失求之野。閭閻小人。心無所爲。問訪一二謹愼知事之人。亦無不可。是吾未至之先。已得地方之情矣。姑默存之。未可就信。履任之日。見過官屬。且勿輕論地方事情。本日只了應酬。雖對賀客。亦勿論地方。輕開此口。左右便莫測我意向所在矣。應報上司。先具揭帖。據書左右。和以遇之。卽有不是亦且勿分可否。惟存于心。次日卽將衙門內要緊號簿文卷檢覽。稍知大義。三日行香禮畢。投文後。且收在退居親行檢看。稍知任內之略。乃將錢糧兵馬城池。地里各文册。于案牘中擇出。粗涉一過。先取大數。抄爲手摺。常在袖中。應參上司。則赴參見。詢以職守兵邊之事。只云卑叨遇主司。罔敢不竭力報國。心雖切切振作。練兵飭武。釐弊興廢。以保地方。但初至未諳。容囘任事事講求。應該自行者。不敢遲怠。應該請詳者。請詳遵奉。第以設施之初。人信未信。不無耳目之異。望主司姑爲主持。以需其後。如果行不逮言。甘辱明法。倘設施果合時宜。果中利弊。而人言市虎。亦望主司堅執投杼之嫌。以裨責成于終。如此對人。方見老成。囘任之日。務信其言。不止務信其言。當終身以此言爲鑑戒。務副之于其行。尋當巡行境內。每到一城。先將城池形勢邊牆看過。詳問四方險易建置始末。保障緣由。入衙門將地方父老延入。優以禮見。問其弊病。大率如係邊牆。步步親行。備問牆外。所對何項敵人。部落某處。某年深入。因何失事。因何成功。夫前人之事業。後人之龜鑑。今當如何。庶可固守戰勝。諮訪在心。且勿就言方略。次則查點庫藏。如神器。則云庫在某處。卽親詣件件驗過。某件某年造。如何用。見今堪否。且待士人與守者言之。勿出己意。乃又卜日。入操其軍馬。逐名點看强弱。器械堪否。使地方形勢。人情土俗軍馬强壯。衙門利弊。一一在我心中。有如素遊之地。乃先將極貧無告之軍查出。優以言辭。省其差役。問其疾病。次革科斂之弊。次將衙門內役占賄賂之弊。盡行痛革。次爲各軍淸楚糧餉。務得實惠。次將孝子順孫。義夫節婦。親行存問其家。式其門閭。如此。人心大定。人人知我是爲民之吏。愛軍之將。然後仍行擇訪名望才猷。素重一方之人。眞心求敎。蓋彼于我初至之日。未知我作用何如。即有裏言。未肯盡吐。稍見我作用。知爲賢者。必以嘉言告我。必以地方利弊。宜軍宜民之略導我。凡有不忠之言。偏拗之人。自然不敢誑罔于我。此後任我所爲。皆宜軍宜民之政也。如有利弊。所當行革。事重而不可專者。明白申報上司。如力可自舉者。便宜行之。凡有大事申報上司。于文書之外。仍附以揭帖。備言其事之始末情節利害緣由。上司無不聽允。自此之後。既得上司之歡心。下人之悅服。可謂盡善矣。但人情難測。患變無常。又須日甚一日。無敢少安。在內地常若上司督責于上。在邊方常如敵患臨前。愼之又愼。敬以勝怠。如此戰勝守固。完名全節。爲賢將。爲美官。永無災患矣。實紀練兵

袁氏命譜卷五

潤德堂叢書之六

鎭江　袁樹珊著

王肯堂三三

明。姓王氏。名肯堂。字宇泰。號念西。江蘇金壇縣人。舉萬曆十七年己丑年四十一進士。選庶吉士。授檢討。倭寇朝鮮。疏陳十議。願假御史銜。練兵海上。疏留中。引疾歸。京察降調家居。久之。吏部侍郞楊時喬薦補南京行人司副。終福建參政。四十三年乙卯卒。年六十七。肯堂好讀書。尤精於醫。著有六科準繩。鬱岡齋筆麈。尙書要旨等書。該博精粹。世競傳之。

明世宗嘉靖二十八年九月十二日申時生見通會參考鬱岡齋筆麈及六科準繩

明神宗萬曆四十三年□□月□□日□時卒

己酉　命　二歲癸酉　十二壬申

甲戌　宮　二二辛未　三二庚午

戊寅　乙　四二 己巳
庚申　亥　五二 戊辰
　　　　　六二 丁卯
　　　　　七二 丙寅

通會卷八載宇泰先生之造。己酉。甲戌。戊寅。庚申。僅云先生翰林。無子。纂輯醫書證治準繩等集。又云。向德相舉人知縣。有子。王金壇人向上元人命同。珊讀此。不禁感覺人之產生地域與命造休咎。有密切之關係也。宇泰先生。與向德相知縣同爲戊土日元。誕生於寒露節後。斯時白帝司權。土王猶未用事。土衰金盛。一望可知。再逢時幹庚金。及地枝申酉戌之會金。疊疊盜洩土氣。土不勝金。更屬顯然。所幸寅日戌月。半合火局。制金生土。尚可救弊補偏。敎品讀書。不難立名建業。然寅爲申衝。其力已散。僅恃戌藏一丁。究竟渺乎小矣。所以誕生於上元者。得南方火氣補用神之不逮。故名登一榜。傒封百里。而哲嗣亦不虛也。誕生於金壇者。得西方金氣。徒爲秋金張目。轉使戊土耗神。雖曰身居翰苑。未能得志廟堂。雖著作千秋。亦難鳳毛濟美也。或曰。

關帝造。天上三。奇甲戌庚順布。此造亦天上三奇甲戌庚順布。何不同若是。曰。關帝造不僅三奇順布。且是四柱純陽。而命宮己丑。又復爲庚甲戌庚之貴人。神藏煞沒。億萬難逢。是以孤忠大節。炳若日星。字泰先生之造。三奇雖順布。四柱不純陽。而況命宮乙亥。合庚化金。合寅化木。皆非戊土日元之喜神。然得名垂國史。書收四庫。未嘗不是天幹三奇。地枝寅戌。有以致之也。十八歲申運。歲値丙寅。因母病阽危。常潤名醫。延致殆徧。言人人殊。罕得要領。心甚陋之。於是銳志學醫。既起亡妹於垂死。漸爲人知。延診求方。戶屣恆滿。就表面觀之。此一節似爲尋常細故。殊不知先生大名。得以列諸明史者。實肇端於此。蓋歲運相衝。災及慈母。火能生土。學究岐黃也。廿八歲未運。歲値丙子。舉於鄉。四十一歲午運。歲値己丑。登進士第。選庶吉士。授檢討官。此二年爲先生最得意之時。蓋未運丙年。得貴人生氣。午運丑年。得貴人帝旺也。四十五歲己運癸巳。倭寇朝鮮。先生疏陳十議。願假御史銜。練兵海上。疏留中。因引疾歸。京察降調。家居。四十七歲己運乙未。吏部侍郎楊時喬薦先生。補南京行人司副。具見己運遠遜午運。而乙未貴人。究務癸巳三刑多矣。四十八歲至六十六歲。經過巳戊辰丁四運。火土資助。是以優游歲月。從容著書。成六科準繩等若干卷。雖一度曾爲福建參政。要亦不過流水行雲。豈足以展先生懷抱哉。六十七歲乙卯。尅己衝酉。雖丁火亦不能維護。故先生竟歸道山也。

附錄

證治準繩序

余髮始燥。則聞長老道說。范文正公未達時。禱於神。以不得爲良相。願爲良醫。因歎古君子之存心濟物。如此其切也。當是時顓蒙無所知。顧讀岐黃家言。輒心開意解。若有夙契者。嘉靖丙寅。母病阽危。常潤名醫。延致殆徧。言人人殊。罕得要領。心甚陋之。於是銳志學醫。既起亡妹於垂死。漸爲人知。延診求方。戶屣恆滿。先君以爲妨廢舉業。常嚴戒之。遂不復窮究。無何舉於鄉。又十年成進士。選讀中祕書。備員史館。凡四年。請急歸。旋被口語。終已不振。因伏自念。疊受我聖主作養厚恩。見謂儲相材。雖萬萬不敢望文正公。然其志不敢不立。而其具不敢不勉。以庶幾無負父師之教。而今已矣。定省之餘。頗多暇日。乃復取岐黃言而肆力焉。二親篤老善病。即醫非素習。固將學之。而況乎輕車熟路也。於是聞見日益廣。而藝日益精。鄉曲有抱沉痾。醫技告窮者。叩閽求方。（閽音昏。守門之隸也。）亡弗立應。未嘗敢萌厭心。所全活者稍稍衆矣。而又念所濟僅爲一方。孰若著爲書。傳之天下萬世耶。偶嘉善高生隱。從余游。因遂採取古今方論。參以鄙見。而命高生次第錄之。遂先成雜病論與方各八巨袠。高生請名。余命之曰證治準繩。高生曰。何謂也。余曰。醫有五科七事。曰脈。曰因。曰病。曰證。曰治。爲五科。因復分爲三。曰內。曰外。曰亦內。曰亦外。并四科爲七事。如陰陽俱緊而浮。脈也。傷寒。因也。太陽病也。頭痛發熱身痛惡寒無汗。證也。麻黃湯治也。派析支分。毫不容濫。而時師皆失之。不死者幸而免耳。自陳無擇始發明之。而其爲三因極一方。復語焉不詳。李仲南爲永類鈐方。枝分派析。詳矣。而入理不精。比附未確。此書之所以作也。曰五科皆備焉。而獨名證治。何也。曰。以言證治獨詳。故也。是書出而不知醫不能脈者。因證檢書。而得治法。故也。雖然。大匠之所取。平與直者。準繩也。而其能用準繩者。心目明也。倘守死句而求活人。以準繩爲心目。則是書之刻。且誤天下後世。而余之罪大矣。家貧無貲。假貸爲之。不能就其半。會侍御周鶴陽公以按鹺行縣至金壇。聞而助成之。遂行於世。萬曆壬寅夏五月朔旦。王肯堂識。

傷寒準繩序

夫有生必有死。萬物之常也。然死不死於老。而死於病者。萬物皆然。而人爲甚。故聖人憫之。而醫藥興。醫藥興。而天下之人。又不死於病。而死於醫藥矣。智者憤其然。因曰病而不藥。得中醫。豈不信哉。或曰。此但爲傷寒言之也。雖然。徵獨傷寒。特傷寒爲甚爾。蓋醫莫不宗本黃岐。今其書具在。然有論而無方。方法之備。自張仲景始。仲景雖獨以傷寒著。然二千年以來。其間以醫名世。爲後學所師承者。未有不從仲景之書悟入。而能徑窺黃岐之壼奧者也。故黃岐猶羲文也。仲景其孔子乎。易水師弟。則濂洛諸賢。金華師弟。則關閩諸大儒也。擬人者不倫於此矣。王好古曰。傷寒之法。可以治雜病。雜病法不可以治傷寒。豈誠然哉。傷寒法出於仲景。故可以治雜病。而爲雜病法者。多未嘗夢見仲景者也。故不可以治傷寒也。然則傷寒論可弗讀乎。而世之醫有終身目不識者。獨執陶氏六書。以爲枕中鴻寶爾。夷考陶氏之書。不過剽南陽唾餘。尚未望見易水門牆。而輒詆傷寒論爲非全書。聾瞽來學。蓋仲景之罪人也。而世方宗之。夭枉可勝道哉。余少而讀仲景書。今老矣。尚未窺其堂室。平生手一編。丹鉛殆徧。紙敗墨渝。海虞嚴道徹見而愛之。欲壽諸梓。而余不之許。非靳之。蓋愼之也。丁酉戊戌間。因嘉善高生請。始輯雜病準繩。而不及傷寒。非後之。蓋難之也。今歲秋。同年姜仲文。知余所輯雜病外。尙有傷寒婦嬰瘍科爲準繩者四。遣使來就鈔。而不知余奪於幽憂宂病。未屬草也。因感之。而先成傷寒書八帙。始於八月朔。而告完於重九。或曰。以數十萬言成於四旬。不太草草乎。曰余之醞釀於丹府。而漁獵於書林。蓋三十餘年矣。不可謂草草也。傷寒一病爾。而數十萬言。不太繁乎。曰吾猶病其略也。何也。是書之設。爲因證檢書而求治法者設也。故分證而不詳。則慮其誤也。詳則多互見而複出。而又安得不繁。後之註仲景書。讀仲景法者。或見其大全。或窺其一斑。皆可以爲後學指南。具擇而載之。而又安得不繁。且夫人讀一書解一語。苟迷其理。有礙於胸中。以問知者。則惟恐其不吾告。與告之不詳。余固駑下。然學醫之資。差不在人後。以余所白首不能究者。與天下後世共究之。將讀之恐其易盡。而顧患繁乎哉。丹陽賀知忍中祕。心乎濟物。而勇於爲義。願爲余流通。書未成。已鳩工庀具矣。余之遄成以此。因敘於篇首。萬曆甲辰重九日。念西居士書。

幼科證治準繩序

醫家以幼科爲最難。謂之啞科。謂其疾痛不能自陳説也。稱黃帝之言曰。吾不能察其幼小。爲別是一家調理耳。吾獨謂不然。夫幼小者。精神未受七情六欲之攻。臟腑未經八珍五味之漬。投之以藥。易爲見功。猶膏粱之變難窮。而藜藿之腹易效也。何謂難乎。然古今輯是科書。未有能善者。如心鑑之蕪穢。類萃之粗略。新書則有古無今。百問則挂一漏萬。皆行於世。未足爲幼科準繩也。故吾輯爲是編。而痲痘一門。尤加詳焉。平生聚痲痘書百數十家。率人所寶祕。千金不傳者。然多猥陋不足采擇。益可以見世之無具眼矣。或曰。夫人之病。無論男女長幼。未有能越五臟者也。子於他科不分五臟。而獨幼科分之。何居。曰。正以精神未受七情六慾之攻。臟腑未經八珍五味之漬。獨有臟氣虛實勝乘之病耳。粗工不能精究。而臆指之曰。此爲內傷。此爲外感。

此爲痰。此爲驚。此爲熱。妄投湯丸。以去病爲功。使輕者重。重者死。亦有不重不死。幸而得愈者。然已傷其眞元。夭其天年矣。吾之獨分五臟以此也。大中丞沈太素公。從大梁寄余俸金百。以助刻費。而是書稿適成。遂鳩工刻之。又踰年始竣。因序而識之。使後之人有攷焉。萬曆丁未夏五十又三日。宇泰書。

女科準繩序

婦人有專治方。舊矣。史稱扁鵲過邯鄲。聞貴婦人。卽爲帶下醫。語兼長也。然帶下直婦人一病耳。調經。雜證。懷子。免身。患苦百出。療治萬方。一帶下豈能盡之乎。世所傳張長沙雜病方論三卷。婦人居一焉。其方用之奇驗。奈弗廣何。孫眞人著千金方。特以婦人爲首。蓋易基乾坤。詩首關睢之義。其說曰。特須教子女學習此三卷婦人方。令其精曉。卽於倉卒之秋。何憂畏也。而精於醫者。未之深許也。唐大中初。白敏中守成都。其家有因免乳死者。訪問名醫。得昝殷備集驗方三百七十八首以獻。是爲產寶。宋時濮陽李師聖。得產論二十一篇。有說無方。醫學教授郭稽中。以方附焉。而陳言無擇。於三因方評其得失。確矣。婺醫杜莜。（音翹。草名。錦葵也。）又附益之。是為產育寶慶集。臨川陳自明良甫。以為諸書綱領散漫而無統。節目諄略而未備。醫者局於簡易。不能深求徧覽。有纔進一方不效。輒束手者。有無方可據。揣摩臆度者。乃采摭諸家之善。附以家傳驗方。編葺成篇。凡八門。門數十餘體。總二百六十餘論。論後列方。綱領節目。燦然可觀。是為大全良方。良方出而閨閫之調。將大備矣。然其論多採巢氏病源。什九歸諸風冷。藥偏獷熱。未有條分縷析。其不宜者。近代薛己新甫。始取良方增注。其立論酌寒熱之中。大抵依於養脾胃補氣血。不以去病為事。可謂救時之良醫也已。第陳氏所葺多上古專科禁方。具有源流本末。不可昧也。而薛氏一切以己意芟除變亂。使古方自此湮沒。余重惜之。故於是編。務存陳氏之舊。而刪其偏駁者。然亦存什之六七而已。至薛氏之說。則盡收之。取其以養正為主。且簡而易守。雖子女學習無難也。若易水瀫水師弟。則後長沙而精於醫者。一方一論。具掇是中。迺他書所無。有挾是而過邯鄲。庶無道少之患哉。其積德求子。與夫安產藏衣吉凶方位。皆非醫家事。故削不載云。槁成而兵憲蔡虛臺公明府涂振任公。助之貲。刻行之。以爲此亦二公仁政萬分之一。遂不復辭。萬曆丁未早秋。念西居士書於無住菴。

外科準繩序

周禮天官冢宰之屬。有疾醫瘍醫。內外科之分久矣。疾醫中士八人。瘍醫下士八人。重內輕外。自古已然。然未有不精乎內而能治外者也。疾醫之所不能生者。於父母遺體。猶得全而歸之。而瘍醫不然。至於爛筋骨。潰肌肉。見臟府。而後終焉。故疾病於人。惟疕瘍最慘。（疕補履切音匕。頭瘍也。）而世顧輕之何哉。乃世之瘍醫。明經絡。諳方藥。而不嗜利。惟以活人爲心者。千百無一也。其見輕固宜然。不曰幷自輕其命耶。余童而習岐黃之術。弱冠而治女弟之乳瘍。虞翁之附骨瘍。皆起白骨而肉之。未嘗有所師受。以爲外科易易耳。欲得聰明有志者指授之。使爲瘍醫。而竟無有。故集先代名醫方論。融以獨得。而成是編。與世之外科書。圖人形。列方藥。詫爲祕傳者。萬萬不侔。能熟而玩。神而明之。可以名世矣。余既以便差還故山。例得支俸。受之則不安。辭之則立異。乃以付梓人。逾期而後竣事。於是諸科分證用藥之書略備。夫孰使余竊祿於朝。而又得優游編葺。以行於世。豈非聖主之賜也歟。萬曆戊申七夕。微雨作涼。金壇王肯堂書。以上六科準繩

讀本草之法

同年邵麟武問欲學醫。須識藥性。欲識藥性。須讀本草乎。曰然讀本草有法。勿看其主治。麟武曰。不看主治。又何以知藥性也。曰天豈爲病而生藥哉。天非爲病而生藥。則曰何藥可治何病。皆舉一而廢百者耳。草木得氣之偏。人得氣之全。偏則病矣。以彼之偏。輔我之偏。醫藥所繇起也。讀本草者。以藥參

驗之。辨其味。察其氣。觀其色。攷其以何時苗。以何時華。以何時實。以何時萎。則知其稟何氣而生。凡見某病爲何氣不足。則可以此療之矣。靈樞經邪客篇。論不得臥者。因厥氣客於五臟六腑。則衞氣獨衞其外。行於陽不得入於陰。行於陽則陽氣盛。陽氣盛則陽蹻滿。不得入於陰。陰氣虛。故目不瞑。治之以半夏湯。夏至而後一陰生。半夏茁其時。則知其稟一陰之氣而生也。所以能通行陰之道。五月陽氣尙盛。故生必三葉。其氣薄。爲陽中之陰。故能引衞氣從陽入陰。又其味辛。能散陽蹻之滿。故飲之而陰陽通。其臥立至也。李明之治王善夫小便不通。漸成中滿。是無陰而陽氣不化也。凡利小便之藥。皆淡味。滲泄爲陽。止是氣藥。陽中之陰。所以不効。隨處以稟北方寒水所化大苦寒。氣味俱陰者。黃柏知母桂爲引。用爲丸。投之溺出如湧泉。轉眄成流。蓋此病惟是下焦眞陰不足。故純用陰中之陰。不欲干涉陽分及上中二焦。故爲丸。且服之多也。本草何嘗言半夏治不得臥。黃柏知母利小便哉。則據主治而覓樂性。亦何異夫鍥舟而求劍者乎。麟武曰。善哉。未之前聞也。

星命

今星命家亦論通關加臨。而不知天地盤之說。陋矣。夫日之一月而過一宮。期年而周十二宮者。此天盤也。日之一時而臨一宮。（臨子則爲子時。臨午則爲午時。）一晝夜而周十二宮者。此地盤也。天盤常運而不停。凡日月五星四餘之度數。皆從之而定焉。天地盤一定而不移。凡從歲月幹枝所起神煞。如天狗天德之類。皆從之而定焉。如余命太陽在辰。以申時生。則天盤之辰。加地盤之申。而地盤卯上。實見天盤之亥。故亥宮安命。凡七政四餘之在辰者。皆當書於申之外盤。而天狗天德之類。卻於內盤書之。不易之理也。

范蠡伍員壬課

吳越春秋。吳王欲擇吉日救越王。越王聞之。召范蠡告之曰。孤聞於外。心獨喜之。又恐其不卒也。范蠡曰。大王安心。事將有意。在玉門第一。今年十二月戊寅之日。時加日出。時謂月將之子。日出謂卯時也。戊囚日也。寅陰後之辰也。合庚辰。歲後會也。夫以戊寅日聞喜。不以其罪罰日也。時加卯而賊戊。功曹爲螣蛇而臨戊。謀利事在青龍。青龍在勝光而臨酉。死氣也而剋寅。是時剋其日用又助之。所求之事上下有憂。此豈非天網四張萬物盡傷者乎。王何喜焉。果以子胥諫。而復囚之石室。　按以十二月將子加卯。第一課寅加戊螣蛇。第二課第三課寅加寅太陰。第四課申加亥白虎。四課中惟一課上克下。以寅爲用。三傳寅亥申。蛇陰虎。先鋒門既是日鬼。課傳四寅。又是四鬼。所賴末中爲救。却乃旬空。不勝四寅一卯之實鬼也。况枝臨幹克幹。乃上門亂首。夜貴又入獄。能免囚係之辱乎。時克其日以下。乃玉衡經中語。

子胥曰今年三月甲戌。時加鷄鳴。甲戌歲位之會將也。青龍在酉。德在土。刑在金。是日賊其德也。知父將有不順之子。君有逆節之臣。　按三月當用酉將。甲日青龍乘午。而此云在酉。則卯上得戌。是太陽尚在戌宮也。此丑時用日貴。四課亥甲。申亥。未戌。辰未。三傳申巳寅。課名蒿矢。申乃旬空。蒿矢已無力。空亡爲蒿矢。無力甚矣。能免失脫乎。又發用申加亥爲六害。申又爲日上衝破。又爲日鬼。三傳刑戰。幹剋枝上神。枝剋幹上神。名解離卦。幹與幹上神相破。枝與枝上神相刑。是滿盤略無和氣。故主有逆子叛臣也。按越王歸日。是三月甲辰。則此當是二月。乃傳寫訛耳。

越王謂范蠡曰。今三月甲辰。時加日昳。音耋。日昃也。孤蒙上天之命。還歸故鄉。得無後患乎。范蠡曰。大王勿疑。直眂道行。越將有福。吳當有憂。 按以三月酉將加日昳未時。四課辰甲。午辰。午辰。午申。三傳辰午申。此斬關課。大利逃亡

越王謂范蠡曰。今十有二月己巳之日。時加禺中。孤欲以此到國何如。蠡曰。大王且留以臣卜日。於是范蠡進曰。異者大王之擇日也。王當疾趨車馳馬走。越王策馬飛輿。遂復宮闕。 按此若以十二月子將加巳時。則四上克下。課名無祿。寅巳。子未。交互六害。三傳皆自刑傷日。初酉破碎。土敗于酉。辰乃

土墓。亥爲空財。無一可者。范公不應取之。當是十二月初太陽尙在丑宮也。丑加巳則四課卯己。亥卯。丑巳。酉丑。三傳卯亥未木局官鬼。初末旦暮皆乘白虎克幹。是謂催官使者。主赴任急速。故勸越王車馳馬走以應之況稍遲延至午時。則犯前課無祿之凶危矣。

珊按以上三課。宇泰先生原按。所論課傳生尅。及貴人旦暮之理。極其顯明。欲知其詳。再觀拙著六壬探原則更了然矣。

論九星八宅吉凶之源

自太極分陰陽。陽之中有陰有陽。所謂太陽少陰也。陰之中有陰有陽。所謂太陰少陽也。太陽之中陽乾陰兌。少陰之中陽離陰震。少陽之中陽巽陰坎。太陰之中陽艮陰坤。自乾一至坤八。所謂先天八卦也。乾父坤母。震得乾初爻爲長男。巽得坤初爻爲長女。坎得乾中爻爲中男。離得坤中爻爲中女。艮得乾上爻爲少男。兌得坤上爻爲少女。所謂後天八卦也。陽道主變。其數以進爲極。故乾爲父而得九。震長男而得八。坎中男而得七。艮少男而得六。陰道主化。其數以退爲極。故坤爲母而得一。巽長女而得二。離中女而得三。兌少女而得四。此先天八卦。乃河圖洛書自然之數。而不離乎五者也。故先天之合爲生氣焉。後天之合爲延年焉。五數之合。爲天醫焉。乾九合艮六。坎七合震八。坤一合兌四。巽二合離三。陽得十五。而陰得五。故曰五數之合也。五居中央。乃土之數。故天醫屬土也。其不合者。則皆凶矣。先天圓圖之中。越一位而左旋。則乾與離。兌與震。坤與坎。艮與巽。皆以陰而剋陽。凶莫甚焉。故爲絕命金也。縱而相值。則乾與震。巽與坤。坎與艮。兌與離。皆陽剋陽。陰剋陰。其凶次之。故爲五鬼火也。越一位而右旋。則乾與坎。艮與震。巽與兌。坤與離。皆六親相刑。故爲六煞水也。橫而相值。則乾與巽。坎與兌。艮與離。坤與震。金木土相剋。而子酉丑午相破害。故爲禍害土也。八卦雖錯綜不窮。而合者相比而生吉。不合者相剋害而生凶。此東西四宅之所以判。而九星分配之所以殊也。畫卦自下而上。變卦自上而下。故一變而乾得兌。兌得乾。離得震。震得離。巽得坎。坎得巽。艮得坤。坤得艮。所以爲生氣也。二變而乾得震。震得乾。坎得艮。艮得坎。巽得坤。坤得巽。兌得離。離得兌。所以爲五鬼也。三變而乾得坤。坤得乾。坎得離。離得坎。震得巽。巽得震。艮得兌。兌得艮。所以爲延年也。四變而乾得坎。坎得乾。艮得震。震得艮。艮得兌。兌得巽。離得坤。坤得離。所以爲六煞也。五變而乾得巽。巽得乾。坎得兌。兌得坎。艮得離。離得艮。震得坤。坤得震。所以爲禍害也。六變而乾得艮。艮得乾。坎得震。震得坎。巽得離。離得巽。坤得兌。兌得坤。所以爲天醫也。七變而乾得離。離得乾。坎得坤。坤得坎。艮得巽。巽得艮。震得兌。兌得震。所以爲絕命也。世所傳遊年歌與紫微卦座。其源皆出於此。而特爲捷法以括之。時師執流而忘源。不復深求其故。此吉凶所以無據也。或謂一變爲禍害。二變爲天醫。以萬物生於土。成於土。故先得之。以爲五行基。而後金水木火。以次相生。近乎鑿矣。自下而上。既非變卦之體。而五鬼之火。反生絕命之金。又理之不通者也。此殆求其故而不得。而強為之說者也。

珊按遊年歌。卽坎五天生。延絕禍六。艮六絕禍。生延天五。震延生禍。絕五天六。巽天五六。禍生絕延。離六五絕。延禍生天。坤天絕延。生禍五六。兌生禍延絕六五天。乾六天五。禍絕延生。是也。熟讀此歌。卽可知坎見艮為五鬼。見震為天醫。見巽為生氣。見離為延年。見坤為絕命。見兌為禍害。見乾為六殺。至於艮。震。巽。離。坤。兌。乾等卦。依歌順序推之。莫不脗合。然欲求原理。須細玩孚泰先生之鴻文也。

余里中一老友劉生。素不信禨祥之說。一日過余。見余搆屋。謂余曰。開門極關係吉凶。宜審擇之。余知其必有為。因詰其故。劉曰。予向開一後門。而失火失盜官訟退田。術者勸予塞之。禍乃已。可不信乎。余漫笑曰。人受命於天。奈何歸咎一戶。劉曰不然。何術者之奇中也。居數日。劉生引術者樂生來。余虛心訪之。樂曰。劉本命丙戌。為上元生人。寄位乾宮。而所開乃坎門。為六煞。在法應火盜官訟退田。某亦不知其所以然。其書具在。因啓篋出以示余。其書名金光斗靈經。專以人命論宅門。余用而試之。良驗。後官於京師。聞有聽調縣令王姓者。精於宅法。乃專用此書。談論禍福。往往奇中。屢欲訪之。未果。八宅細分之。有二十四山向門路與宅。宅門與本命。有刑焉。有冲焉。有破焉。有害焉。有祿焉。有馬焉。有貴焉。有生焉。有剋焉。皆當細而論之。如坎宅開巽門吉矣。而坎有子之坎。有壬之坎。有癸之坎。巽有辰之巽。有巽之巽。有巳之巽。如正坐子位。則宜於辰上開門。坐癸位則宜於巽上開門是也。若坎宅開未門。未害子。又未土剋子水。主有腎疾。又坎宅開震門。雖吉而星爲巨門。天醫屬土。亦主腎疾。長男當之。坎宅開午門。子午相衝。他可類推。

南陽孔生。爲人卜宅。又單論竈。禍福尤捷。如影響。工部郎中閻春藿邦嘗師事之。得其訣以授余。大抵亦從遷移起數。不論宅坐向。與夫所謂宅無宅氣。由人爲以變之者。旨未嘗不符合也。以上鬱岡齋筆麈

董其昌三四

明。姓董氏。名其昌。字元宰。晚號思白。松江華亭人。(即今江蘇省松江縣。)萬曆十七年己丑。(年三十五)舉進士。改庶吉士。授編修。皇長子出閣。充講官。坐失執政意。出爲湖廣副使。移疾歸。起故官。督湖廣學政。不循情屬。爲勢家所怒。謝事歸。光宗立。泰昌元年庚申。(年六十六)召爲太常少卿。天啓元年辛酉。(年六十七)擢本寺卿。修神宗實錄。擢禮部右侍郎。尋左轉。拜南京禮部尚書。閹豎用事。其昌深至引遠。踰年請告歸。召加太子太保致仕。崇禎十年丁丑卒。年八十三。謚文敏。其昌天才俊逸。少負重名。奄人請書翰者。一切謝絕。然不激不隨。故得免于黨人之禍。書法超越諸家。獨探神妙。其畫集宋元諸家之長。四方金石刻。得其制作手書。以爲二絕。人擬之米芾趙孟頫。有畫禪室隨筆。容臺文集等書。

明世宗嘉靖三十四年正月十九日辰時生(見通會)

明毅宗崇禎十年□□月□□日□時卒（見明史）

乙卯	命	五歲	十五	丁丑 丙子
戊寅	宮	二五	三五	乙亥 甲戌
乙卯	丁	四五	五五	癸酉 壬申
庚辰	亥	六五	七五	辛未 庚午

董文敏公之造。乙庚化金。既帶將星。又值亡神。似與毅宗帝造相同。其實毅宗帝出自天潢。文敏公生於草野。此一異也。毅宗造年幹見辛。暗中化水。盜洩金氣。文敏造年幹見乙。暗中化金。足資臂助。此二異也。毅宗枝會三合木局。自亥而未而卯。次序皆逆。文敏枝會東方一氣。自寅而卯而辰。次序皆順。此三異也。毅宗亥居年枝。文敏亥居命宮。此四異也。毅宗有未無辰。有己無戊。文敏有辰無未。有戊無己。毅宗命宮值庚。文敏命宮值丁。此五異也。有此五異。雖同一化金正格。（此名乙庚化金格。又名東方一氣格。惜均有瑕疵。）而名位特殊。安危迥異。即壽命修短

亦絕不相侔也。經云。化格成象。須分衰旺。往來固要安定。配合尤貴中和。謹
按文敏公造日元乙卯。生時庚辰。乙與庚合。同化爲金。誕生正月。似不及三
秋當道。然得年幹乙字。位居要津。命宮丁亥。德合並見。定可爲乙庚化金之
輿援。雖月幹逢戊。暗地化火。亦與大體無傷。蓋往來安靜。配合中和。故能天
才俊逸。貴壽兼優也。不寧惟是。觀其三十五歲。大運蒞亥。歲值己丑。舉進士。
改庶吉士。卽可知亥藏壬甲。與夫太歲己丑。均與化金格情致纏綿也。至三
十五歲後。實行甲運。授編修。充講官。以及督學湖廣。更覺甲能化土生金也。
四十二歲大運蒞戌。歲值丙申。因不狥請囑。爲勢家所怨。嗾生徒數百。蜂擁
鼓譟。衝毀學署。公竟謝事告歸。具見戌遙衝辰。丙遙合辛。申遙衝寅之爲害
也。六十六歲。大運蒞辛。歲值庚申。七十一歲。大運蒞未。歲值乙丑。或爲太常
少卿。或爲侍郎尙書。或告歸林下。此皆庚乙化金。氣求聲應。有以致之。非辛
運之功也。及至七十七歲。實行庚運。起復故官。掌詹事府事。益信庚能合乙。

效力勝常也。八十三歲。大運莅午。歲值丁丑。午固合寅。丑復害午。皆爲忌神。是以考終焉。

附錄

說苑序

西漢之著書者。自陸賈以下凡六家。而卯金子居其二。淮南王安。則有鴻烈解。中壘校尉向。則有說苑新序云。淮南之書。俶詭超忽。世所稱挾風霜飲沆瀣者。蓋文士多沈酣焉。而向之說苑二十篇。網羅舊聞。應規入矩。似非好奇者所急也。茲專刻說苑何也。曰。向之此書。其合於立言之指者有三。而文詞之爾雅。不與焉。裨用。一也。述聖。一也。獻讜。一也。有一於此。皆可傳也。矧兼至焉者乎。夫語稱公輸子。巧於爲舟車。而拙於爲木鳶。以非所常御也。顧長康。易於貌神鬼。而難於貌狗馬。以衆所習見也。向之說苑。自君道臣術。迄於修文返質。其標章持論。鑿鑿民經。皆有益天下國家。而非雕塵鏤空。縱談六合之外。以動視聽者。是爲裨用。可傳也。漢承秦後。師異道。人異學。自仲舒始有大一統之說。然世猶未知歸趣。向之此書。雖未盡洗戰國餘習。大都主齊魯論家語。而稍附雜以諸子。不至逐流而忘委。是以獨列於儒家。是爲述聖。可傳也。元成閒。中宮外戚。株連用事。向引宗臣大義。身攖讒吻。顧所謂三獨夫者。共憂社稷。懷忠不効。又進說苑以見志。吾讀其正諫一篇。蓋論昌陵。論外戚。封事之餘音若縷焉。是爲獻讜。可傳也。此三者。鴻烈有之乎。豈惟鴻烈。陸大夫有向之麗。而無其實。賈太傅有向之辨。而無其識。董江都有向之醇。而無其達。揚子雲有向之詣。而無其節。知言者必能折衷矣。或曰。史載子政自言得淮南王枕中祕書。以黃金不成獲罪。則好鴻烈者。宜莫如向。故曾子固。譏其言不深純。是不然。夫子政固少好淮南書者。及其義甘不調。齟齬憂患之徧嘗。而學術意見已一變矣。昔柳河東文師國語。而非國語。曾南豐文師子政。而詆子政。文人反攻。固耳。可盡信哉。明文在

畫禪室隨筆節錄二十則

余嘗題永師千文後曰。作書須提得筆起。自爲起。自爲結。不可信筆。後代人作書。皆信筆耳信筆二字。最當玩味吾所云。須懸腕。須正鋒者。皆爲破信筆之病也。

字之巧處在用筆。尤在用墨。然非多見古人眞蹟。不足與語此竅也。

用墨須使有潤。不可使其枯燥。尤忌穠肥。肥則大惡道矣。

作書須提得筆起。不可信筆。蓋信筆則其波畫皆無力提得筆起。則一轉一束處。皆有主宰。轉束二字。書家妙訣也。今人只是筆作主。未嘗運筆。

余十七歲時學書。初學顏魯公多寶塔。稍去而之鍾王。得其皮耳。更二十年。學宋人。乃得其解處。

呂純陽書爲神仙中表表者。今所見若東老詩。乃類張長史。又云題黃鶴樓似李北海。仙書尙以名家爲師如此。孫虔禮曰。妙擬神仙。余謂實過之。無不及也。昔人以翰墨爲不朽事。然亦有遇不遇。有最下最傳者。有勤一生而學之。異世不聞聲響者。有爲後人相傾。餘子悠悠。隨巨手譏評。以致聲價頓減者。有經名人表章。一時慕效。大擅墨池之譽者。此亦有運命存焉。總之。欲造極處使精神不可磨沒。所謂神品。以吾神所著故也。何獨書道。凡事皆爾。

行書十行。不敵楷書一行。米南宮語也。時一爲之。以斂浮氣。竟此紙。凡十起對客。信乎孫虔禮所云。神怡務閒之難也。

凡畫山水。須明分合。分筆乃大綱宗也。有一幅之分。有一段之分。於此了然。則畫道過半矣。

畫人物須顧盼語言。花果迎風帶露。禽飛獸走。精神脫眞。山水林泉淸閑幽曠。屋廬深邃。橋渡往來。山脚入水澄明。水源來歷分曉。有此數端。卽不知名。定是高手。

姚氏月華。筆札之暇。時及丹青。花草翎毛。世所鮮及。嘗爲楊生畫芙容匹鳥。

約略濃。淡生態逼眞。然聊復自娛。不復多見也。

余遊閩中。遇異人談攝生奇訣。在讀黃庭內篇。夜觀五臟神。知其虛實。以爲補瀉。蓋道藏所不傳。然須斷葷酒與溫柔鄉。則可受持。至今媿其語也。

東坡云。詩人有寫物之工。桑之未落。其葉沃若。他木不可以當此。林逋梅花詩。疎影橫斜水淸淺。暗香浮動月黃昏。決非桃李詩。皮日休白蓮詩。無情有恨何人見。月冷風淸欲墮時。此必非紅蓮詩。裴璘詠白牡丹詩。長安豪貴惜春殘。爭賞先開紫牡丹。別有玉杯承露冷。無人起就月中看。

文章隨題敷衍。開口卽涸。須於言盡語竭之時。別行一路。太史公荊軻傳。方敍荊軻刺秦王。至秦王環柱而走。所謂言盡語竭。忽用三個字轉云。而秦法。自此三字以下。又生出多少煙波。

靑烏家專重脫卸。所謂急脈緩受。緩脈急受。文章亦然。勢緩處須急做。不令扯長冷淡。勢急處須緩做。務令紆徐曲折。勿用埋頭。勿得直脚。

文要得神氣。且試看死人活人。生花剪花。活雞木雞。若何形狀。若何神氣。識得眞。勘得破。可與論文。如閱時義。閱時令吾毛竦色動。便是仙神氣逼人處。閱時似然似不然。欲丟欲不丟。欲讀又不喜讀。便是他神索處。故總稿不如考卷之神。考卷之神薄。不如墨卷之神厚。魁之神露。不如元之神藏。試之自有解入處。脫套去陳。乃文家之要訣。是以剖洗磨煉。至精光透露。豈率爾而爲之哉。必非初學可到。且定一取捨。取人所未用之辭。捨人所已用之辭。取人所未談之理。捨人所已談之理。取人所未佈之格。捨人所已佈之格。取其新。捨其舊。不廢辭。却不用陳辭。不越理。却不用皮膚理。不異格。却不用卑瑣格。得此思過半矣。

文家要養精神。人一身只靠這精神幹事。精神不旺。昏沈到老。只是這個人。須養起精神。戒浩飲。浩飲傷神。戒貪色。貪色滅神。戒厚味。厚味昏神。戒飽食。飽食悶神。戒多動。多動亂神。戒多言。多言損神。戒多憂。多憂鬱神。戒多思。多思撓神。戒久睡。久睡倦神。戒久讀。久讀苦神。人若調養得精神完固。不怕文字無解悟。無神氣。自是矢口動人。此是舉業最上一乘。

虛室生白。吉祥止止。予最愛斯語。凡人居處潔淨。無塵溷。則神明來宅。掃地焚香。蕭然清遠。卽妄心亦自消磨。古人於散亂時。且整頓書几。故自有意。

東坡在海外。所至不容。僦僧寮以居。而與子過自縛屋三間。僅庇眠食。嘗行吟草田間。有老嫗向之曰。內翰一場富貴。却都消也。東坡然其言。海外歸。至陽羨買宅。又以還劵不果。蓋終其世無一椽。視今之士大夫何如耶。樂志論故隱淪語。然開口便云良田廣宅。去東坡遠矣。

士君子貴多讀異書。多見異人。然非曰宗一先生之言。索隱行恠爲也。村農野叟。身有至行。便是異人。方言里語。心所了悟。便是異書。在吾輩自有超識耳。

洪承疇 三五

清。姓洪氏。名承疇。字亨九。福建南安縣人。南安縣名・明清皆屬福建省泉州府・今屬福建廈門道・ 明萬曆丙辰 年二十四 登進士第。天啓時。任浙江提學道。遷布政使參議。又遷陝西督糧參政。崇禎庚午 年三十八 授延綏巡撫。辛未 年三十九 擢陝西三邊總督。甲戌 年四十二 監督河南山陝川湖軍務。加太子太保。兵部尚書。乙亥 年四十三 承疇出潼關討賊。潼關・在今陝西省・潼關縣東南・隋移於舊關北四里・即今縣治・ 時有言承疇統轄太廣。勢難兼顧者。乃以盧象昇總理江北河南山陝川湖軍務。督理關外兵。而承疇專督關內兵。己卯 年四十七 援薊遼總督。是年冬。清兵征明錦州。遼錦州・明改置廣寧中左二屯衛・清改置廣寧府・治廣寧縣・尋設錦州府・移治錦縣・屬奉天府・民國廢・ 及寧遠。明寧遠衛・清置寧遠州・屬奉天錦州府・民國改縣・又改名興城・ 辛巳 年四十九 承疇列營松山。松山・在奉天錦縣南十八里・明宣德間・置中屯千戶所於此・ 屢出兵。戰輒敗。關 援兵。竟駐寧遠。終不進。承疇欲戰則力不支。欲守則糧已竭。欲遁不敢成隊而出。與巡撫邱民仰等。坐困城中。越一月。副將夏成德。遣人赴清軍通款。相約內應。

清兵夜樹梯登城破。斬曹變蛟。王廷臣。邱民仰等。生擒承疇。送盛京贍養之。盛京、今奉天省治、瀋陽縣、明詭傳承疇已死。予祭十六壇。建祠都城外。與邱民仰並列。毅宗帝將親臨奠。俄聞承疇降。乃止。承疇初亦自分必死。清百計勸之。遂降。壬午年五十歲五月。召見崇政殿。承疇跪門外。奏曰。臣將兵由松山援錦州。曾經數載。冐犯軍威。聖駕一至。衆兵敗沒。臣坐守松山。糗糧罄絕。人皆相食。城破被擒。自分應死。蒙皇上矜憐不殺。而恩養之。今令朝見。臣自知罪重。不敢入。上曰。彼時與我軍交戰。各爲其主。朕豈介意。朕之擊敗十三萬兵。得松錦諸城。皆天也。天道好生。養人者斯合天道。朕故恩沾及爾。爾但念朕撫育之恩。盡心圖報可耳。尋命隸鑲黃旂漢軍。順治元年甲申。年五十二四月。睿親王多爾袞征明。承疇從師次遼河。聞流賊李自成已陷京師。承疇自陳進兵策。五月清軍擊走流賊。定京師。承疇奉旨仍以太子太保兵部尙書。兼都察院右副都御史原銜入內院。佐理機務。遂爲祕書院大學士。自此以後。招撫南方。經略湖廣。廣東廣西。雲南貴州。晉太傅兼太師。頗不寂寞。順治十八年辛丑。年六十九承疇乞休。允致仕。康熙四年乙巳。二月卒。年七十三。予諡文襄。著有平定略一書。

明神宗萬曆二十一年九月二十二日戌時生見通會

清聖祖康熙四年二月□□日□時卒見二臣傳

癸巳	命	三歲 十三	辛酉 庚申
壬戌	宮	二三 三三	己未 戊午
癸酉	辛	四三 五三	丁巳 丙辰
壬戌	酉	六三 七三	乙卯 甲寅

貳臣傳洪承疇列傳載崇禎十四年三月。承疇將兵由松山援錦州。列營於松山城北。屢出兵戰。輒敗却。諸總兵僅以身免。先後喪士。五萬三千七百餘人。清兵遂得包圍松山。九月承疇謀突圍出。悉出城中步騎。夜犯清營。敗還。

雋斃千人。十二月聞關內援兵三千。赴援將至。復出兵六千。夜犯清營。爲矢砲所殪者。殪音翳。霽韻。死也。殺之也 四百二十人。從杏山遁。伏發截殺者。九百七十餘人。敗退城下。因門閉不得入。投降者三千餘人。關內赴援兵。竟駐寧遠。終不進。承疇欲戰則力不支。欲守則糧已竭。欲遁不敢成隊而出。與曹變蛟。王廷臣。巡撫邱民仰。兵備道張斗。姚恭。王之楨等。坐困城中。越一月。副將夏成德遣人赴大軍通款。以其子舒爲質。相約內應。大兵夜樹梯登城。城破。斬曹變蛟。邱民仰等。生捦洪承疇。捦音琴。急持也。又捉也。 送盛京。贍養之。祖大壽知承疇就捦。因率錦州諸將以城降。明訛傳承疇已死。予祭十六壇。建祠都城外。與民仰幷列。毅宗帝將親臨奠。俄聞承疇降。乃止。吾讀至此。不禁爲承疇惜。又不禁爲承疇痛。惜者惜其糧竭援絕。未能遠法睢陽盡節。近法盧象昇戰死。致負毅宗予祭建祠之盛誼。痛者痛其降清進策。底定京師。不過仍以太子太保兵部尚書。兼都察院右副都御史原銜。入內院佐理機務。遂爲祕書院大學士。而已。及至江南。湖廣。廣東。廣西。貴州。雲南。招撫平定。至順治十八年。乞休致仕。康熙四年二月卒。亦不過博得大名二臣列傳而已。文襄云乎哉。清諡文襄 珊痛惜斯人久矣。謹就通會卷九所載。洪承疇閣老之造。癸巳年。壬戌月。癸酉日。壬戌時。稍加研究。爲知命者告。謹按二癸二壬。幷列天幹。形式整齊。毫不雜亂。造微賦云。天幹連珠。朝廷擢用。觀其忽明忽淸。皆居顯位。誠爲擢用矣。天幹二癸二壬。在五行俱屬水。地枝二戌一酉。中各藏辛。一巳中又藏庚。在五行又俱屬金。再益以命宮辛酉。幹枝又復屬金。當此誕生之際。適在寒露節後。其爲水淸金白顯而易知。格局之佳。不言而喻。詎料年枝之巳。與月時二枝之戌。各藏戊土。其力雖微。以之制水則不足。以之濁水則有餘。文子有云。河水欲淸。沙土穢之。此類是也。因是登科及第。徒有大塊文章。緯武經文。不能自保晚節。王充論衡云。國命勝人命。珊獨謂人命勝人事。觀其關內援兵。竟駐寧遠。終不前進。卽可知天命所在。有非人力所能挽回者也。二十四歲己運丙辰。登進士。二十九歲未運辛酉。任浙江提學道。三十八歲戊運庚午。授延綏巡撫。三十九歲午運辛未。擢陝西三邊總督。四十二歲午運甲戌。監督河南山陝川湖軍務。加太子太保兵部尚書。時賊聚陝西二十餘萬。高迎祥最盛。自稱闖王。李自成屬焉。四十四歲丁運丙子。高迎祥磔死。李自成爲闖王。四十七歲丁運己卯。授蘇遼總督。四十八歲庚辰。總兵祖大綬以錦州圍困告急。承疇出山海關。駐寧遠。營松山。調諸鎮兵十五萬。以便戰守。按其自登進士。迄至調諸鎮大兵。經過巳未戊午丁等運。藉土制水。水清金白格。因枝藏三土。棄而不論。是以反需土助也。藉火濟水。是以揚眉吐氣。任重操權。四十九歲巳運辛巳。小限癸酉。十二月辛丑。兵敗被擒。五十歲巳運壬午。小限壬申。承疇薙髮具見巳酉丑。與申酉戌之金。皆爲金水有餘之命。所最忌者也。五十一歲癸未。至六十八歲庚子。忙忙碌碌。應接不暇。除五十六歲戊子。妒合喪父。六十歲壬辰。沖戌喪母。其他火木等運。均與金旺水相之命。情致纏綿。是以左右逢源。官至太傅。六十九歲癸丑乞休。七十二歲甲辰。考終。一爲丑戌相刑。一爲辰戌犯衝。好者大運在卯。結果尙安。然造化亦不小矣。

附錄

洪承疇被生擒

崇禎十五年二月。因松山之副將夏承（二臣傳：承作成）德爲內應。形勢遽爲之一變。洪承疇以下多被生擒。錦州之包圍。至一年之久。嗣聞松山陷落。遂降。塔山。杏山。又相繼而陷。明國大震。崇禎帝急欲媾和矣。然洪承疇之降服。因當時兩國音信不通。遂以殉難傳於明國。崇禎帝爲彼曾輟朝賜祭。其子在北京受弔。刻行狀。分送親友。諸官遵勅命行祭。嗣接承疇生降之確報。遂罷祭典。然其既發之行狀。則已徧於人間矣。康熙二十一年。承疇卒於家。其子再受弔。刻行狀。不復敍前朝之事。自淸朝北京奠都以來。好事者有得其前後兩行狀合爲一本者。洪爲福建人。著有平定略一書。其材幹超邁尋常。惜其行事無終始。爲可議耳。

洪承疇爲嚮導

汲修主人（禮親王）談太宗襟度有曰。松山既破。擒洪文襄。（承疇）洪感明帝之遇。誓死不屈。日夜蓬頭跣足。罵言不休。太宗乃命諸文臣勸勉之。洪一語不答。太宗乃親至洪之館。解貂裘而與之服。徐曰。先生得無冷乎。洪茫然。視太宗良久。歎曰。眞命世之主也。因叩頭請降。太宗大悅。卽日賞賚無算。陳百戲作賀。諸將皆不悅。曰。洪承疇僅一羈囚。何待之重乎。太宗曰。吾儕所以櫛風沐雨者。究竟欲何爲乎。衆曰。欲得中原耳。太宗笑曰。譬之行者。君等皆瞽目。今得一引路者。吾安得不樂。衆乃服。（以上清朝全史）

盧象昇 三六

明。姓盧氏。名象昇。字建斗。號九台。一字斗瞻。又字介瞻。江蘇宜興縣人。生於張渚鎮之鎖發橋。萬曆戊午（年十九）補校官弟子。天啓辛酉（年二十二）鄉試中式。壬戌（年二十三）會試中式。歷大名廣平順德兵備。舉卓異。進按察使。象昇善射。嫻將略。能治軍。山西賊入畿輔。連破之。以右僉都御使。撫治鄖陽。與總督分道擊賊。皆捷。漢南寇幾盡。威名爲賊所憚。進兵部侍郎。賜尚方劍。李自成勢甚盛。象昇大破之。會京師警。召入衛。尋總督宣大山西。大興屯利。時宰臣楊嗣昌。中官高起潛。主和議。與象昇議不合。遇事掣其肘。象昇名雖督天下兵。實不及二萬。崇禎十一年戊寅十二月庚子日未時。戰于臨清賈莊。（臨清縣名・故城在今山東省臨清縣南・賈莊、在今山東省濮縣西南・黃河南岸・西近直隸省・濮陽縣界・有河工局・）礮盡矢窮。奮身鬬死。年三十九。明謚忠烈。清謚忠肅。有忠肅集。

明神宗萬曆二十八年三月初四日亥時生（見年譜通會）

明毅宗崇禎十一年十二月十二日未時卒見年譜

庚子	命	七歲	辛巳
		十七	壬午
庚辰	宮	二七	癸未
		三七	甲申
丁未	戌	四七	乙酉
		五七	丙戌
辛亥	寅	六七	丁亥
		七七	戊子

明大司馬盧公年譜。載公萬曆廿八年。三月四日、時加人定生。原註引行實云。庚子年。庚辰月。丁未日。辛亥時。通會卷八亦載此造。未有評斷。珊謹按日主之丁。在五行屬火。誕生於清明節後。雖曰進化。究不及盛夏赤帝司權之得令。年月二幹。並見庚金。時幹又特立辛金。人但知火能尅金。而不知金强火弱。火反爲金所抑也。幸月枝之辰。與日枝之未。各藏乙木。命宮之寅。與時枝之亥。各藏甲木。而時枝之亥。又爲丁火日主之貴人、得此爲正式之用神。不獨火得木生。轉弱爲强。可以抗金。卽貴人會合。化尅爲生。亦多裨益。指迷

賦云。丙丁有貴兮。遇酉亥必顯榮。此合丙丁酉亥。而統言之。其實亥之於丁。較酉之於丙。效力尤大也。因是砥行能堅。秉誠克裕。遭時坎坷。恆仗節以無撓。殉義從容。竟捐生而不悔也。（此皆用神得力。有以致之。）十九歲壬運戊午。小限庚申。補校官弟子。二十二歲仍在壬運辛酉。小限丁巳。中應天鄉試舉人。二十三歲午運壬戌。小限丙辰。中會試進士。二十五歲仍行午運。甲子。小限甲寅。授戶部主事。具見壬能化木。午爲日祿。皆丁火日主之喜神也。及至癸運。歲逢木火。未運中藏木火。是以歷員外郎。遷大名府。陞右副都御史。巡撫湖廣也。至三十九歲在陽和。五月丁外艱。七月進兵部尚書。九月淸兵從牆子嶺入。殺總督吳阿衡。上賜公劍印。命督天下援師。兵實不滿二萬。公伏地痛哭。奏辭不許。繼又誤聽姦言。分兵他屬。至十二月十二日未時。礮盡矢窮。奮身鬭死於臨淸賈莊。此非甲運之木。不能資生丁火。實因甲運之木。反尅太歲戊寅之土也。且殉難於乙丑月。庚子日。癸未時。丑會子亥。而助癸庚。故爲害尤烈也。

附錄

夜坐寄懷時爲大名守

買山而隱乃無錢。富可求乎請執鞭。六載從官仍四壁。八年叨第也三遷。高張白眼慚時態。細檢遺囊憶舊氈。夜告自堪蒼冥對。天空靈物亦依然。

過穆陵關

此關離太平驛三十里。余領五省軍務。統兵入豫。見壁間一律云。獨上亭臺耳目新。情懷何異葛天民。江山寄跡原非我。天地爲廬亦借人。放盡尊前千里目。流空衣上十年塵。有詩不寫酬佳景。卻恐風塵笑客貧。其詩高妙。相傳爲呂純陽先生所題。漫次。

介馬臨戎壁壘新。連天烽火歎無民。揮戈欲洗山河色。仗策思援飢溺人。安奠蒼生千古事。掃除逋寇八年塵。攜歸兩袖清風去。坐看閒雲不厭貧。

過黃粱祠

余備兵大名。剿賊邯鄲道中。偶憩呂公祠。壁間多詠盧生夢者。未知是夢非夢也。聊書一絕。

曾聞世有盧生夢。我夢盧生卽此身。今古誰醒復誰夢。呂翁同作夢中人。

過太平驛

驛在豫州光麻之間。余奉命討賊。督兵過此。卽以太平二字爲題。

誰挽天河洗甲兵。金戈鐵馬旅人情。請纓豈是書生業。倚劍長吟祝太平。以上盧忠肅集

盧忠烈陣亡

崇禎十一年秋。三次命睿親王多爾袞。克勤郡王岳託。從兩路入明之內地。會於北京之南之通州。由此西行至涿州。至此更分數道。一軍沿運河。其山河之間。六軍並進。在直隸河南之地方者。則眞定。廣平。順德。大名。諸城。皆殘

破。山東省由臨清而渡運河。陷濟南府。生擒明之宗室德王。當時擄獲品則有人口六十四萬有奇。白金百餘萬。至翌年春。歸還於盛京。此役也。以附近於保定之清兵。與明國之名將盧象昇之戰。最爲慘烈。蓋象昇先討流賊。建有數十次之戰功。會丁父喪守制。欲歸故鄉。崇禎帝不許。使彼董督天下勤王之援兵。及彼上疏。謂臣本非軍旅之才。況因臣父奄逝。長途慘傷。五中瞀亂。今以草土之身。距於三軍之上。非惟觀瞻不壯。尤慮金鼓不靈。既而閒中官高起潛。尙書楊嗣昌。均服衰絰臨軍。因嘆息曰。吾三人皆不祥之身也。然象昇雖名督師。有指揮天下兵將之權。能實不過宣大山西三路之兵士而已。十二月。彼率疲卒五千。在直隸省鉅鹿之蒿水橋與淸兵相遇。象昇麾兵疾戰。呼聲動天。交戰八時之久。礮盡矢窮。格鬥遂斃。起潛旁觀而不能救。象昇死於戰場。驗之。猶著麻衣白網巾之喪服。一卒泣曰。此吾盧公也。三郡之民。聞之慟哭失聲。自彼戰歿以來。清兵如入無人之境云。清朝全史

黃宗羲三七

淸姓黃氏。名宗羲。字太沖。號南雷。明御史忠端公尊素長子。居浙江餘姚縣。通德鄉黃竹浦。尊素死詔獄。宗羲具疏訟寃。袖長錐。錐許顯純等。莊烈帝嘆爲忠義孤兒。歸益肆力於學。盡發家藏書讀之。不足。復借抄之。建續抄堂於南雷。以承東發之緒。受業劉宗周。南太學諸生。作留都防亂公揭。璫禍諸家子弟。推宗羲爲首。及江南奄黨糾宗周。並及宗羲。會淸兵至得免。隨孫嘉績熊如霖諸軍於江上。魯王以爲左僉都御史。後海上傾覆。乃奉母返里。畢力著述。其學主先窮經。而求事實於史。以濂洛之統。綜會諸家。從游日衆。康熙中。舉鴻博。薦修明史。均力辭。詔取所著書。宣付史館。史局大案必咨之。康熙乙亥七月癸亥卒。年八十六。世稱黎洲先生。私諡文孝。有南雷文定。宋元明儒學案等書。

明神宗萬曆三十八年八月初八日戌時生（生卒見年譜）

清聖祖康熙三十四年七月初三日卯時卒

庚戌	命	五歲 丙戌	十五 丁亥
乙酉	宮	二五 戊子	三五 己丑
庚辰	乙	四五 庚寅	五五 辛卯
丙戌	酉	六五 壬辰	七五 癸巳

黎洲年譜云。姚太夫人將分娩。忠端公預推祿命。年月庚戌乙酉。得日時庚辰丙戌配合極佳。然須聞金鼓之聲乃驗。適有里優鳴鉦擊鼓而公生。鉦音征。銅鑼之圓心凸起者。日者謂與孔子之造。只差一字。乳名曰麟。太夫人夢有麟瑞故也。

謹按公造日主庚辰。與生月乙酉。天幹庚乙聯合。固可化金。地枝辰酉聯合。尤可化金。當此誕生之際。正值白帝司權。化金當令不同尋常。忠端公謂爲須聞金鼓之聲乃驗。具見其深明化氣原理。確定此造爲格成化金。氣求聲應。故必須助以金聲。始爲完美也。至云丙戌時配合極佳。瑚頗不謂然。蓋丙能引辛化水洩氣。戊來衝辰。反傷正格。化金眞格、受影響矣。以致初則錮爲黨人。繼則指爲游俠。終則位於儒林也。觀其十七歲丙寅忠端公卒於詔獄。四十七歲丙申。屋崩糧絕。六十七歲丙辰。葉安人病故。七十一歲大運逢辰。姚太夫人仙遊。更可知丙能化水。戊來衝辰之弊也。或曰。十七歲。大運蒞戊。竟能補仁和博士弟子員。此又何故。曰。此非戊運之功。乃流年癸亥。文昌得用。小限壬申。日主得祿有以致之也。或曰。三十七歲。歲在丙戌。監國竟以公爲兵部主事。改監察御史。此又何故。曰。此非丙不化水。戊不衝辰。蓋由於大運逢己。小限己酉。藉己化土以生金。藉酉合辰以解衝。是以有此遭際。不寧惟是。觀於公四十歲仍行己運。逢己丑流年。監國還至海上。公赴行朝。晉左僉都御史。再晉左副都御史。更可見己能化土之能力。不獨丑值貴人。又可合酉也。或曰。五十五歲顧鹽臺求文三篇。致送潤筆千金。此公之生平饒有興趣之事。其故安在。曰。大運蒞寅。流年甲辰。小限辛卯。會爲東方一氣之木局。乃庚乙化金格。最喜之神。是以無中生有。驟獲多貲。不獨此也。卽舉博學鴻儒。主海昌講席。何莫非壬運。暗中化木之效耶。或又曰。丙能化水。戌來衝辰。誠爲缺點。公何以著作等身。名滿天下。而又哲嗣蕃衍。壽享八旬有六。曰。此無他。命宮乙酉。遙合生年庚幹。又遙合生日辰枝。得道多助。是以文章道德。超越羣倫。若謂公造與孔子之造。僅差一字。此必日者之誤。未及深考也。

附錄

王仲攜侍御過龍虎山草堂

十年有五驚彈指。又復煩君入剡中。斜日蜂喧蕎麥路。斷雲犬吠瀑花東。相看鬚鬢都成雪。豈料乾坤尙在籠。應是未還車馬債。任教南北遍遊蹤。丁亥歲仲

攜過剡中

剡湖豈是乏茅蓬。那得君來住此中。百卷緯書眞絕學。千秋國史附江東。古松流水皆移算。紅藥靑櫺曉負籠。方技儒林憑位置。誰知世外有行蹤。緯書三史

皆余所著・仲攜欲居剡共學・○南雷詩歷・

萬里尋兄記

羲六世祖小雷府君。諱璽。字廷璽。兄弟六人。長伯震。商於外。踰十年不歸。府君魂祈夢請。卜之瓊茅蚌殼之間。茫然不得影響。作而曰。吾兄不過在域內。吾兄可至。吾何獨不可至乎。躡屩（躡音聶・葉韻・蹈也履也・屩音脚・藥韻・履也・木曰屐・麻曰屩・）出門。鄉黨阻之曰。汝不知兄之所至東西南北。從何處尋起。府君曰。吾兄商也。商之所在。必通都大邑。吾盡歷通都大邑。必得兄矣。於是裂紙數千。繕寫其兄里系年貌爲零丁。所過之處。輒榜之宮觀街市間。冀兄或見之。即兄不見。而知兄者或見之也。經行萬里。三山。獠洞。八角。蠻陬。蹤跡殆徧。卒無所遇。府君禱之衡山。夢有人誦沉綿盜賊際。狼狽江漢行者。覺而以爲不祥。遇士人占之。問君何所求。府君曰。吾爲尋兄至此。士人曰。此杜少陵春後行中句也。春陵今之道州。君入道州。定知消息。府君遂至道州。徬徨訪問。音塵不接。一日奏廁。置傘路旁。伯震過之。見傘而心動。曰此吾鄉之傘也。循其柄而視之。有字一行。曰姚江黃廷璽記。伯震方驚駭未決。府君出而相視。若夢寐。慟哭失聲。道路觀者亦嘆息泣下。時伯震已有田園妻子於道州。府君卒挽之而歸。嘗觀史傳。人子所遭不幸。間關踣頓（踣·步墨切，音匐·職韻·又匹候切·剖去聲·義同·又與仆同·僵也斃也·）求父求母者不絕書。爲人弟而求兄者無聞焉。豈世無其事歟。抑有其事而紀載者忽之歟。方府君越險阻。犯霜雪。跋涉山川。餓體凍膚而不顧。籍口槁腸而不卹。窮天地之所覆載。際日月之所照臨。汲汲皇皇。唯此一事。視天下無有可以易吾兄者。而其時當景泰天順之際。英宗景皇。獨非兄弟耶。景皇唯恐其兄之入。英宗唯恐其弟之生。富貴利害。伐性傷恩。以視府君愛惡頓殊。可不謂天地綱常之寄。反在草野乎。

·王仲撝墓表 己酉

君諱正中。字仲撝。直隸保定人。登丁丑進士第。未謁選。索遊於高唐州。會大兵南下。轉運銀杠。亦避入高唐。大兵圍高唐。州守以爲銀杠。旦晚是敵物。不如以此饗城。免士女屠戮流離之苦。立要約。使與議者押字。仲撝與焉。事平。轉運者上失物狀。於是逮高唐守。及仲撝論死。繫獄數年。刑科給事中李靖。理而出之。降補揚州照磨。移知長興縣。國變後。失官。避地於紹興截江。時以兵部職方司主事。攝餘姚縣事。是時公私赤立。剽奪爲豪。市魁里正。朝得劄付一紙。幕便入民舍。根括金帛。係僇丁壯。交錯道路。郡縣不敢何問。爲某營也。仲僞設兵彈壓。各營取餉。必使經由於縣。品覈貲產。裁量以應之。非是則爲盜賊。總兵陳梧敗於檇李。（檇・醉・平聲・檇李・在今浙江省・嘉興縣・縣城西南產佳李・因名檇李・蓋因果而得名也・）渡海至姚。鹵掠鄉聚。仲撝遣兵擊之。鄉聚相掎角。殺梧。行口忌仲撝者。以此聲討。某謂梧之見殺。犯衆惡也。不當罪。正中上疏救之。乃止。張國柱刦定海。王總兵縱兵大掠。列船江上。入城牢搜者二千人。仲撝攔止所圍。大姓數家。從仲撝丐命。仲撝爲之消息。國柱終不得志而去。田仰荆本徹。先後過姚。舟楫蔽江。

皆帖帖俯首。不驚鷄犬。蓋人民之恃仲攜。一時如決水之堤焉。陞監察御史。尙寶寺卿朱大定。太僕寺卿陳潛夫。兵部主事吳乃武。皆從浙西來受約束。壇山烽火。達於武林。仲攜短小精悍。喜於任事。雖以武寧羣從。得不爲列營所撓。亦其智計有以副之也。好讀實用之書。不事文彩。其言星象。則從閩人柯仲炯於獄中受之。行口初建。進口所著監國魯元年大統曆。丁亥訪某山中。某時註授時曆。仲攜受之而去。壬辰來訪。授以律呂。辛丑來訪。授以壬遁。仲攜皆能有所發明。自某好象數之學。其始學之也。無從叩問。心火上炎。頭目爲腫。及學成而無所用。屠龍之技。不待問而與之言。亦無有能聽者矣。蚩然之音。（蚩音耶·多韻）[illegible]謹一仲攜。又以饑火驅走南北。丁未二月。遇之越城。爲言年來益困。將於鑑湖濱。佃田五畝。佐以醫卜續食耳。其年八月十九日。仲攜卒。年六十九。權厝於山陰之陳常堰。（山陰·今爲浙江省·紹興縣·）所著周易註若干卷。律書詳註一卷。子一人。三捷。嗟乎。某與仲攜交二十餘年。與之同事而無成。與之共

學而未畢。仲撝生時。已無人知仲撝者。向後數年。復更何如。此紙不滅。亦知稽山塊土。曾塞黃河也。以上南雷文約

王正中。字仲撝。北直人。其署餘姚。亂兵充斥。頗能鎮定之。事解。丁亥訪余于山中。辛卯。余住柳下。又來。辛丑。余遷化安山。又來。仲撝好天官壬遁之學。皆余所授也。己酉。余在古小學。仲撝亦寓越城。生計消索。云將佃田五畝。賣卜以續食耳。未幾而卒。黎州思舊錄

清聖祖擬召黎州

康熙二十九年。徐尚書乾學侍直。上談及遺獻。以黎洲先生對。且言曾經臣弟元文疏薦。老不能來。上曰。可召至京。朕不授以事。即欲歸。可遣員送之。徐公對以篤老無來意。上歎息不止。清帝外紀

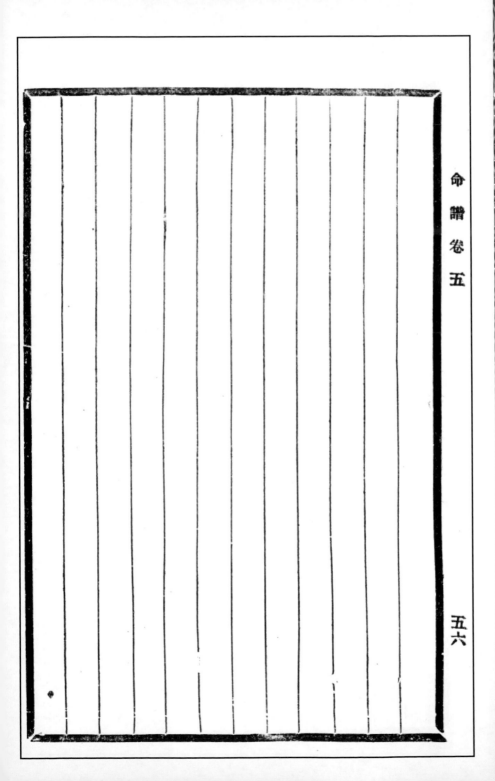

明毅宗皇帝 三八

明。姓朱氏。名由檢。光宗第五子也。母賢妃劉氏。早薨。天啓二年壬戌。年十三封信王。六年丙寅。年十七十一月出居信邸。七年丁卯。年十八八月熹宗疾大漸。召王入受遺命。丁巳。卽皇帝位。大赦天下。以明年戊辰爲崇禎紀元。年十九帝乃沈機獨斷。刈除奸逆。戮魏忠賢及其黨崔呈秀之尸。贈卹寃陷諸臣。慨然有爲。令人起敬。無如淸室日張。屢爲邊患。李自成。張獻忠。復爲禍於國中。流賊縱橫。民不安枕。至於孔有德。耿仲明。尙可喜。洪承疇降淸。盧象昇。朱國相。陳良謨。張可大戰死。太監張彝憲。李奇茂。但知僱賦偪民。賢相徐光啓。天不假年。諫官宋可久。言不見信。干戈鼎沸。險象環生。延至十六年甲申。三月乙巳。自成直犯京師。京營兵潰。毫不抵抗。丙午日晡。外城陷。是夕皇后周氏崩。丁未昧爽。內城陷。帝亦崩於萬壽山。南都諡思宗。懷宗。改諡毅宗。年號崇禎。淸乾隆時。諡爲莊烈帝。

明神宗萬曆三十八年十二月二十四日卯時生（見通會）

明崇禎十七年三月十九日丁未自縊卒（見明史）

辛亥	命	一歲 己丑 十一 戊子
庚寅	宮	二一 丁亥 三一 丙戌
乙未	庚	四一 乙酉 五一 甲申
己卯	子	六一 癸未 七一 壬午

三命通會云。（卷八）毅宗帝造辛亥。庚寅。乙未。己卯。其評註僅明帝崇禎。交丙運失國九字。毋乃太簡乎。珊謹按帝造日幹之乙。與月幹之庚。並肩而立。陰陽聯合。木從金化。一望可知。誕生于立春節後。本不及三秋當令。然得月枝之寅藏甲。日枝之未藏己。相近相親。共同化土。與乙日庚月之化金。亦復脣齒相依。非惟金得土生。且可上下交孚。更兼時幹之己。暗中引甲化土生金。與夫命宮庚子。幹爲嫡系之臂助。枝爲日主之貴人。格局清奇。規模偉大。（此名乙庚

化金格。惟嫌木強金折。故能以行列第五之人。而承膺大寶。否則雖爲天潢磐石。亦不免有向隅之嘆。所惜者年幹之辛。暗中引丙。化水洩金。年枝亥。時枝卯。又會寅月未日。爲整個木局。林林總總。氣象森森。雖曰木畏金尅。然僅恃乙庚失令之化金。斷難尅多數得令之盛木。文子有云。金之勢勝木。一刃不能殘一林。此之謂也。不寧惟是。月枝之寅。雖爲乙庚化金之恩物。其如適値亡神。時枝之卯。雖爲日主之將星。其如會木侮金。帝雖憂勤惕勵。殫心治理。其如朝廷之官。門戶糾紛。疆場之將。驕矜惰慢。何或曰。十八歲大運蒞子。歲値辛卯。竟卽皇帝尊位。而又沈機獨斷。刈除奸逆。其故安在。曰。此不過藉大運之子。助命宮之子。使貴人歸垣。藉太歲丁卯。爲日主之祿元而已。其實卽位之日。適値丁巳。與生年辛亥。幹尅枝衝。祚訖運移。禍變早伏於斯。當時之欽天監選擇吉日。必不致如此荒謬。殆必惑於選日不如卽日之俗說。而權宜用之也。十九歲至二十一歲。仍在子運。雖經過戊辰。己巳庚午等犯忌流年。貴人之權力。尚未全衰。故能慨然有爲。而劉魏忠賢。崔呈秀之尸。卽洪承疇。亦尙可敗賊。及至二十二歲交入丁運。歲值辛未。天幹化水。地枝會木。忌神得勢。故清兵圍祖大壽於大凌城。太監張彝憲總理戶工二部。宋可久等雖相繼直諫。亦不採納。復中清人之間。而殺袁崇煥。信讒慝之言。而罷孫承宗。人民苦饑。盜賊益熾矣。二十四歲歲值癸酉。天幹化火尅金。地枝酉來衝卯。故孔有德等降清。張彝憲請催逋負一千七百餘萬。以致民不聊生。雖范叔泰直諫。亦不能見聽。是以清兵乘勢取旅順。而大學士徐光啓亦卒。二十九歲正行亥運。歲值戊寅。小限壬申。戊能化火。固爲忌神。申來衝寅。尤非佳兆。卽不論戊壬抵觸。其弊已不可勝言。是以京師戒嚴。而盧象昇亦戰死於鉅鹿矣。及至三十三歲。實行丙寅。歲值壬午。太歲之壬。與大運之丙。互相戰鬬。而歲枝之午。又與生月之寅。化火尅金。是以清兵竟克松山。而洪承疇亦降。大勢已傾矣。三十五歲仍行丙運。歲值甲申。小限丙寅。不獨二丙合辛。助紂爲虐。

卽寅申衝擊。亦足使乙庚化金。根本動搖。雖有甲字化土。亦難挽回頹勢。尤怪者三月乙巳。李自成犯京師。京營兵潰。丙午日晡城陷。是夕皇后周氏亦崩。丁未昧爽。內城陷。帝復崩於萬壽山。查此三日。榦爲乙丙丁。枝爲巳午未。火勢炎炎。如焚如惔。致使乙庚化金之正格。完全消滅。孟子曰。莫非命也。豈不信歟。

附錄

毅宗帝殉國時。御書衣襟有云。朕涼德藐躬。上干天咎。然皆諸臣誤朕。朕死無面目見祖宗。自去冠冕。以髮覆面。任賊分裂。無傷百姓一人。

是年夏四月。清兵破賊於山海關。五月入京師。以帝禮改葬。令臣民爲服喪三日。諡曰莊烈愍皇帝。陵曰思陵。以上明史莊烈本紀

毅宗帝之殉國

崇禎十七年三月十九日。天明。內城守危。帝乃登煤山。入壽皇亭。自縊。李自

成。此時尚疑帝及皇后存在。及得確報。始命載帝屍於宮扉。殮之以柳棺。置於東華門外之蓬廠。守護者惟三四老宦官而已。是年四月。昌平布衣趙一桂。各處醵錢。合計三百四十千。（孫繁祉州之學生．耆民劉汝樸．李某．鄧科．各捐錢五十千．白紳．徐魁．各捐錢三十千．趙永健．王政行．各捐錢二十千．又某等捐錢四十千．）乃將帝棺。及周皇后棺。運至昌平明朝歷代山陵。穿故妃之墓壙。舉行葬禮。至清朝順治初。攝政王巡視之時。乃建陵殿。繚以周垣。設守陵之戸焉。（清軼全史）

朱用純 三九

清姓朱氏。集澬子。名用純。字致一。江蘇崐山縣人。明末集澬殉難死。用純慕王裒攀柏之義。自號曰柏廬。明季諸生。入清朝。隱居味道。以諸生老。其學確守程朱。知行並進。而一以主敬爲程。授學者必先小學。繼之以四子書。康熙中或欲以鴻博薦。固辭乃免。康熙戊寅。四月辛亥卒。年七十二。私諡孝定先生。有毋欺錄。愧訥集。及大學中庸講義。而治家格言。尤膾炙人口。

明熹宗天啓七年四月十五日子時生 生卒見毋欺錄

清聖祖康熙三十七年四月初七日□時卒

丁卯	命	八歲 十八	甲辰 癸卯
乙巳	宮	二八 三八	壬寅 辛丑
辛亥	辛	四八 五八	庚子 己亥

戊子　亥

六八　戊戌
七八　丁酉

朱柏廬先生撰有治家格言。幾於家諭戶曉。較諸聖祖仁皇帝廣訓。尤爲普及。其言有曰。守分安命。順時聽天。卽此二語。救活世人不少。試觀古今來懷才不遇。怨天尤人之輩。因而枉死者。比比皆是。倘能明白此理。守之安之。順之聽之。一旦水到渠成。自可揚眉吐氣。安用怨尤爲哉。珊服膺先生格言。自幼至老。未敢或失。及讀毋欺錄。乃知先生爲明熹宗天啓七年四月十五日生。當爲丁卯年。乙巳月。辛亥日。其生時雖未詳載。然以先生之人品學術經歷推測之。其爲戊子時無疑。（年幹·見丁不作六陰朝陽格論·）其他十一時。皆不能若是之淸潔也。謹按日主之辛屬金。月枝之巳藏庚又屬金。再益以命宮辛金。金有三矣。時幹之戊屬土。再益以月枝巳藏戊土。土有二矣。以此二土。生彼三金。其爲轉柔弱而爲剛强。從可知矣。恰好月幹明見乙木。年枝卯藏乙木。日枝之亥。與命宮之亥。各藏甲木。年幹明見丁火。月枝巳藏丙火。藉木生火。藉火煉金。

大器堪成。不同流俗。文章道德。冠絕羣倫者。職是之故。惜巳亥相衝。子卯相刑。將星驛馬。文昌學堂。不無皆受影響。是以舉博學而罔辭。守清貧而樂道。舍危就安。先生眞達人也。十七歲辰運癸未。補博士弟子員者。因癸戊化火。未卯亥會木。皆辛金之喜神也。十九歲癸運乙酉。節孝公殉難。三十八歲寅運甲辰。陶太夫人仙遊。一爲酉卯相衝。一爲甲戊宣戰也。五十三歲庚運己未。舉博學而不應。六十歲己運丙寅。置族田而典衣。蓋庚金己土。皆不足取。若己未丙寅。均有木火關係。是以一辭一受。皆成佳話。其他金土等運。隱居敎授。與世無爭。間有折磨。庸何傷耶。七十二藏戊運戊寅。小限庚子。土厚金剛。物極則反。是以先生亦與世長辭也。

附錄

贈武林諸遠之相士

寂寞窮村老鶡冠。客窗與子共盤桓。煙霞骨相逢姑布。冰雪襟懷許伯鸞。山

寺落梅傷別易。天涯芳草寄愁難。西陵南浦應記憶。月滿中庭各倚闌。毋欺錄

治家格言

黎明卽起。灑掃庭除。要內外整潔。旣昏便息。關鎖門戶。必親自檢點。一粥一飯。當思來處不易。半絲半縷。恆念物力維艱。宜未雨而綢繆。毋臨渴而掘井。自奉必須儉約。宴客切勿流連。器具質而潔。瓦缶勝金玉。飲食約而精。園蔬愈珍羞。勿營華屋。勿謀良田。三姑六婆。實淫盜之媒。婢美妾嬌。非閨房之福。奴僕勿用俊美。妻妾切忌豔妝。祖宗雖遠。祭祀不可不誠。子孫雖愚。經書不可不讀。居身務期質樸。敎子要有義方。勿貪意外之財。勿飲過量之酒。與肩挑貿易。毋佔便宜。見貧苦親鄰。須多溫卹。刻薄成家。理無久享。倫常乖舛。立見消亡。兄弟叔姪。須分多潤寡。長幼內外。宜法肅辭嚴。聽婦言。乖骨肉。豈是丈夫。重貲財。薄父母。不成人子。嫁女擇佳壻。毋索重聘。娶媳求淑女。勿計厚奩。見富貴而生諂容者。最可恥。遇貧窮而作驕態者。賤莫甚。居家戒爭訟。訟

則終凶。處世戒多言。言多必失。毋恃勢力而凌逼孤寡。毋貪口腹而恣殺牲禽。乖僻自是。悔誤必多。頹惰自甘。家道難成。狎暱惡少。久必受其累。屈志老成。急則可相依。輕聽發言。安知非人之譖愬。當忍耐三思。因事相爭。安知非我之不是。須平心暗想。施惠無念。受恩莫忘。凡事當留餘地。得意不宜再往。人有喜慶。不可生妒忌心。人有禍患。不可生欣幸心。善欲人見。不是眞善。惡恐人知。便是大惡。見色而起淫心。報在妻女。匿怨而用暗箭。禍延子孫。家門和順。雖饔飧不繼。亦有餘歡。國課早完。卽囊橐無餘。自得至樂。讀書志在聖賢。爲官心存君國。守分安命。順時聽天。爲人若此。庶乎近焉。

先生夢中得句云。求道當如猫捕鼠。養生須學木爲雞。蓋今人最易見人之驕。我既不援。安見其驕。最易見人之吝。我本無求。安見其吝。凡易見人之咎者。皆由吾不能盡其道以致之也。盡道則潛消默奪。而可積極以至於化。

偶讀陸放翁詩有云。垂名千古易。無媿寸心難。令人通身汗下。如何不務實行。如何更起名心。正恐可媿不媿。卻挾此以爲取名香物耳。燈下聞有哭其夫。繼哭其子。又哭其父母者。聲極哀愴。問之。乃柴秀才之妻。夫死而再嫁者也。嗚呼。聽其哭。則豈樂爲失節者哉。饑驅之耳。饑驅故有是哭。使古立朝之士。知皆有是哭。則身事二姓。齒冷千古者。吾知其猶少也。以上毋欺錄

程月川中丞含章每蒞一任。必以自書大字。墨榻一聯。懸挂廳事。蓋讀書志在聖賢。爲官心存君國十二字。款云。敬書朱紫陽夫子家訓語。按此乃我朝崐山朱柏廬先生用純所撰居家格言。自黎明卽起至庶乎近焉。凡五百一十字。此其末段結語。通篇語皆切實。而此二句尤爲賅括。允堪懸作座右銘。今人誤以此篇爲朱子所作。中丞亦未加深考耳。中丞又嘗書好鳥枝頭亦朋友。落花水面皆文章兩語。爲書室楹聯。旁亦注云書朱紫陽夫子句。不知此乃南宋翁森所作四時讀書樂詩。並非朱子。中丞亦沿譌而不知也。楹聯叢話

張玉書 四十

清。姓張氏。名玉書。字素存。號潤浦。江南丹徒縣人。丹徒縣。春秋吳朱方邑。漢置丹徒縣。吳改武進。晉復曰丹徒。南徐州記曰。秦時以其地有天子氣。使赭衣徒三千人。鑿京峴南坑。以敗其勢。故名爲丹徒。故城在今江蘇丹徒縣東南十八里。卽今丹徒鎭。隋省。唐時復置。卽今治。明清皆爲鎭江府治。民國初。廢府。存丹徒縣。十七年國民政府改爲鎭江縣。移江蘇省政府治之。城西雲臺山下清咸豐八年。闢作通商港。天津條約訂開三口之一也。城當運河長江之交。京滬鐵路經之。 順治辛丑年二十。登進士第。官至文華殿大學士。加太子太保。康熙辛卯。五月己巳卒。年七十。謚文貞。入祀賢良祠。玉書學問淵雅。風度嶷然。嶷音宜。支韻。 年二十。登仕籍。受聖祖知遇。凡五十年。爲太平宰相二十年。朝夕啓沃。得大臣體。在講幄。每據經義納忠。莫由得其獻替之迹。所作古文辭。春容大雅。爲一代大手筆。著有松蔭堂集。

明毅宗崇禎十五年六月廿六日辰時生 生卒見年譜

清聖祖康熙五十年五月十七日□時卒

壬午 命 五歲 戊申 十五 己酉

丁未	宮	二五	庚戌
		三五	辛亥
甲子	丙	四五	壬子
		五五	癸丑
戊辰	午	六五	甲寅
		七五	乙卯

通會云。甲子日。戊辰時。妻賢子孝。作高命論。行北方運貴。僅就四字論斷。業與張文貞公之造。大致胞合。珊再按之。查得日元之甲屬陽。古人以喬木喻之。生於大暑節前。陰濃綠樹。景象可觀。以視秋冬之零落者。大有霄壤之判。惟嫌月幹明見丁火。年月二枝午未各藏丁火。命宮丙午。幹枝又復屬火。火炎木亢。影響殊多。幸日主甲子。納音屬金。生月丁未。納音屬水。藉金生水。不啻上天之密雲。藉水潤木。不啻下澤之甘雨。得此二者。爲正式之用神。有不生機蓬勃。合歡連理者乎。至於日主會逢二德。應人文學超羣。仕途清顯。此又爲通會之明文。古歌且有天月二德喜重逢。貴此汾陽富石崇之說。木得水生火得水濟・既逢二德・又值進神・更可見其功效之大也。十一歲申運壬辰。小限丙申。應童子

試竟入縣學第一十六歲己運丁酉小限辛卯舉江南鄉試二十歲仍在己運歲值辛丑小限丁亥舉會試第五名授庶吉士二十三歲酉運歲值甲辰小限甲申授翰林院編修二十五歲酉運丙午小限壬午秋典浙江鄉試雲程發軔如是之速此皆大運歲限得金生水得水潤木之特徵也自此而後充日講選侍郎授文華殿大學士兼戶部尙書充會試總裁扶搖直上爲太平宰相二十餘年更可見金水木運裨益用神有以致之也至於三十五歲戊運丙辰元配吳夫人逝世四十三歲亥運甲子湘曉公遽歸道山五十七歲癸運戊運何太夫人又復棄養此固歲運相衝歲命相比之故要亦火土灼水尅水之爲害也七十歲福壽全歸適在甲運歲值辛卯小限丁酉會生年之午生日之子適成四仲齊衝日中則昃月盈則虧理勢然也

附錄

送蔣亮天守廣平兼憶申凫盟

春風五馬度桑乾。莫謂專城出牧難。自昔三公繇太守。而今右輔屬邯鄲。香生野浦縈蓮𠙽。旆轉漳河帶雪寒。暇日褰帷行縣好。閉門深處門袁安。

憶焦山

此地蒼煙滿。藤蘿尙可攀。無梁嘆江水。落木想秋山。苔磴侵衣溼。漁歌棹月還。空留高隱跡。雲復到門閒。江蘇詩徵

紀順治年間錢糧數目

從來創業之主。享有勝國之資。不煩征斂而國用滋富。漢之承秦。唐之承隋。明之承元。皆是道也。惟宋當五代紛爭之後。海內衰耗。差遜漢唐。而左藏之庫。積金如山。則猶有餘蓄焉。前明之末。粃政厲民。始以軍興。旁午議加遼餉。繼以民貧盜起。復加勦餉。終以各邊抽練。復加練餉。催科無藝。中外蕭然。迄國家以仁義之師。入關靖寇。而中原赤子。業已析骸斷骨於百戰之餘。其所謂內庫之帑藏。又已盡罹賊刦。蓋實遺我一空虛之國也。世祖章皇帝既定

大業。祚席疲民。下詔首除三餉。如拯焚溺。繼定賦役全書。一準前明萬曆中年舊額。稅歛亦綦薄矣。獨是多方未靖。虎旅四征。今年下兩浙。明年定八閩。又明年克楚蜀。克兩粵。輦金輸粟。相望於道。方順治八九年間。歲入額賦。一千四百八十五萬九千有奇。而諸路兵餉。歲需一千三百餘萬。加以各項經費二百餘萬。計歲出至一千五百七十三萬四千有奇。出浮於入者。凡八十七萬五千有奇。至十三年以後。又增餉至二千萬。嗣又增至二千四百萬。時額賦所入。除存留項款外。僅一千九百六十萬。餉額缺至四百萬。而各項經費。猶不與焉。國用之匱乏。蓋視前代爲獨甚。而我先皇帝愛民如子。必不忍爲苟且目前之計。於額賦外。少加毫末。汰冗員。抑繁費。躬行儉約。爲天下先。自親政以來。在宥十年。未嘗興一不急之工。採一玩好之物。軍需浩穰。悉取給於節省之餘。而發帑金以賑凶荒。賜田租以甦疾困。數歲之中。詔書屢降。自古開創之祖。宏仁恭儉。未有若斯之盛者也。謹錄十七年歲入之數如左。

後之覽者。仰惟先皇帝忠厚開基。損上益下。其經營締造之難如此。庶幾聖子神孫。席履豐盛。而益務息民重農。減征寬賦。其司國計者。一意以稟法師儉輔導聖明。則祖宗撙節愛養之物力。不致委棄於土木甲兵。而人殷物阜。可與成康比隆也已。

請杜設法名色疏

方今民窮財盡。多因有司私派。在廷諸臣。人人能言之。而有司敢行私派。無所顧忌者。每藉口督撫之憲檄。與內部之咨文。蓋每年正供賦額。各有抵銷。遇有別項費用。部臣輒請敕該督撫。酌量設法。不得動用正項錢糧。在部臣之意。原以各省事難遙度。須本地方官從長商榷。庶無貽累小民。法非不善。但百姓除正供糧賦外。別無餘物可以設法。名爲設法。實則加派而已。夫額外因事量增。原應一時不得已之用。獨是部文一下。貪婪官吏。借端侵漁。本應設處者十之一。而私派者已十之五。百姓但見奉部文轉行。不敢復向有司問多寡之數。而有司之申詳督撫。督撫之轉報內部者。與科斂小民之額。多不相符。百姓不得知。內部亦不得知也。取敲骨吸髓之金錢。塡宮吏無窮之谿壑。豈不重可惜哉。臣請勅下部臣。凡遇正項外。一切別項費用。應作何挪辦者。須酌量妥確。行文該督撫。遵照奉行。仍請敕該督撫。嚴飭州縣有司。不得事外藉端科派。庶幾各省貪吏朘削之害。可以少止矣。以上經世文編

國初乙酉。江南解元張湘曉九徵。視學河南。乞歸。康熙十七年。舉博學鴻儒。冢宰郝恭定惟訥薦之。貽人詩云。少不如人何況老。身將終隱又焉文。又遺懷云。虛名空好羊公鶴。肥遯深慚梁伯鸞。京雒少年爭獻賦。伏生接武賈生難。人以是知公不出山矣。子文貞公玉書。性淡泊。從不肉食。日粗糲一盂。或山藥少許。官庶子。爲明史總裁。湘曉貽書誡之曰。此非養身之道。食不厭精。汝未讀鄉黨耶。退直後。宜靜坐片刻。養身節勞。勿以膏自焚也。古樂府殺君馬者路傍兒。謂竭馬之力。以娛道旁耳目。吾慮汝之馬力竭矣。文貞聞命悚

然。加一餐焉。茶餘客話

江右熊先生文貞公。句讀師也。善李虛中術。知公大貴。以乳下孫爲屬。而請命之名。後四十年。其孫至京口。公一見呼其乳名。曰若卽某耶。厚贈之以去。人皆服公善記事。而益嘆古道之過人遠也。

乾隆丙辰。公年三十五歲。元配吳夫人卒。或有勸公續配者。公不應。吳夫人母劉。念公壯年失偶。買一婢送京邸。侍巾先櫛。使人白其故。公對使執不可。淚隨語下。使者乃送婢還。其後數十年。獨處一室。終身無姬侍。士大夫聞公之風者。莫不感慕。增伉儷之重焉。以上年譜

袁氏命譜卷六

潤德堂叢書之六

鎮江　袁樹珊著

清聖祖仁皇帝四一

清。愛新覺羅氏。名玄燁。域輒切・音曄・火光貌・又域及切・音煜・義同・自號體元主人。世祖第三子。生於景仁宮。母世祖妃佟氏。佟・徒冬切・姓也・卽孝康章皇后。順治十八年辛丑。世祖大漸。爲帝特定漢字御名。卽今諱。清之避御名。立廟諱自此始。旋遺詔立爲皇太子。嗣大統。十九日。卽皇帝位於太和殿。時年八歲。以內大臣索尼。蘇克薩哈。遏必隆。鰲拜。四人輔政。是年十二月滅桂王。天下混一。六年丁未。年十四七月初七日親政。十二年癸丑。年二十十二月。暹羅內屬。十二月滇藩吳三桂反。閩桂相繼起。雲南。貴州。福建。兩廣。四川。陝西。諸省俱遭蹂躪。二十年辛酉。年二十八以次蕩平。二十二年癸亥。年三十八月擊降臺灣鄭氏。改置郡縣。三十年辛未。年三十八喀爾喀全部內附。至是外蒙古皆服。三十六年丁丑。年四十四閏三月。擊殺噶爾丹。朔漠平。十一月青海內附。五十六年丁酉。年六十四八月西藏被侵。五十九年庚子。年六十七八月。擊定。六十年辛丑。年六十八四月。臺灣亂。六月平。在位南巡者六。東巡者一。西巡者一。出塞者四。幸五臺者四。六十一年壬寅。十一月十三日戌時。崩於暢春園。壽六十有九。九月葬景陵。在孝陵之東。馬蘭峪。帝雅好文學。有御製詩文集。並飭廷臣纂字典。會典等書。琉球國王。至遣子弟入監讀書。謚仁。廟號聖祖。年號康熙。子三十五人。女二十八人。

清世祖順治十一年三月十八日巳時生生卒見皇室四譜

清聖祖康熙六十一年十一月十三日戌時卒

甲午	命	一歲 十一	己巳 庚午
戊辰	宮	二一 三一	辛未 壬申
戊申	辛	四一 五一	癸酉 甲戌

丁巳　未　六一七一　乙亥丙子

滴天髓云。戊土固重。既中且正。靜翕動闢。萬物司命。水旺物生。火燥喜潤。若在艮坤。怕衝宜靜。劉伯溫註云。戊爲山岡之土。非城牆之謂。較己土特高厚剛燥。乃己土之發源地也。得乎中氣。而且正大。春夏則氣闢。而生萬物。秋冬則氣翕。而成萬物。故爲司命。其氣屬陽。喜潤惡燥。坐寅怕申。坐申怕寅。蓋衝則根動。非地道之正也。故宜靜。珊謹按聖祖仁皇帝之造。日幹之戊屬土。月幹之戊亦屬土。月日時。辰申巳三枝。中各藏戊。俱屬土。再益以年枝之午。命宮之未。中各藏己。又俱屬土。不見衝刑。而有辰巳午未申一氣呵成。五位連珠之妙。豈獨固重中正已哉。誕生於穀雨節後。正値土王用事。土力固充足矣。月幹明透丁火。時枝巳藏丙火。年枝午與命宮未。又各藏丁火。火勢亦炎炎矣。設若無水潤土。無水濟火。沃壤膏腴。亦將變爲石田。何足取哉。恰好申辰二枝。藏壬藏癸。甘雨時行。萬物發育。滴天髓謂火燥喜潤者。職是之故。劉註謂坐申怕寅。今日坐申垣。不見寅字。而誕生之際。又值暮春。氣闢而生。至靜不動。是以堯襟舜抱。則地揆天。壽享稀齡。位逾花甲。亙古以來。未之有也。八歲己運。歲値辛丑。小限甲子。正月初七日。遺詔。立爲皇太子。嗣大統。十九日。卽皇帝位於太和殿。以內大臣索尼。蘇克薩哈。遏必隆。鰲拜。四人輔政。是年十二月滅明桂王。天下混一。此因大運得祿所致。然歲値貴人。限逢水木。亦有特殊之關係也。十四歲庚運。歲値丁未。小限戊午。七月初七日。親政。此固庚會戊甲爲三奇。而午未會辰巳。尤有衆擎衆志之功。不得以火土病之。二十歲午運。癸丑十一月。滇藩吳三桂反。閩桂相繼。雲南。貴州。福建。兩廣。四川。陝西諸省。俱遭蹂躪。二十八歲未運。辛酉十月。以次蕩平。具見午未遙刑午。疊刃爲害。然經過辛運。金洩土氣。未運貴人會合。是以次第蕩平。不獨誅太師鰲拜。禁八旗以奴僕殉葬已也。自三十歲癸亥。擊降臺灣鄭氏。改置郡縣。三十八歲辛未。喀爾喀全部內附。外蒙皆服。四十四歲丁丑。擊殺噶爾丹。朔漠平。青海繼又內附。六十四歲丁酉。西藏被侵。六十七歲庚子。擊平。觀其四十年來。蠲免天下錢糧逾萬萬。永免滋生人丁之賦。及一切困難。均能無爲而治者。皆運行壬癸甲乙。水木連環。有以致之。卽申酉戌之金。生水洩土。亦有相當效能也。細按聖祖皇帝在位六十有一年。南巡者六。三十一歲甲子十月。幸江蘇。三十六歲己巳正月。四十六歲己卯二月。五十歲癸未正月。五十二歲乙酉二月。五十四歲乙亥正月。皆道江蘇。並幸浙江。惟四十九歲壬午九月。車駕已至德州。因太子允礽病。礽音仍・蒸韻・福也・與仍通・卽止。東巡者一。三十一歲甲子十一月。南巡回鑾時。特至闕里。西巡者一。五十歲癸未十月。幸太原西安。出塞者四。三十八歲辛未四月。至多羅諾爾。四十三歲丙子正月。至克魯倫河。四十四歲丁丑二月。至狼居須山。四十八歲辛巳正月。至索岳爾濟山。幸五臺者四。三十歲癸亥二月。四十五歲戊寅二月。四十九歲壬午正月。五十七歲庚寅二月。觀於帝之南巡六次。東巡一次。西巡一次。出塞四次。幸五臺四次。亦可見其君臣契協。民物滋豐。聰明慈惠。爲不世出之主矣。至六十九歲仍行亥運。歲值壬寅。十一月十三日戌刻。崩於暢春園者。此卽劉註所謂坐申怕寅。不僅日主戊申與太歲壬寅。幹剋枝衝也。

附錄

聖諭十六條

敦孝弟以重人倫。篤宗族以昭雍睦。和鄉黨以息爭訟。重農桑以足衣食。尙節儉以惜財用。隆學校以端士習。黜異端以崇正學。講法律以儆愚頑。明禮讓以厚風俗。務本業以定民志。訓子弟以禁非爲。息誣告以全善良。誡匿逃以免株連。完錢糧以督催科。聯保甲以弭盜賊。解讎忿以重身命。

庭訓格言 節錄二十四條

人君以天下之耳目爲耳目。以天下之心思爲心思。何患聞見之不廣。舜惟好問好察。故能明四目。達四聰。所以稱大智也。

天道好生。人一心行善。則福履自至。觀我朝及古行兵之王公大臣。內中頗有建立功業。而行軍時曾多殺人者。其子孫必不昌盛。漸至衰敗。由是觀之。仁者。誠爲人之本歟。

兵丁不可令習安逸。惟當敎之以勞。時常訓練。使步伐嚴明。部伍熟習。管子所謂晝則日相視而相識。夜則聲相聞而不乖也。如是則戰勝攻取有勇知方。故勞之適所以愛之。敎之以勞。眞乃愛兵之道也。不但將兵如此。敎民亦然。故國語曰。夫民勞則思。思則善心生。逸則淫。淫則忘善。忘善則惡心生。沃土之民不材。淫也。瘠土之民。莫不向義。勞也。

世間事甚不如意者。莫過於決斷秋審一事。夫殺人之人。理應償命。但爲人君者。於殺人之事。必以哀矜之心處之。故朕每理秋審之事。無一不竭盡心力。而詳審之也。

仁者無不愛。凡愛人愛物。皆愛也。故其所感甚深。所及甚廣。在上則人咸戴焉。在下則人咸親焉。己逸而必念人之勞。己安而必思人之苦。萬物一體。痌瘝切身。斯爲德之盛。仁之至。

古聖人所道之言卽經。所行之事卽史。開卷卽有益於身。爾等平日誦讀。及敎子弟。惟以經史爲要。夫吟詩作賦。雖文人之事。然熟讀經史。自然次第能之。幼學斷不可令看小說。小說之事。皆敷演而成。無實在之處。令人觀之。或信爲眞。而不肖之徒。竟有效法行之者。彼焉知作小說者。譬喻指點之本心哉。是皆訓子要道。爾等其切記之。

人承祖父之遺。衣食無缺。此爲大幸。便當讀書樂志。安分修爲。若家貧。亦惟勤學力行。爲鄉黨所重。孔子曰。素富貴行乎富貴。素貧賤行乎貧賤。孟子曰。富貴不能淫。貧賤不能移。此是聖賢立志之根本。操存之要道也。

凡人讀書或學藝。每自謂不能者。乃自誤其身也。中庸有云。有弗學。學之弗能弗措也。人一能之己百之。人十能之己千之。果能此道矣。雖愚必明。雖柔必强實爲學最有益之言也。
先儒有言。窮經非一端。所得非一處。或在讀書上得之。或在講論上得之。或在思慮上得之。或在行事上得之。讀書得之雖多。講論得之尤速。思慮得之最深。行事得之最實。此語極爲切當。有志於格物致知之學者。其宜知之。
聖賢之書。所載皆天地古今萬事萬物之理。能因書以知理。則理有實用。由一理之微。可以包六合之大。由一日之近。可以盡千里之遠。世之讀書者。生乎百世之後。而欲知百世之前。處乎一室之間。而欲悉天下之理。非書曷以致之。書之在天下。五經而下。若傳若史諸子百家。上而天。下而地。中而人與物。固無一事之不具。亦無一理之不該。學者誠卽事而求之。則可以通三才。而兼備乎萬事萬物之理矣。雖然。書不貴多而貴精。學必由博而守約。果能精而約之。以貫其多與博。合其大而極於無餘。會其全而備於有用。聖賢之道。豈外是哉。

爾等惟知朕算術之精。卻不知我學算之故。朕幼時欽天監漢官與西洋人不睦。互相參劾。幾至大辟楊光先湯若望於午門外九卿前當面賭測日影。奈九卿中無一知其法者。朕思己不知焉能斷人之是非。因自憤而學焉今凡入算之法。累輯成書。條分縷析。後之學此者。視此甚易。誰知朕當日苦心研究之難也。

善書法者。雖多出天性。大半尤恃勤學。朕自幼好學。今年老雖極忽忙時必書幾行字。一日亦未間斷。是故猶未至於荒廢。人勤習一事。則身增一藝。若荒疏則廢棄也。

凡人進德修業事事從讀書起。多讀書則嗜欲澹。嗜欲澹則費用省費用省則營求少。營求少則立品高。讀書之法。以經爲主。苟經術深邃。然後觀史。觀史則能知人之賢愚。遇事得失。亦易明瞭。故凡事可論貴賤老少。惟讀書不問貴賤老少。讀書一卷。則有一卷之益。讀書一日。則有一日之益。此夫子所以發憤忘食。學如不及也。
凡人處世。有政事者政事爲務、有家計者家計爲務。有經營者經營爲務。有農業者農業爲務。而讀書者讀書爲務。卽無事務者。亦當以一藝一業。而消遣歲月。奈何好賭博之人。身家不計。性命不顧。愚癡如是之甚。假賭博之名。以攘人財。與盜無異。利人之失。以爲己得。始而貪人之有。陷入坑阱。既而吝惜情生。妄想復本。苦戀局內。囊罄產盡。以致無食無居。蕩家敗業。雖密友至戚。一入賭場。頃刻反顏。一錢得失。怒詈旋興。雅道俱傷。結怨結讎。莫此爲甚。且好賭博者。名利兩失。齒雖少。人卽料其無成。家正殷。人決知其必敗。沈溺不返。汚下同羣。骨肉輕賤。親朋笑恥。種種敗害。相因而起。果何樂何利而爲之哉。朕是以嚴賭博之禁。凡有犯者。必加倍治罪。斷不輕恕。
荀子云。身勞而心安者爲之。利少而義多者爲之。此二語。簡而要。人之一世。能依此二語行之。過差何由而生。

朕自幼喜觀稼穡。所得各方五穀菜蔬之種。必種之以觀其收穫。誠欲廣布於民生。或有裨益也。朕豐澤園所種之稻。偶得一穗。較他穗先熟。因種之。遂比別稻早收。若南方和暖之地。可望一年兩穫。卽如外國之卉。各省之花。凡所得種。種之卽生。而且花開極盛。觀此則花木之各遂其性也。可知矣。今塞外之野繭。大似山東之山繭。朕因織爲繭紬。製衣衣之。此皆農桑之要務。至於花木皆天地生意所發。朕故心深愜焉。

易云。日新之謂盛德。學者一日必進一步。方不虛度時日。大凡世間一技一藝。其始學也。不勝其難。似萬不可成者。因置而不學。則終無成矣。所以初學貴有決定不移之志。又貴有勇猛精進之心。尤貴有貞常永固不退轉之念。人苟能有決定不移之志。勇猛精進。而又貞常永固。毫不退轉。則凡技藝焉有不成者哉。

古人有言。不藥得中醫。非謂病不用藥也。恐其誤投耳。蓋脈理至微。醫理至深。古之醫聖醫賢。無理不闡。無書不備。天良在念。濟世存心。不務聲名。不計貨利。自然審究詳明。推尋備細。立方切症。用藥通神。今之醫生。若肯以應酬之工。用於誦讀之際。推求奧妙。研究深微。審醫案。探脈理。治人之病。如己之病。不務名利。不分貴賤。則臨症必有一番心思。用藥必有一番見識。施而必應。感而遂通。鮮有不能取效者矣。延醫者愼之。

藥品不同。古人有用新苗者。有用曝乾者。或以手折口齩。撮合一處。如今皆用曝乾者。以分量稱合。此豈古制耶。如蒙古有損傷骨節者。則以青色草名綽爾海之根。不令人見。采取食之。甚有益。朕令人試之。誠然。驗之。卽內地之續斷。由此觀之。蒙古猶有古制。藥惟與病相投。則有毒之藥。亦能救人。若不當。卽人葠。人亦受害。是故用藥貴與病相宜也。

養生之道。飲食爲重。設如身體微有不豫。卽當節減飲食。然亦惟比尋常稍減而已。今之醫生。一見人病。卽令勿食。但以藥物調治。若或內傷飲食者。禁之猶可。至於他證。自當視其病由。從容調理。量進飲食。使氣血增長。苟於飲食禁之太過。惟任諸凡補藥。鮮能資補氣血。而令之充足也。養身者宜知之。

河圖順轉而相生。洛書逆轉而相尅。蓋生者所以成其體。而尅者所以宏其用。大禹謨水火金木土穀惟修。以五行相尅爲次第。可見尅是五行作用處。今術家或以相尅取財官。或以相尅取發用。亦此理也。

古人云。盡人事以聽天命。至哉是言乎。蓋人事盡而天理見。猶治農業者。耕墾宜常勤。而豐歉所不可必也。不盡人事者。是舍其田而弗芸也。不安於靜聽者。是揠苗而助之長者也。孔子進以禮。退以義。所以盡人事也。得之不得曰有命。是聽天命也。

吉凶軍賓嘉。五禮之期。必選擇日時者。乃古人趨吉避凶之義。詩曰。吉日惟戊。吉日庚午。禮曰。外事用剛日。內事用柔日。朱子注孟子曰。天時者。時日之枝幹。孤虛王相之屬也。要以五行之生尅爲用。幹枝之刑衝合會爲斷耳。世俗相沿已久。而吉凶之理。推原於易。是故我等尊貴之人。凡有出行移徙之類。自宜選擇日時。然而既用選擇之日。則尤當用其選擇之時。甚無以日之吉。而忽於時之吉也。選擇家云。選日必當選時。吉日不如吉時。正謂此也。春至時和。百花尙鋪一段錦繡。好鳥且囀無數佳音。何況爲人在世。幸遇昇平。安居樂業。自當立一番好言。行一番好事。使無媿於今生。方爲從化之良民。而無憾於盛世矣。朕深望之。

聖祖幼時之機略

順治六歲卽位。康熙八歲卽位。其事雖屬偶然。亦不得謂非朝廷之危機。且順治遭睿親王死後之政變。而康熙亦有誅戮權臣鰲拜之事。鰲拜於世祖之朝。屢建戰功。歷封公爵。方帝卽位之初。內與大臣蘇克薩哈。同爲輔弼大臣。並加太師之號。彼恃帝年幼沖。專恣自肆。毫無忌憚。帝早知其橫暴。屢欲乘隙殺之。康熙八年。帝年十六。託辭練習布庫之戲。招集內庭多數少年。幷於其中密選强有力者。以備萬一。而鰲拜尙未之知。一日如例入內正謁康熙。忽爲布庫小兒所擒。鰲拜雖奸。然事出意外。莫可如何。十餘小兒竟將鰲拜送致外庭。元惡旣誅。內外震慴。

聖祖好學之天資

帝以誅戮權臣。發揮非凡之材能。而其教育專講宋學。尤宜注意。康熙師傅。諸人之中。當推河南湯斌爲主。而舉行經筵日講。以磨勵帝之德器者。當歸功魏裔介。此固非始於聖祖之時。然得舉日講之實。則實由於帝之卓越之精力與好學之天資。日講之始。隔日一開。帝以人主臨御天下。未有不以講明學理爲先務者。故隔日進講。尙未滿足。遂令學士日日進講。帝嘗因修葺宮殿之故。移居於大內之瀛臺。諭曰。予當赴瀛臺暫居數日。進講不可略有間斷。講官其日來瀛臺。如常進講云。三藩之亂。北京內外。無殊戰場。帝曰。當此多事之時。乘間進講。不誤軍事。凡精神工夫。若不間斷。裨益身心。良非淺鮮云。翰林院答曰。機務繁重。請隔日進講。帝不聽。曰。軍事或數日一至。或數日連至。不可以日限計。其仍每日進講。以慰朕惓惓嚮學之意云。由帝言徵之。則帝於丁年。四書五經。既已熟讀。既而喜閱資治通鑑。詳於前代得失。甚有益於治道云。帝十七八歲之際。以讀書過勤。致患咯血。而讀書之事。猶不肯廢。蓋帝之好學。非以學問爲塗飾耳目之具。實以學問爲主權者所必需也。至日講時刻。帝初以未明出御。聽各部奏事。既畢。始臨經筵。中年以後。則先進講而後奏事。講官侵曉。卽宜入內。

、聖祖提倡宋學

帝之學問。以實心求實理。得於宋學者實多。此非帝之創想。蓋當有明末葉。北方學者。咸排斥陸王學之空疎故也。吾人於湯斌學術。其影響於帝者。果有幾何。固未能確言。特彼之宋學。曾博帝之篤信。決無可疑。帝欲以一日之學。應用一日。一月之學。應用一月。故深望學問與實際。不相背馳。帝解釋天時人事之關涉。亦必徵驗於實理。康熙二十八年。南巡。臨江寧觀象臺。顧學士李光第曰。郭守敬儀器之不行於今在不知恆星與天體共動而已。古昔史志之曆法。多不可信。如熒惑退舍之說。天象垂成之理。固有之。若果退舍。則後來推算。以何積算云。朱子學說。凡天文地理。樂律曆數。俱非泛然空論。皆能確見其所以。予嘗細爲尋繹。雖欲求毫釐之差。亦不可得云。

西洋科學之尊信

熱心於窮理格物之康熙帝。僅僅支那固有之學術。未能滿足。而當時舉居留北京之耶穌教士。研究科學。實以梅文鼎之家學爲基礎。文鼎於明末。與王錫蘭。同以精於中西天文。并算術音律稱。有著述二十九種。七十四卷。他年帝所撰述之數理精蘊。曆象考成。三角形論等。咸以此爲基本。帝既就學於文鼎之孫成瑴。康熙二十八年。復引耶穌教士徐日昇 Pereira 張誠 Gerd-il n 白進 Bouet 安多 Antonius 等於內廷。使日日輪班。進講西學。彼等皆能深識滿洲語言。故教授測量法。算學。天文。人體解剖。物理等學。不覺困難。其中張誠。則帝或旅行。必命隨從。或每日。每隔日。必命進講云。帝之尊信西學。不以一己之耳目爲滿足。且欲應用於政治焉。帝嘗命南懷仁Verdiest創設偉大之觀象臺於北京。因此設備既成。得頒康熙永年曆法。對於占驗風雷之事實。嘗曰。予嘗立一小旗。占驗風向。并命直隸各省。報告起風下雨之時刻。由是知北京起西北風之時。山東起東南風。又攷驗雷聲。不出百淸里以外。不如砲聲之遠達於二三百淸里。前於蘆溝橋試驗。當時天津皆嘗聞之。此甚驗也。由此察之。亦可略識帝之性行趣味矣。

聖祖欽定圖書集成

康熙帝命內閣學士蔣廷錫等。纂輯經史百家名古今圖書集成。凡一萬卷。其內容之浩瀚。古今不見其比。雍正帝立。始印行之。圖書集成之材料。及其編纂之次序。雖未詳其槪。但知其出自永樂大典者甚多。以上淸朝全史康熙年間。編古今圖書集成。刻銅字爲活板。貯之武英殿。歷年既久。銅字被竊缺少。有司懼干咎。值乾隆初年錢貴。遂請毁銅字供鑄。所得有限。而所耗甚多也。淸帝外紀

清孝聖憲皇后 四二

清鈕祜祿氏。爲巴圖魯。贈弘毅公。額亦都曾孫女。四品典儀。追封一等承恩公。凌柱女。康熙四十三年甲申。（年十三）賜侍世宗藩邸爲格格。五十年辛卯（年二十）八月。生皇四子。是爲高宗。世宗登極。雍正元年癸卯。（年三十二）册封熹妃。後晉熹貴妃。十三年乙卯（年四十四）九月。高宗嗣位。遵世宗遺命。尊爲皇太后。十二月上徽號。曰崇慶皇太后。乾隆元年丙辰（年四十五）七月。移居慈寧宮。二年丁巳（年四十六）十二月。因册立皇后。加上徽號慈宣二字。十一年丙寅（年五十五）九月。高宗奉之幸五臺山。十三年戊辰（年五十七）二月。高宗奉之東巡。十四年己巳（年五十八）四月。因册立攝六宮事皇貴妃。兼以平定金川。加上徽號康惠二字。十五年庚午（年五十九）二月。高宗奉之幸五臺山。八月因册立皇貴妃爲皇后。加上徽號敦和二字。旋高宗奉之幸中州。十六年辛未（年六十）正月。高宗奉之南巡。十一月六旬慈慶。加上徽號裕壽二字。二十年乙亥（年六十四）

因平定準噶爾。加上徽號純禧二字。二十二年丁丑（年六十六）正月。高宗奉之南巡。二十六年辛巳（年七十）二月。高宗奉之幸五臺山。十一月七旬慈慶。加上徽號恭懿二字。二十七年壬午（年七十一）正月。及三十年乙酉（年七十四）正月。高宗均奉之南巡。三十六年辛卯（年八十）二月。高宗奉之東巡。十一月八旬慈慶。加上徽號安祺二字。四十一年丙申（年八十五）二月。高宗奉之東巡。五月因平定金川。加上徽號寧豫二字。至是爲崇慶慈宣康惠敦和裕壽純禧恭懿安祺寧豫皇太后。四十二年丁酉正月二十三日崩於圓明園之長春館。壽八十有六。四月葬泰陵東北。曰泰東陵。

清聖祖康熙三十年十一月二十五日辰時生（生卒見皇室四譜）

清高宗乾隆四十二年正月二十三時□時卒

壬申　命　九歲辛亥　十九庚戌

壬子　宮　二九己酉　三九戊申

庚午　壬
庚辰　子

四九丁未
五九丙午
六九乙巳
七九甲辰

清皇室四譜（丹陽唐邦治輯）云。孝聖憲皇后。爲康熙三十一年十一月廿五日生。其生時未詳。珊因其年甫十三。卽爲世宗（雍正帝）藩邸格格。二十歲生皇四子。是爲高宗（乾隆帝）。世宗登極。雍正元年十二月。册封熹妃。後晉熹貴妃。十三年九月。高宗嗣位。遵世宗遺命。尊爲皇太后。壽至八十有六。孫十七人。孫女十人。世稱福壽全備。吾謂亘古以來。坤造中若孝聖憲皇后者。誠絕無僅有。安可不詳細研究之。謹按孝聖皇后誕辰。康熙三十一年壬申十一月壬子二十五日庚午。皇室四譜。雖未載其生時。然以管見測之。其爲庚辰時無疑。何則。天幹兩庚兩壬。形式整齊。地枝申子辰三合。形式亦整齊。格局清高。固已彰彰明甚。假使日枝無午。雖曰金白水清。猶難得此幸福。其所以謙肅柔明。迎渭嬪京。母臨萬邦。嗣續百代者。首在日枝之午。蓋午藏己土。爲庚金日主之保障。午藏丁火。爲庚金日主之夫星。此兩者皆與日主脣齒相依。故功效極大。若將此午字。移置他位。則鞭長莫及。不足取矣。或曰。午爲子衝。安能得用。曰。不忌。蓋子與申辰。早有集合。無暇與午火作難。孔子不云乎。小人閒居爲不善。此言最耐尋味。蓋小人閒居。始爲不善。若有職業羈身。彼且忙忙碌碌。自尋生理。雖是小人。亦不致甘冒不韙。而爲不善。況君子乎。今月枝之子。聯合申辰。君子同心。孳孳爲善。旣非小人。又不閒居。不獨與日枝之午。兩不相犯。且有水火交濟。水土下襲之功。豈可以否言哉。玉衡經云。子午爲聖人端坐之宮。諸煞莫入。此之謂也。至於子星。當責諸水。經云。金能生水。水賴金生。具見金爲水之母。水爲金之子也。今壬水兩排。水局三合。而又誕臨大雪節後。水歸冬旺。迥異尋常。若以午藏丁火較之。一盛一衰。判同霄壤。觀於世宗在位。僅十三載。高宗在位。竟有六十年之多。卽可知其子星顯赫。遠過於夫星之潛藏也。惟細按之。八字中。金只有三。水偏有五。再益以命宮壬子之二水。合計之。水有七矣。水多若此。金少如彼。假令經過運歲。不逢土制水。不逢火濟水。甚至不逢金助金。雖有此極端高尙之造。仍不免搔首問天。況埋終古陳之遴有云。命吉運凶。若良馬堅車。阻險道而難進。命凶運吉。若破帆敝楫。乘順風而亦前。運歲之關係如此。能不加之意乎。查得孝聖皇后。十三歲辛運甲申。小限庚子。荷蒙聖祖康熙帝 賜侍世宗藩邸爲格格。此卽辛庚申三金。資助庚金日主之明證也。二十歲庚運辛卯。小限癸巳。生皇四子。是爲高宗。此不獨庚運之金辛年之金助力。且又多一巳字。爲庚金日主之長生。故其效力爲尤大也。三十二歲己運癸卯。小限辛巳。世宗登極。册封熹妃。後晉熹貴妃。此己土生金。辛金助金。巳合申祿。聲價崇隆。又勝前運多矣。四十四歲申運乙卯。小限己巳。高宗嗣位。遵世宗遺命尊爲皇太后。雖曰乙木妒合。卯木相刑。有世宗賓天之痛。然得大運之申。小限己巳。長生臨官生氣等。疊疊補充之。高宗嗣位。名分益尊。未嘗不可轉憂爲喜也。五十五歲丙運。至八十五歲丙申。高宗奉太后。幸中州者一。幸五臺者三。東巡者三。南巡者四。具見四海昇平。高年矍鑠。此無他。乃未丙。午乙巳。化金等土火金運。有以致之也。八十六歲辰運丁酉。小限丁亥。會日枝之午。自刑俱見。早駕歸驂。然亦壽近百齡。身膺五福。豈不懿歟。豈不懿歟。

清高宗純皇帝 四三

清。姓愛新覺羅氏。諱弘曆。雍正十年壬子。年二十二 世宗賜號長春居士。後嘗自號信天主人。七十後。自稱古稀天子。又自稱十全老人。爲世宗第四子。其初次序。實爲第五。生於雍親王藩邸。母王府格格鈕祜祿氏。卽孝聖憲皇后。至康熙壬寅年。年十二 三月。聖祖命養之宮中。雍正元年癸卯。年十三 八月。世宗密建皇儲。緘其名於乾清宮正大光明扁額後。十一年癸丑。年二十三 二月。封和碩寶親王。十三年乙卯五月。命入値辦理苗疆事務處。八月遺詔立爲皇太子。嗣大統。九月初三日。卽皇帝位於太和殿。時年二十五歲。明年丙辰。紀元乾隆。年二十六 七月。擊定苗疆。十二年丁卯 年三十七 二月。大金川叛。十四年己巳 年三十九 正月。平大金川。十五年庚午。年四十 西藏叛亂。旋定。十六年辛未。年四十一 緬甸內屬。十八年癸酉 年四十三 五月。準部亂。二十年乙亥。年四十五 準部平。二十四年己卯 年四十九 擊平回部。三十一年丙戌 年五十六 正月。緬甸叛。

三十六辛卯（年六十一）小金川叛。是年緬甸滅暹羅。四十一年丙申。（年六十六）二月。平小金川。五十一年丙午（年七十六）十二月。暹羅國復仍內屬。臺灣亂。五十三年戊申（年七十八）正月。臺灣平。五月安南黎氏滅。六月緬仍內屬。七月廓爾喀寇後藏。五十四年己酉（年七十九）六月。安南阮氏仍內屬。尋其王入覲。五十七年壬子。（年八十二）六月。擊降廓爾喀。遂內屬。在位南巡者六。東巡者六。西巡者一。幸五台者五。歲乙卯即位。六十年既滿。明年嘉慶元年丙辰。（年八十六）正月朔日。御太和殿內禪。遂稱太上皇帝。退居寧壽宮。仍訓政。四年己未正月初三日辰刻。崩於養心殿。壽八十有九。九月葬裕陵。在孝陵西。勝水峪。有日知薈說。樂善堂集。御製詩文集。並命儒臣。纂四庫全書提要。簡明目錄。一統志等書。文德武功。爲清諸帝最。謚純。廟號高宗。年號乾隆。子十七人。女十八。

清聖祖康熙五十年八月十三日子時生（生卒見皇室四譜）

清仁宗嘉慶四年正月初三日辰時卒

辛卯	命	六歲 十六	丙申 乙未
丁酉	宮	二六 三六	甲午 癸巳
庚午	乙	四六 五六	壬辰 辛卯
丙子	未	六六 七六 八六	庚寅 己丑 戊子

清皇室四譜。載高宗純皇帝乃康熙五十年八月十三日子時生。珊謹按其八字爲辛卯。丁酉。庚午。丙子。生年辛卯。納音屬木。生月丁酉。納音屬火。生日庚午。納音屬土。生時丙子。納音屬水。命宮乙未。納音屬金。（通會有不必論胎·或論命宮之說·）通會謂爲五行俱足。又以支會子午卯酉。謂爲四柱純全。皆以位至王侯許之。其實別有說焉。不僅此也。查得日幹之庚。在五行屬金。年幹之辛。與月枝之酉。在五行又俱屬金。合計之。金有三矣。月幹透丁火。時幹見丙火。日枝又値

午火。合計之。火亦有三矣。以此三火。煉彼三金。大器鑄成。聲價必貴。此以正五行之金火言也。庚帝旺於酉。辛臨官於酉。丙帝旺於午。丁臨官於午。二者交互爲用。膺福最優。此以帝旺臨官言也。庚丙爲陽。午子亦爲陽。以午枝之陽火。剋陽幹之庚金。以子枝之陽水。剋陽幹之丙火。兩下剋上。各得其平。辛丁爲陰。卯酉亦爲陰。以辛幹之陰金。剋陰枝之卯木。以丁幹之陰火。剋陰枝之酉金。兩上剋下。亦各得其平。既平則治。既平則安。此以幹枝陰陽言也。年枝卯木。爲月枝酉金所制。月枝酉金。爲日枝午火所制。日枝午火。爲時枝子水所制。自年而月。自月而日。自日而時。貴賤攸分。秩序不紊。此以四柱次第言也。木非土不生。火非土不榮。水非土不高。金非土不成。所以辛卯年納音之木。丁酉月納音之火。丙子時納音之水。乙未宮納音之金。皆不能脫離庚午日元納音之土。而謀獨立。是以巍巍穆穆。無爲而治。此以納音五行言也。有此種種特徵。卽不言五行俱足。四柱純全。亦當允文允武。允克長克君矣。十二歲申運壬寅。三月。聖祖命養之宮中。十三歲癸卯。世祖密建皇儲。緘其名於乾清宮正大光明扁額後。二十三歲未運癸丑。封和碩寶親王。二十五歲乙卯。五月。命入值辦理苗疆事務。八月。遺詔。立爲皇太子。嗣大統。九月初三日。卽皇帝位於太和殿。二十六歲丙辰。七月。擊定苗疆。就此觀之。具見申運臨官。未運貴人。皆有裨於日主之庚金也。二十七歲甲運丁己。至八十五歲丑運乙卯。大都銳精經術。留意典墳。致治不在武功。優游多從文德。間有大小金川。準囘兩部。及西藏廓爾喀等處。稍有反動。旋卽平復。此無他。命宮乙未。與日主庚午。緊緊抱合。任他卯酉相衝。均不能搖撼毫末也。細按高宗在位六十年。南巡者六。四十一歲辛未正月。四十七歲丁丑正月。五十二歲壬午正月。五十五歲乙酉正月。七十歲庚子正月。七十四歲甲辰正月。皆幸江蘇浙江。東巡者六。三十八歲戊辰二月。四十六歲丙子三月。六十一歲辛卯二月。六十六歲丙申二月。七十四歲甲辰二月。八十歲庚戌二月。皆登泰山。

謁曲阜。西巡者一。四十歲庚午八月。幸嵩洛。幸五臺者五。三十六歲丙寅九月。五十一歲辛巳二月。七十一歲辛丑二月。七十六歲丙午二月。八十二歲壬子三月。八十六歲丙辰。卽嘉慶元年正月朔。御太和殿內禪。遂稱太上皇帝。退居寧壽宮。仍訓政。觀於此。可見十全老人之造。中正和平。故一生不經坎坷。與尋常之忽升忽沈大起大落者迥異。八十九歲戊運。歲値己未正月初三日辰時。崩於養心殿。雖曰秋收冬藏。新陳代謝。任何人物。皆不能避免。然竟發見於戊運之己未年。吾又不得不認爲秋金銳銳。忌土資生也。

任鐵樵先生。滴天髓闡微原評云。高宗純皇帝御造。天幹庚辛丙丁。正配火煉秋金。地枝子午卯酉。又配坎離震兌。枝全四正。氣貫八方。然五行無土。雖誕秋冬。不作旺論。最喜子午逢衝。水剋火。使午火不破酉金。足以輔主。更妙卯酉逢衝。金剋木。則卯木不助午火。制伏得宜。卯酉爲震兌。主仁義之眞機。子午爲坎離。宰天地之中氣。且坎離得月之正體。無消無滅。一潤一暄。坐下端門。水火既濟。所以八方賓服。四海攸同。金馬朱鳶。並隸版圖之內。白狼元兔。咸歸覆幬之中。天下熙甯也。

珊按高宗帝造其妙在卯年值辛。酉月值丁。午日值庚。子時值丙。而命宮又值乙未。是以爲長春居士十全老人。若卯上值丁。酉上值辛。午上值丙。子上值庚。則命宮非乙未矣。天幹雖有庚辛丙丁。地枝雖有子午卯酉。亦不足貴。庚午日元。就正五行論。午藏己土。就納音五行論。庚午屬土。此不得謂爲五行無土。既誕秋令。卽作旺論。雖不二字可商。子午逢衝。卯酉逢衝。曰最喜最妙。此二最字亦可商。其實喜與妙。乃在由子水而尅午火。午火而尅酉金。酉金而尅卯木。一氣呵成。毫無間斷。稍有變易。卽不如斯。何喜妙有哉。至云卯酉爲震兌。子午爲坎離。乃是泛論。必須合全體觀之。未可輒以四正八方論也。鐵樵先生增註闡微一書。珊素所服膺。癸酉夏。經蘅園主人影印流傳。曾爲之詳較。并敍其顚末。此篇並非疵議。因冒公鶴亭。知珊近輯命譜。囑將聖祖高宗二造列入。詳細研究。蓋謂其在位既安且久。雖堯舜禹湯。莫之過也。

附錄

高宗生於雍邸。卽雍和宮。富察敦崇皇室聞見錄。有辨誣云。俗謂雍正在藩邸時。王妃誕生一女。恐失王眷。適有隣居海寧陳氏。恰生一男。命太監取而觀之。既送出。則易女矣。男卽乾隆也。夫以雍正之英明。豈能任後宮以女易男。且皇孫誕生。應由本邸差派太監。面見內奏事。先行口奏。再由宗人府專摺奏聞。以備命名。豈能遲至數日數月。方始聲報耶。其誣可知。清帝外紀

庚申仲秋丁祭先師孔子

法祖恢文德。崇儒禮素王。晨光開輦輅。露氣浥旂常。寅祀心恆凜。丁辰日正陽。皇皇陳禮樂。肅肅對宮牆。言念百王後。身登夫子堂。君師誠有愧。仰止志方長。

關聖祠

蕭寺疎鐘引客尋。覆階松柏綠森森。壁圖省識風雲氣。天漢長懸忠勇心。繞屋竹風翻妙偈。當空水月滌塵襟。苾蒭爲紀生平蹟。饒有閒情論古今。

讀諸葛武侯傳

盡瘁終身翊赤符。豈虞一木不勝扶。隴中已走生司馬。地下何慚鬼董狐。南北未忘先主志。桓文不道仲尼徒。錦官城外森森柏。丞相祠堂尙有無。（以上御製詩初集）

書蜀志諸葛亮永安受詔事

陳壽志諸葛。不以正以奇。無識注之者。復値裴松之。昔曾論七擒。大要言其非。偶閱永安事。實鄙先主私。魚水宿已喩。彼此心諒知。臨終令自取。豈非有所疑。俾亮何爲情。依然失匕爲。晉文譎不正。猶弗至若斯。孫盛固致譏。而未抉及微。讀史無卓見。彼史愚則宜。

邵窩

山陽就小凹。精舍得一區。有如百泉上。康節之所居。因以邵窩名。窩在百泉蘇門山境似志則殊。安樂一身彼。安樂萬方予。大小分旣異。艱易寧同途。佳名實未副。思艱惟曰吁。

岳武穆祠

黃龍直抵氣崢嶸。燕以南金令不行。正可乘機事恢復。誰知虛力費經營。愛錢切中文官病。怕死曾輕武士生。萬里長城空自壞。至今冢樹恨難平。以上御製詩三集

讀朱子全書

少時慕才華。研精味辭藻。微言探月窟。逸興橫雲表。措思每廢餐。兀兀忘昏曉。雖云俗慮無。却被詩魔擾。至理在目前。棄而求深窈。曠蕩無所歸。悵悵盈懷抱。近讀文公書。習氣從茲掃。因此九仞山。一簣功不少。作此聊自訟。詎足

云見道。御製詩初集

謁明太祖陵二首

嬗謝都關天運乘。攘除非自本朝興。代爲翦逆當方革。豈是因危致允升。常禁里民閑採木。還教衛戶謹巡陵。省方近撫前王蹟。殷鑒惟懷愓倍增。

崛起何嫌本做僧。漢高同傑又多能。每當巡省臨華里。必致勤虔謁孝陵。一代規模頗稱樹。百年禮樂未遑興。獨憐復古非通變。翻使燕兵釁可乘。嘗謂太祖以建文爲太孫。及分封諸子。豈非欲復古而翻以致禍。使擇賢而卽立成祖。且不分封。豈有靖難之事哉。○以上御製詩三集。

讀史

亭午日正長。廣殿涼颸起。颸音思支韻。涼風也。御園隔煩囂。梧竹清且美。翾翾蜂蝶翅。翾音篇。翾音喧。小飛也。芬馨花藥蕤。萬幾此少暇。憑几自讀史。於焉鑒興亡。因之辨臧否。遙遙千載間。公論頼有此。

讀君鑑錄

此鑑堪稱鑑。君難果是難。欲明興替故。不厭再三看。克己須存敬。居心莫自寬。孜孜勤恤意。非博萬民歡。

覽歷代名臣奏議

念重居天位。心殷補袞臣。嘉言陳典籍。碩畫贊絲綸。常得懷前鑒。還如對古人。翻書清晝永。祛暑長精神。

恭讀皇祖聖祖仁皇帝聖訓。見蠲賑之政。歲不絕書。用培我國家萬年元氣。世世子孫。所當奉爲法守也。

當宁開千禩。承天御八埏。恫瘝勤保赤。宵旰廑祈年。歲歲頻蠲賑。殷殷切惠鮮。湛恩周蔀屋。大政紀瑤編。家法猶然在。孫曾試勉旃。萬年培國本。捧讀倍乾乾。以上御製詩初集

題耕織圖

隄界湖過平聲菉荇橋。水村迎面趣清超。潤含植稻連農舍。響訝繅絲答客橈。

柳岸風前朝爽度。石磯雨後漲痕消。分明一段江南景。安福艫（南巡所御船名）中引興遙。（御製詩三集）

田舍

田舍紅門外。揮鞭日影斜。繞村流曲水。壓架剩秋瓜。耞板寒敲圃。（耞音嘉。連耞。打穀具也。）繅車夜績麻。勤劬有餘樂。官稅早輸衙。

治圃

爽風驅片雲。高空收急雨。颯然衣袂涼。徘徊不知暑。幾餘罷吟拈。緩步看治圃。圃師雖鄙言。其言乃可取。曰予學灌園。頗亦歷年所。手足爲胼胝。腰支常傴僂。（傴於上聲。麌韻。背曲也。僂音樓。尤韻。）寒汲泉底冰。熱耨隴頭土。夙興而夜寐。力作良辛苦。然余有所幸。賦質本椎魯。既不識詩書。詎復諳工賈。利鮮害亦稀。老此不能去。

九月十八日立冬

閏月催時序。是年閏六月十五日立秋七月節・七月以後節皆早・秋深早立冬。候風因驗政。欽天監每以交節時・風起何方・驗政治得失・辯日每占農。人跡霜華重。山巒黛色濃。園林零落盡。徒倚眄蒼松。

十月朔日頒時憲書

九瀛咸奉朔。四海正同文。禮特遵先制。時惟授大君。令頒懸度地。澤被鷟鵷羣。欽若心恆凜。釐工政益勤。

楚省壽民湯雲山。生於萬曆丙午。至今蓋一百四十一歲矣。巡撫開泰。以旌表上請。念此非尋常期頤之壽可比。乃爲是詩。并書賜之。

常見六星輝楚地。曾無一字獻丹楓。老翁眞是仙而隱。舉世應推壽且雄。矍鑠他年將比竇。漢・竇公年一百八十・春秋此日已逾种。生平無病不知藥。沈德潛典試楚省・曾見是翁・歸述翁言若此・以卜數語同・耄耋有時還似童。合宅孫曾凡幾閱。一心念慮若爲空。漢陽草樹連天碧。彷彿猶存太古風。以上御製詩初集

江西興安縣舉人李煒。年躋百齡。來應萬壽恩科會試。三場納卷。神采

倍增。洵爲熙朝上瑞。雖榜放未經入彀。特賜國子監司業職銜。加賞內府緞疋。並親製詩以紀盛事。

人瑞期頤儘有云。春闈應試未曾聞。三場竟得全文字。一命應教奬毖勤。毖音祕。愼也。勞也。雅化育材欣壽世。同時舉子。年八十以上。賞翰林院檢討銜者。有李珩等十八員。七十以上。賞國子監學正銜者。有丁福隆等十六員。實爲從來史册中所未見。宏恩錫類祝慈雲。端知欲笑胡安定。年詡會昌最出羣。詡火羽切吁上聲。麌韻

○御製詩三集

御史有以沙汰僧道爲請者。朕謂沙汰何難。卽盡去之。不過一旨之頒。天下有不奉行者乎。但今之僧道。實不比昔日之橫恣。有賴於儒氏辟而闢之。蓋彼敎已式微矣。且藉以養流民。分田授井之制。既不可行。將此數十百萬無衣無食游手好閒之人。置之何處耶。故爲詩以見意。

頹波日下詎能迴。二氏於今亦可哀。何必闢邪猶泥古。留資畫景與詩材。御製詩初集

高宗欽定四庫全書

乾隆三十七年。清廷發表四庫全書之諭旨。四庫者。謂經史子集之四部。帝之意志。可於其諭旨而得之。曰。御極之初。即詔中外搜訪遺書。並令儒臣校勘十三經。二十一史。後開館纂修綱目三編。通鑑輯覽及三通諸書。惟蒐羅益廣。則研討愈精。如康熙年間。所修圖書集成全部。極方策之大觀。引用諸編。率屬因類取裁。勢不能悉載全文。使閱者沿流溯源。一一徵其來處云。可知帝之意。以學者不能滿足於類書。故別圖編纂一大叢書。於是自乾隆三十八年。開設四庫全書館。任皇室郡王。及大學士。為大總裁。六部尚書及侍郎。為副總裁。然實際任編纂者。乃為總纂官孫士毅。陸錫熊。紀昀三人。而紀昀(曉嵐)之力尤多。分任編纂之事者。不少著名學者。如校勘永樂大典纂修官。有戴震。邵晉涵。校辨各省送到遺書纂修官有姚鼐。朱筠。篆隸分校官。有王念孫。總目協勘官。有任大椿。副總裁以下。無慮三百餘名。該書至乾隆四十七年告竣。總計存書三千四百五十七部。七萬九千七十卷。存目六千七百六十六部。九萬三千五百五十六卷云。所謂存書。乃著錄於四庫者。存目。乃僅錄其書目而已。

建七閣貯藏四庫

乾隆帝編纂四庫全書。造文淵閣於北京紫禁城內。造文源閣於雍正爲皇子時。讀書之圓明園。造文溯閣於奉天陪都宮殿之地。造文津閣於塞外之熱河。爲貯藏之所。此稱內廷四閣。文淵閣建造式。帝命仿浙江范氏天一閣爲之。當全書告成之後。又命起文匯閣於江蘇揚州之大觀堂。起文宗閣於鎭江金山寺。起文瀾閣於浙江杭州。聖因寺之行宮。亦各藏四庫全書一部。此稱江浙三閣。凡七閣。閣既成。帝曰。我國家荷承休命重熙累洽。同軌同文。所謂禮樂百年而復興。此其時也。又謂朕蒐集四庫之書。非徒博右文之名。以示其得意焉。內廷四閣。非特別之資格。與得許可者。不准閱覽。江浙三閣。

聽學者皆得閱覽抄錄。七閣之中。今日尚儼然存者。惟文津。文溯。文淵三閣。他如文宗。文匯二閣。亡於太平之兵亂。圓明園文源閣。燬於火。文瀾閣亦少有散亡云。以上清朝全史

清。姓沈氏。名斆憼。斆音效・覺悟也・教也・憼・音景・敬也・以心敬聲・與儆通・字理存。浙江秀水縣人。今併入嘉興縣・

乾隆丁巳。年十六・父被劾繫獄。孝子間關跋涉。爲父伸寃。辛酉。年二十・貫籍順天。補博士弟子員。乙丑九月十六日。母新喪。棺在室。忽遭火。孝子奮勇撲救。徧體焰赫。膚蛻肉陷。至是月二十五日丑時卒。年甫二十四。著有厚居詩鈔一册行世。

清聖祖康熙六十一年三月二十一日未時生 生卒見碑傳集

清高宗乾隆二十四年九月二十五日丑時卒

壬寅	命	十歲 丙午	二十 丁未
乙巳	宮	三十 戊申	四十 己酉
丙午	乙	五十 庚戌	六十 辛亥
乙未	巳	七十 壬子	八十 癸丑

碑傳集載卷一百四十沈孝子造。生於康熙壬寅三月二十一日未時。術者推算爲炎上格。慮歲幹之殺。有水激火。未周歲。驗無恙。又云。卒年二十四。是爲乙丑。九月二十五日丑時。炎上之格。至是始驗。奇哉。珊謹按孝子之造。壬寅。乙巳。丙午。乙未。日元之丙。在五行屬火。誕生於立夏節後。赤帝司權。火正當令。年枝寅。月枝巳。各藏丙火。日枝午。時枝未。各藏丁火。而巳午未又會爲南方一氣。月時二幹。既拱乙木。命宮乙巳。又復幹木枝火。若四柱無壬癸亥子。格成炎上。只須運入金鄉。卽可飛黃騰達。一旦逢水。禍不旋踵矣。今孝子之造。天幹特立壬水。不得以炎上格論。既非炎上。卽不忌水。而反忌火矣。惜火計有六。運巳宮藏丙。水只有一。杯水車薪。豈能濟事。幸日元丙午。納音爲天河之水。無中生有。尙可救弊補偏。學聖希賢。豈止讀書敦品已哉。十六歲午運。歲值丁巳。大運之午。與日枝之午犯比。歲枝之巳。與月枝之巳又犯比。再益以歲幹丁火。助紂爲虐。以致尊甫大參公。由酒泉改授延綏鄜道被劾。械繫臯蘭。

鄜音浮・鄜縣・延川縣・綏德縣・皆屬陝西省・酒泉縣・臯蘭縣・皆屬甘肅省・孝子不避艱辛。間關跋涉。謀爲大參公釋寃。百計千方。均無效果。二十歲仍行午運。歲值辛酉。幹枝屬金。直接生水。孝子貫籍順天。竟補博士弟子員矣。且聲名日起。又爲蔣孝廉艾圃與其族祖宮詹學士歸愚公所激賞。此乃流年辛酉之關係。非午運力也。二十二歲丁運。乾隆癸亥。是年春。會上諭淸查雍正六年以後軍需件案。孝子聞之。振衣起。踴躍歡呼曰。天乎。吾父之寃得伸矣。於是抱案牘訟公庭。蹇蹇諤諤。名動公卿間。賴天子聖明。大參遂得破械釋縶。一時中外喧傳。以爲大參公有子矣。此仍是流年癸水亥水之關係。非丁運力也。二十四歲仍行丁運。歲值乙丑。小限壬午。夏五月。父大參復蒙特恩。召赴宣室。孝子喜動顏色。馳書以告。西赴迎迓。至中途。忽心動。是時母魯宜人自京師南歸省墓。於甲子夏復買棹北遷輝縣之卓水莊。輝縣・今屬河南省・孝子迂道赴輝。九月四日。抵卓水。魯宜人果病革。未幾殂。孝子哀號擗踊。擗音闢・陌韻・拊心也・踊音勇・腫韻跳也・米不入口者數日。董匠含殮。一身獨扛。方議舉行喪禮。十六日忽遭火。風捲入戶。延及繐幃。棺幾焚。孝子神失所依。奮勇撲救。忘其身之有麻衣也。風翻火熾。徧體焰赫。及衣褫火熄。褫音侈。紙韻。又平聲支韻。義同。奪衣也。而孝子皮肉糜爛矣。後數日膚脫肉陷。孝子度不能生。西望皋蘭。淚如雨。哀號者再。告其妻曰。吾爲子。不克奉養吾父。即死不瞑。若其代我可也。又曰。吾有新喪。殮我以縗絰。縗音崔。灰韻。喪服也。以麻布蔽於胸前。三年之喪用之。絰音耋。屑韻。喪服所用麻也。在首在腰皆曰絰。或亦以葛爲之。納杖棺內。無失禮。言訖遂卒。細按之。其弊不僅在丁運。而在太歲乙丑。與生時乙未比衝。小限壬午。合丁化火。午遙刑午。陽刃爲殃。果爲炎上。則丁運不致死矣。

紀昀 四五

清。姓紀氏。名昀。字曉嵐。一字春帆。晚號石雲。直隸河間縣人。乾隆甲戌年三十一。登進士。改庶吉士。累遷侍讀學士。坐事。戍烏魯木齊。（即新疆省。迪化縣治。清光緒七年。依俄開爲商埠。）尋釋還。復授編修。官至協辦大學士。加太子太保。昀。貫澈儒宗。旁通百家。其學在辨漢宋儒術之是非。析詩文流派之正僞。主持風會。爲世所宗。任四庫全書總纂。較訂整理。每書悉作提要。冠諸簡端。稱大手筆。又詔撰簡明目錄。評隲精審。一生精力。備注於此。休寧戴震。與交最篤。主其家二十餘年。性坦率。好滑稽。有陳亞之稱。嘉慶乙丑二月戊辰卒。年八十二。謚文達。著有詩文集。而閱微草堂筆記一書。俶詭奇譎。（俶。昌六切。屋韻。又他歷切。與倜同。詭音癸。譎音決。屑韻。欺詐也。）無所不備。尤爲膾人口也。

清世宗雍正二年六月十五日午時生（生卒見碑傳集）

清仁宗嘉慶十年二月十四日酉時卒

甲辰	命	一歲 十一	壬申 癸酉
辛未	宮	二一 三一	甲戌 乙亥
丙戌	丁	四一 五一	丙子 丁丑
甲午	卯	六一 七一	戊寅 己卯

三命通會云。（卷八）丙辛合化喜甲辰。富貴榮華有福人。證以紀文達公之造。甲辰年。辛未月。丙戌日。甲午時。誠確鑿不誣也。然珊猶病其略而不詳。茲就管見所及者。再補敍之。丙辛化水。得甲辰納音之火以交濟之。又得辰字爲水之歸宿。非惟文明昭著。尤應淵源有自。然文達之造。日主丙戌。月令辛未。斯時適在大暑節後。黃帝司權。土王用事。化水並不當道。豈得謂爲富貴榮華有福人哉。其所以如是者。丙戌日主屬甲申旬。辛未月令屬甲子旬。再益以生年甲辰。三合水局。團結一致。辰戌遙衝。不成問題。再益以生時甲午。納音屬金。水得金生。故能天降膏雨。地出醴泉。善夫玉井奧訣有曰。一局凶神。要

識隱藏福氣。否則未有不誤認爲化水不眞。妄言土多晦火者。噫。命之理微。此豈涉獵淺嘗者所可知哉。（此爲似假實眞之化水格。）觀其二十四歲大運滋甲。歲值丁卯。鄉試發解。三十一歲大運滋戌。歲值甲戌。會試登進士。改庶吉士。吾益信納音之火。與丙辛化水。最有情致也。三十二歲至八十二歲。忽而主考學政。忽而侍郎尚書。忽而太子少保。此皆乙運化金。亥運天乙。丙運化水。子運會水。丑運會金。戊運化火。寅運會火。卯運貴人。庚運化金。同爲丙辛化水格之喜神。有以致之也。雖經過丁運。化木洩水。己運化土尅水。亦不妨事。蓋格局完成。聲勢赫弈。略見瑕疵。決無妨礙。查文達公一生功績。最顯著者有三。其一爲五十歲大運滋子。歲值癸巳。受命四庫全書總纂。其二爲六十九歲大運滋寅。歲值壬子。畿輔水災。奏請截留官糧萬石。設廠賑饑。全活無算。其三爲八十歲大運滋卯。歲值癸亥。鑒於婦女猝遭强暴。捆縛受汚不屈見戕者。例無旌表。特疏奏陳。謂爲此與抗節被殺。及强姦被殺者。當一體准予旌表。

奉旨報可。其所以能如是者。皆癸巳。壬子。癸亥流年。祿合化水之故。至緣事罣誤。發往烏魯木齊者。乃己丑流年化土尅水。丑未遙衝之故。卽八十二歲歲值乙丑。考終正寢。亦不過太歲月建。互相抵觸耳。

附錄

濟衆新編序

余校錄四庫全書子部。凡分十四家。儒家第一。兵家第二。法家第三。所謂禮樂兵刑。國之大柄也。農家醫家。舊史多退之於末簡。余獨以農家居四。而其五爲醫家。農者民命之所關。醫雖一技。亦民命之所關。故升諸他藝術上也。計自神農黃帝以來。著錄於文淵閣者九十六部。一千八百十有三卷。附存其目者九十四部。六百八十一卷。亦可云浩博矣。顧皆中國之所傳。而外域著作。則不少槪見。其可考者。永樂大典載明初回回醫書近百卷。其論證論脈之文。皆出重譯。通其術者。不習其字。習其字者。不通其術。大抵詰曲晦澀。

不甚可句讀。至所用之藥。皆回回之名。一味有至十餘字者。不知於中國爲何物。又對音不確。不能得其三合四合之法。卽今之回部。亦不能盡解爲何語。故棄置其書。不更編次。自是以外。歐邏巴多習外科。亦頗有效。然但得其藥。而其方則靳不示人。故書亦無傳焉。惟朝鮮本箕子之舊疆。所刊東醫寶鑑。久行於中國。以卷帙較繁。檢尋未易。近復撮其精要之論。簡易之方。爲濟衆新編八卷。使病源如指諸掌。而藥味可隨地以取給。較回回書易知易行。較歐邏巴之祕惜其術。不欲別國得聞者。用心之公私。尤迥乎有別。豈非禮敎之貽。從來者遠。故仁術仁心。獨有先王之遺風與。偶見其書。喜其有濟衆之實心。而又有濟衆之實用。且喜其鄭重民命。冀無夭札。能仰體聖天子。涵育羣生。痌瘝一體之至意。不但恭順抒誠。爲諸外邦所不及也。因爲書數行於簡端。文達集

寄內子（論敎子）

父母同負敎育子女責任。今我寄旅京華。義方之敎。責在爾躬。而婦女心性偏愛者多。殊不知愛之不以其道。反足以害之焉。其道維何。約言之。有四戒四宜。一戒晏起。二戒懶惰。三戒奢華。四戒驕傲。既分四戒。又須規以四宜。一宜勤讀。二宜敬師。三宜愛衆。四宜愼食。以上八則。爲敎子之金科玉律。爾宜銘諸肺腑。時時以之敎誨三子。雖僅十六字。渾括無窮。爾宜細細領會。後輩之成功立業。盡在其中焉。書不一一。容後續告。

寄內子（論立後不擇異姓）

叔丈今年八十有二。伯道無兒。單生一女。嫁後生子而亡。叔丈春秋高。今擬擇嗣。而外孫與猶子。均已名列膠庠。無賢不肖之別。因此選擇莫決。余以爲宜並嗣。爲折衷辦法。夫擇嗣禮尙同姓。並且陰曹只認同姓爲後。若擇立女之子。有嗣與無嗣等耳。余非陰間秀才。何能識得陰曹事。蓋得自傳聞也。同年胡太虛撫軍。自言能視鬼。每見親戚家祭祀。繼子或爲異姓。或係女之子。

或係妻之姪。來享者。皆所生之鬼。所嗣之鬼弗與也。繼子若爲同姓。雖五服以外。來享者皆所嗣之鬼。所生之鬼弗與也。苟配享於側。必待所嗣之鬼先入座。弗敢前也。惟有其表弟于某。螟蛉張氏子。祭祀時。乃張氏之鬼來享。異之。詢諸于氏之老奴。始知于氏前代。曾納張氏懷孕婢爲妾。生後卽于表弟之祖。始得恍然。所言如是。未必盡屬子虛。蓋一本氣相屬。二本氣不連。其義至明。所以敬宗睦族。古訓昭垂。異姓亂宗。法律不許也。叔丈乃明理達道之君子。未必偏重掌珠之遺愛。致貽紊亂血統之譏。惟應嗣乃屬我之內弟。我若以立族之說進。得無疑我阿私妻黨。此中出入較巨。余不願形諸筆墨。倩爾代爲口頭答覆。庶免授人口實。

寄胞姊晰（規勸孝姑）

姊年已四十有七矣。膝下無兒。祗生二女。一嫁一殤。用是居恆鬱鬱。以爲此生永無添丁之兆矣。然而理所必無者。事或竟有。其實亦理之所有也。從來六十生子不爲晚。但求修德以禳天。姊丈。持躬嚴正。待人寬和。堪稱拘謹君子。我姊祇因憂能傷肝。肝不平。則相火易熾。容易動怒。是爲短處。姊年雖長於我。而堂上有阿姑。不能因其目盲而疏於侍奉。嘗聞宛平曹德亭之妻夏氏。事姑純孝。姑年已老。偶因愛孫染疫死。姑媳相對號哭者數十日。姑目因此失明。百計醫治俱無効。有黠者。紿以割股療疾。夏氏信之。於深夜潛至中庭。禱天默佑。卽出利翦割股肉。瞞人投入藥。其姑服後。目竟復明。翌年夏氏。竟得夢熊之兆。夫受紿而割肉。可謂愚矣。惟至愚可以格天。故鬼神佑之。姑目能明。自身得子。此無理而有至理者也。我姊渴望生子。燒香許愿無益焉。惟孝感足以動天心。未識我姊以爲昀之言善否。

稟胞叔儀南（報告漏言獲譴）

姪德不修。學不進。而渥荷天恩。聯捷成庶吉士。得列御史之班。自知日盈必昃。水滿必溢。天將降罰。故使我身處招怨之地。凡道德高於我。學問勝於我者。當之尙難免咎。况姪德薄能鮮。自然更易取戾矣。今果然以漏言獲譴。下刑部獄。此次處分姪固計之熟矣。蓋身爲言官。不言則溺職。言多則必敗。絕無保全之法也。入獄以來。監視甚嚴。日以一董姓軍官來伴守。與之說鬼談狐。差堪解慰寂寥。姪居心坦白。自問無私。漏言乃有激而成。並無私通外藩之事。而朝官如此派員嚴守。能不令人悚然。董軍官亦知我心無他。遂自陳能拆字。有奇驗。請公隨便書一字。以決休咎。姪遂就其姓書一董字請拆。董曰。是千里萬里也。公將遠戍矣。請再書一字。以卜戍地之所。姪又書一名字。董曰上爲夕加一卜字。便成外字。而名字下半爲口。倒裝之便是口外。姪又問將來可得歸乎。董曰字形絕肖召字。定有召還之望。姪又書一口字。請卜遣戍若干年。董曰。口爲四字之外腔。中缺兩筆。成期決不滿四年也。所言如是。未識應驗否。姪恐妻子聞獲譴繫獄。惶急無措。望叔父大人善言開導之。天恩高厚。萬無性命之憂也。言不盡意。容待案定。再行稟聞。

寄從兄旭升（論墓地風水）

墓地風水。由來尚矣。我家蚌珠崖老坟。形勢得之天然。宛若老蚌吐珠。不獨歷來堪輿家。都指爲牛眠善地。卽行人道出其間。亦莫不極口稱譽。猶記弟辛巳乞假祭掃。有富室同堪輿家。在我家墓上相地繪圖。弟思並無族人盜賣。彼何不憚煩若是。訝而問之。富室曰。貴墓風水之佳。莫與倫比。余欲得一相同之地。遍尋不得。今特倩堪輿家繪圖作樣。赴各省尋覓。庶或有得也。其愚誠不可及矣。余家四世皆爲士大夫。皆此墓之力也。所惜左向已有陸氏古墓。據堪輿家言。不利長房。而今先兄果與世長辭。弟之長子汝佶。亦已夭逝。不利長房之言。何應驗乃爾。所以弟擬出重價。或易以五倍之地。與陸氏磋商。將古墓遷移。今得舍弟來函。云被陸伯英阻梗。伯英與吾哥有同學之誼。平日極相契合。特此專函奉託。請向伯英處設法疏通。夫求人遷墓。與剷平他人坟墓。截然不同。並不造孽。請其擇相善地遷葬。一切費用。由余家任之。其古墓價值曾經估計五百金。准於遷葬費外。如數照給。臨穎不勝懇託之至。

訓次兒誥誡勿於舊壁間擅闢窗櫺 櫺音靈

風水之說。雖非君子所尚。然而堂堂翰林院中。尚且諸多避忌。相傳翰林院堂。不啓中門。啓則不利於掌院。癸巳開四庫全書館於翰林院。質郡王臨視。不得已啓中門延之。俄而掌院劉文正公逝。又傳原心亭中之西南隅。有父母之翰林。不可設座。坐則必有刑尅。陸耳山學士素惡風鑑。毅然設座。時未兩月。竟丁外艱。其餘部院。亦各有禁忌。相傳禮部甬道屏門。舊不加搭渡。錢籜石前輩不信。偏設搭渡而行。以免旁繞。旋有天壇登杆之事。帝都部院。尚如此。何況臣下門庭。爾因臥室中黑暗。擬將後牆拆去。改作窗戶。既經風鑑相宅。力言東向不利。不宜改作。爾竟固執大寒無忌。竟置兄嫂之言若罔聞。頑固已極。古語云。暗房亮灶。臥室愈暗愈妙。何竟獨持異議。爾因夏令房中酷熱。以致生子出痘而夭。然而此宅建自爾先高曾祖。在爾臥室中長大者不下十餘人。死生本屬大數。豈能歸咎於房屋耶。畢竟不願居是室。儘可與兄嫂易室相居。勿許擅闢窗戶。毋違特諭。以上家書

輓聯

恩福堂筆記云。紀文達師。輓朱笥和先生一聯云。學術各門庭。與子平生無唱和。交情同骨肉。俾予後死獨傷悲。二公所學具見於此。而語尤眞摯。且非笥河先生。不能當此語。非文達師。亦不敢作斯語也。

又輓劉文正公統勳聯云。岱色蒼茫衆山小。天容慘淡大星沈。句奇語重。非文正公不足以當之。楹聯叢話

畢沅 四六

清。姓畢氏。名沅。字秋帆。自號靈巖山人。生於江蘇鎭洋縣西關賣秧橋之榮慶堂邸第。（鎭洋縣。本太倉州地。清析置鎭洋縣。民國改太倉爲縣。廢鎭洋入焉。）乾隆庚辰進士。（年三十一）春三月。禮部會試。中式第二名進士。夏五月對策太和殿。上覽經學屯田二篇。嘉獎再三。拔置一甲一名。官至尙書。沅歷官內外。舉能稱職。川陝用兵時。籌辦軍餉。尤不遺餘力。嘉慶丁巳七月庚午卒。年六十八。贈太子太保。沅好著書。鉛槧不去手。（槧。才敢切。感韻。削木爲牘。以書文字者。）謂經義當宗漢儒。故有傳經表之作。謂文字當宗許氏。故有經典辨正。及音同義異辨之作。謂編年之史。莫善於陳風。續之者有薛王徐三家。徐雖優於薛王。而所謂書籍猶未備。且不無詳南略北之病。乃博稽羣書。考證正史。手自裁定。始宋迄元。爲續通鑑二百六十卷。謂金石可證經史。宦迹所至。搜羅極博。有關中中州山左金石諸記。其他著述。有山海經。晉書地理志校注。西安省志。靈霞山人詩文集。

清世宗雍正八年八月十八日未時生（生卒見年譜）

清仁宗嘉慶二年七月初三日丑時卒

庚戌	命	三歲 十三	丙戌 丁亥
乙酉	宮	二三 三三	戊子 己丑
甲寅	戌	四三 五三	庚寅 辛卯
辛未	子	六三 七三	壬辰 癸巳

秋帆宮保之造。甲乙并排。庚辛交拱。二金二木。不啻連珠。形勢固可觀矣。戌酉各具藏金。寅未各具藏木。以二金而制二木。數量亦相等矣。然誕生於秋分節後。金爲進化。木爲退化。再益以戌寅未三枝藏火。疊疊盜洩。木豈能堪。假使無水洩金。無水濟火。究不免有金剛木落。火炎木亢之弊。豈能喬木參天。蔚爲良材耶。恰好生月乙酉。納音爲井泉之水。生日甲寅。納音爲大溪之

水。命宮之子。又藏癸水。得此三水洩金。三水濟火。直是旱逢甘雨。有不萬物資生者乎。而況日坐詞館。時值貴人。與甲木日元。氣求聲應。尤有特殊之效能。指迷賦云。貴科有助兮爲館閣之儒。通會云。天幹連珠。朝廷擢用。此豈偶然者哉。此名天幹連珠格。又曰木得水生。十九歲丁運末。歲值戊辰。素菴公謝世。四十歲丑運己丑。汪夫人仙遊。五十歲寅運己亥。張太夫人又復棄養。五十二歲寅運辛丑。長子念曾亦卒。此無他。皆火來灼水。土來尅水。金來尅木之爲害也。觀其二十四歲行亥運末。癸酉。順天鄉試中式舉人。三十一歲子運庚辰。禮部會試。中式進士。五月殿試。又拔置一甲一名。授翰林院修撰。具見水能洩金。水能濟火。水能生木。爲甲木日元之正式用神也。自此而後。內而詹事侍講。外而臬藩督撫。大率丑寅卯壬。水木最佳之運。庚辛金次之。至於六十八歲。竟捐館舍者。此非壬運之咎。乃歲值丁巳。幹枝屬火之爲害也。

附錄

春仲東行安會道中感時述事。寄蘭州當事諸公。

賣兒償一飯。鬻婦索千錢。長別寧堪此。生存亦偶然。吞聲知淚盡。分手倘衣牽。決絕眞無計。斯須立道邊。江蘇詩徵

陝省農田水利畜牧疏乾隆四十七年

竊臣接准部咨。欽奉上諭。以原任刑部侍郎任克溥。前後條陳各事宜。皆關係士習民風。官方吏治。現在有無似此。未經釐頓者。著大學士九卿科道。及各督撫。直攄所見。據實奏聞。欽此。臣跪讀之下。仰見我皇上整飭官方。勤求民隱。睿慮旁周。竊惟國家大計。不過民生吏治二端。而建官之本意。則以勤民爲主。勤民之要。終以足食爲先。百餘年來。生齒日繁。而天地生財。只有此數。是以民間逐末日事營求。不過此絀彼嬴。生計所資。終未優裕。臣蠡覽載籍。竊見民生衣食之源。大率農民爲要。畜牧次之。因土之宜。而盡民之力。以收自然之利。其在西北等省施之。尤當而易行。卽如陝西。古稱四塞雄封。地

大物博。唐虞以來。厥田稱上。迨及成周。尤以稼穡爲重。豳風無逸所陳。至今猶可想見其遺意。惟司牧者以其事無近功。不復爲之措意。以至小民失業者多。往往流爲惰窳。臣載撫關中。先後十有餘年。郡邑巡行所至。竊見漢中興安商州各府州屬。延亙南山。水土饒益。邇年楚蜀隴豫。無籍窮黎。扶老攜幼。前來開墾者甚衆。但彊里綿邈。高原下隰。開曠尚多。近者山南一帶。添設府廳佐貳等官。以資控制。將來擬卽令其詳加相度。廣勸耕屯。以無業之民。而闢可耕之土。若成熟後。按夫計畝。全活自多。卽如乾隆四十三四等年。兩湖偶被災祲。小民流徙絡繹前來。臣彼時閱兵漢南。目擊情形。督率有司。妥爲安插。分令就地開荒。男婦不下十餘萬人。俱得安然樂業。遂成土著。此地利之宜開墾者一也。至西安同州鳳翔三府。邠乾二州。沃野千里。實爲陸海奧區。臣近加體察。民間耕讀相半。素鮮蓋藏。殷實之戶。十不得一。緣其平時所恃。不過農田。而秦中地厚水深。山澤之氣不通。每有恆暘之咎。夫黃河爲數省患。惟寧夏一府。引水灌田。五邑並蒙其利。涇陽龍洞一渠。爲關內膏腴之最。秦漢至今。民沾渥澤。前因年久淤塞。灌田僅一萬餘畝。臣因奏請重加疏濬。今已灌田十萬有餘。可知民間利病。果能悉心經理。未有不收其美利者。伏思關右大川。如涇渭灞滻。灃滈潦潏。河洛漆沮汧汭等水。（沮音苴魚韻・汧音牽先韻・汭音芮霽韻）流長源遠。若能就近疏引。築堰開渠。到處可行水利。無如司事者意計所在。既不與民瘼相關。小民心知其利。又復道謀築室。不潰于成。卽向來本有渠道地方。亦多廢而不舉。以致泥滓淤積。水流旁溢。大者逼窄。小者斷流。是以偶値暵乾。便成荒歉。臣現擬督率司道。飭查各屬。將境內形勢。高下川原。細加量度。何處可以開渠幾條。其渠可以灌田幾畝。其舊時所以渠堰向日灌田若干。現在灌田若干。一一據實具報。倘有不敷挹注者。當卽爲之籌酌。或勸民自爲疏濬。或酌借公項。代爲辦理。則以時蓄洩。自無水旱之虞。而瘠土變爲良田。三農自獲倍收之利。況三秦爲中土上游。大川半在其地。

若分爲溝洫。蓄作陂池。則入黃之水。其勢並可少殺。于事理不無裨益。此水利之宜疏者二也。他如省北延安榆林二府。以綏德鄜州地多砂礫。每以邊境高寒。雨澤少愆。西城卽憂歉薄。臣竊見古來雲中北地五原上郡諸處。畜牧爲天下饒。至以谷量牛馬。卽唐時開元年間。隴右牧政考成。不過數年。馬至四十三萬。牛至五萬。羊至二十八萬。玆者地土依然。水草猶在。倘能徑畫得宜。安知今不如古。臣於七尸間巡防所至。見沿邊水草。尙爲豐茂。若飭令各屬有司。詢問鄉堡。每邑計其成數情形。畜牧者約有若干人。駝馬牛羊。約需若干匹。由府彙報到司。酌籌閒款購買。分給民間。令其試養。並雇覓善於長養之人。教民喂飼。每屬酌派佐雜等官。查核經理。候次年孳生後。除交還官項外。餘卽賞給本人。以爲資本。嗣是孳生羊羣十取其一。馬駝牛十五取其一。其餘除資本外。聽民自爲販賣。則邊民生計。可望漸臻饒裕。其腹地沿山傍水。如終南太白汧渭沙苑之間。係歷代畜牧之場。亦可徐徐籌辦。倘數年後果有成效。將來新羌各路。屯兵民戶。俱可做而行之。令其耕作與畜牧相兼。緣耕作所入。只敷本戶供支。畜牧工本無多。而休養蕃息。日見充盈。則民力漸裕。兵力愈强。實邊士無窮之利。此畜牧之宜講求者三也。至州縣爲親民之官。所關最要。得其人。則一邑之民享其利。不得其人。則一邑之民受其害。如病在貪酷。則日事誅求。而良善難安生業。病在因循。則聽從胥吏。而閭里鮮得安居。其中稍有才具者。又復以酬應爲能。不以地方爲事。此等病民之官。又當隨時釐剔。大示懲創。再一州一縣。大者不過數百里而遙。近有在任數年。而四鄉未嘗一至者。所謂司牧者謂何。臣現擬飭屬嗣後於本境四鄉。或一歲之內。或一季之內。務須輕車減從。周遍歷行。按查保甲。稽查游惰。如有利病所關。應行應革事宜。具稟上官。以便隨時查辦。至春秋祈報。宣講聖諭。朔望行香。雖係事屬儀文。然小民日事觀瞻。自有隱相維係之故。故下情易於上達。而匪僻難以潛滋。編氓目見耳聞。共知法紀所在。未始不可化莠爲良。地方郡吏。皆當實力奉行。不得以爲無關考成。視爲具文。以上各件。若就目前而論。雖無小效近功。然月計不足。歲計有餘。行之旣久。則戶慶盈寧。人歌樂利。官方士習。未有不蒸蒸日上者。至大吏爲閤屬視效所關。自當以聖主愛民之心爲心。以足民之事爲事。損上益下。潔己奉公。董率監司牧守。講求實政。化導士民。俾衣食足而知禮義。此臣等守土之責。尤所當隨事隨時。共相勗勵者也。經世文編

羣雅集云。制府長厚好學。召致名士。考訂經史。下及金石碑版。糾訛正謬。付之梓氏。厥功典籍不小。而禮遇賢俊。悉本眞誠。故爲當時人望所宗。幾有斗南一人之目。程魚門客幕府病甚。制府同洪稚存輩。晨夕視湯藥。閱月不少衰。及卒。素衣哭泣。設主受唁。得賻以遺其孤。眞古賢高義有足風者。或謂寄情文史。督學職內事耳。恐非封疆大吏所宜然也。

盟鷗溆筆談云。尚書制作鴻才。不在曹王下。予尤愛其發家書句云。筆到下

時言易盡。封當緘後事仍多。情至語也。可與任侍御無言便是別時淚。小坐强于去後言。同一不朽。以上江蘇詩徵

自輓聯

畢秋帆自營生壙於鄧尉山。並自作輓聯云。讀書經世卽眞儒。遑問他一席名山。千秋竹簡。學佛成仙皆幻相。終輸我五湖明月。萬樹梅花。楹聯叢話

汪輝祖 四七

清。姓汪氏。名輝祖。字煥曾。號龍莊。晚號歸廬。生於浙江蕭山縣大義村老家。乾隆乙未年四十六。登進士第。授湖南甯遠縣。治事廉平。尤善色聽。剖條發蘊。不爽錙銖。律之所窮。通以經術。所決獄詞皆曲當。有神明之頌。敎民廣種植。興禮讓。惜廉恥。節婚喪。風俗爲之大變。及罷官歸。老幼泣擁輿前。不得行。嘉慶丁卯三月丙寅卒。年七十八。有元史本證。讀史掌錄。史姓韻編。九史同姓名略。二十四史同姓名錄。二十四史希姓錄。遼金元三史同名錄。佐治藥言。學治臆說。病榻夢痕錄。龍莊四六稿等書。

清世宗雍正八年十二月十四日寅時生（生卒見年譜）

清仁宗嘉慶十二年三月廿四日未時卒

庚戌	命	五歲	庚寅
		十五	辛卯
己丑	宮	二五	壬辰
		三五	癸巳

戊申　己　四五甲午　五五乙未
甲寅　丑　六五丙申　七五丁酉

指迷賦云。三奇遇貴。當推順逆之詳。天乙最吉。須分晝夜之主。此二語。必須玩味。否則似是而非。有不毫釐千里者乎。龍莊先生之造。庚戌。己丑。戊申。甲寅。時幹甲。日幹戊。年幹庚。名雖天上三奇。實則次序逆布。且間一己字。其力尤差。命宮己丑。乃戊日之晝貴。若誕生於卯辰巳午未申之時。始可適用。今時逢寅位。只可用夜貴之未。而晝貴之丑。並不當令。故效力尤減少也。昧者不察。或謂格成三奇。宮逢己丑。幾與關帝之造大同。殊不知關帝造。三奇順布。毫無間隔。四柱純陽。不雜一陰。且戊日申時。命宮己丑。又爲陽貴居垣。純駁固異。順逆亦殊。豈得謂爲大同耶。總之。龍莊先生之造。戊土日元。誕生大寒節後。土力充足。喜木疏通。今甲透時幹。固己才堪大用。況復三奇遇貴。有不蓄道德。能文章者乎。若僅以科第論之。州縣論之。則失之遠矣。十七歲辛運丙寅。小限癸酉。入縣學。三十九歲癸運戊子。小限辛亥。鄉試中式。四十六歲甲運乙未。小限甲辰。會試中式。五十七歲乙運丙午。小限癸巳。籤掣寧遠知縣。長子繼坊。鄉試中式七十五歲申運甲子。四子繼培。鄉試中式。七十六歲丁運乙丑。小限甲戌。四子繼培。會試又中式。凡此種種。其運歲限三者。大都逢木。與用神甲木氣求聲應也。十二歲寅運辛酉。小限戊寅。比衝日主。父楷考終。三十三歲辰運壬午。小限丁巳。三刑俱會。生母徐太夫人棄養。四十一歲巳運庚寅。又值三刑。小限己酉。王太夫人逝世。四十六歲甲運乙未。小限甲辰。會辰戌丑未。憂喜同途。王太夫人又復仙遊。六十二歲未運。重見三刑。辛亥。會木。小限戊子。被劾去官。凡此種種。其運歲限三者。或見火土。或犯衝刑。故萬分拂逆也。七十八歲丁運丁卯。比衝大運。小限壬申。遙衝生時。是以穀然歸去。然亦富貴壽考。兼而有之矣。

附錄

通論居官

官聲賢否。去官方定。而實基於到官之初。蓋新官初到。內而家人長隨。外而吏役訟師。莫不隨機嘗試。事事投其性之所近。陰竊其柄。後雖悔悟。已受牽持。官聲大玷。不能箝民之口矣。故蒞任時必須振刷精神。勤力檢飭。不可予人口實之端。（官聲在初蒞任時）

實授之官。吏民皆知敬畏。浹之以德。感而化焉。俗雖敝可以循循誘也。署印官。地方格格不入。風土馴良。猶可循分爲之。若刁悍疲弊之俗。萬難措手。養癰貽患。既心有不安。稍欲整頓。則羣詫爲怪事。吏役既呼應不靈。士民亦恩威難洽。緩之則驕恣益甚。急之則謗讟繁興。（讟音獨。誹謗也。）上不負公下能善俗。其何道之從。人地相宜。唯用人者權之耳。（署任與實任不同。）

疑人則信任不專。人不爲用。疑事則優柔寡斷。事不可成。二者皆因中無定識之故。識不定則浮議得以搖之。凡可行可止。必先權於一心。分應爲者。咎

有不避。分不應爲者。功亦不居。自然不致畏首畏尾。是謂膽生於識。多疑必敗

有才有識。可善治矣。然才貴練達。識貴明通。彼此殊尙。今昔異勢。故須相時因地。籌其所宜。若自恃才識有餘。獨行其是。終亦不能爲治。譬之醫師用藥。不知切脈加減。而專襲成方。則蔓著殺人。未始不與砒信同禍。宜因時地爲治

今人才識每每不若前人。前人所定章程。總非率爾。不能深求其故。任意更張。則計畫未周。必致隱貽後累。故舊制不可輕改。舊制不可輕改

同城文武。休戚均之。捕盜緝私。事皆一體。小分畛域。動多窒礙。原厥所始。半由兵役不睦。偏護成嫌。道在約飭衙役。和輯兵丁。如兵丁多事。則傳喚至署。剴切勸諭。且勿知會營官。全其顏面。既免革糧。又不被責。一丁感而衆丁漸化。營官性情。爽直居多。遇有事故。推誠相白。時時以禮貌接之。斷無芥蒂之理。至武職養廉之外。別無贏羨。總比文官拮据。少有通融。量力應付。自然情投意洽。休戚相關矣。和營伍

州縣之屬無幾。才略自易周知。此中非無端崎人士。然朝夕相見情性易爲窺測。甚有內與閽人相狎。外與訟師相聯。揣摩恐嚇。無弊不爲者。概以坦白相待。多爲所賣。操之稍急。輒云難乎爲下。嚴恕得宜。嗚呼難言哉。待寮屬

私罪必不可有。公過不可盡避。一部吏部處分則例。自罰俸以至革職。各有專條。故語云。州縣官。如琉璃屏。觸手便碎。然如失察。如遲延。此等公罪。雖奉職無狀。大率猶可起用。若以計避之。則事出有心。身敗名裂矣。故遇有公罪案件。斷斷不宜迴護。余歸幕平湖。先後佐兩劉君。遇盜案皆力贊詳辦。不敢諱抑。後犯皆弋獲。主人亦未被議。是無論例應爾也。兩害相形。則取其輕。盜案四參限滿。止於降調。往往仰荷恩原。猶得棄瑕錄用。諱盜褫革。則一蹶不起。命案亦然。善乎劉冰齋之言曰。吾自朝至暮。何時不擔處分。何事不可去官。顧必避盜案之降調耶。有味乎其言之也。公過不可避

事無鉅細。權操在手。則人爲我用。若胸無成見。聽人主張。將用親而親官。用

友而友官。用長隨吏役。而長隨吏役。無一非官。人人有權。卽人人做官。勢必尾大不掉。官如傀儡。稍加約束。人轉難堪。甚有挾其短長者矣。國人知有穰侯華陽。而不知有王。速敗之道也。故曰官須自做。（官須自做）

事來輒理。卽非曠官。每有恃才之吏。假私人爲耳目。風聞訪事。幸而偶中。自詡神明。流弊所至。必有因風吹火。李代桃僵者。夫民間多事。全賴官爲檢省。官先喜事。則好事之徒。安得不聞風而起。小則累人。大則自累。知政體者不宜爲此察察也。（勿用私人）

事雖甚繁。先要澄心定氣。分別緩急輕重。次第應付。方能有條不紊。如事到著忙。必致忙中多誤。名爲諸事皆辦。實且一事無成。環伺者窺其底蘊。因緣爲弊。亦萬萬無暇檢察矣。（事至勿忙）

天下未有不畏官者。官示以不足畏。則民玩。至官畏民。而獷悍之民。遂無忌憚矣。抗官鬨堂犯者民。而使之敢犯者官也。事起倉猝。定之以幹。尤貴定之以靜。在堂勿退堂。在座勿避座。莊以臨之。誠以諭之。望者起敬。聞者生感。獷悍者無敢肆也。張皇則釀事矣。臨民者不必猝遇其事。而不可不豫其理。所以豫之者。全在平日有親民之功。民能相信。則雖官有小過。及事遭難處。亦斷斷不致有與官爲難者。遇倉猝事勿張皇

一人之身。侍於旁者。候於下者。奔走於外者。不啻數十百人。莫不窺伺辭意。乘間舞弊。不特聲色貨利。無一可染。卽讀書賦詩。臨池作畫。皆爲召弊之緣。每乘其興到時。輒試以公事。稍有不耐煩之色。卽弊所從赴也。人非聖賢。誰無嗜好。須力自禁持。能寓意於物。而不凝滯於物。斯爲得之。嗜好宜戒

豪士文人。類多善飲。必止酒而後可爲治。勢所難行。然不爲之節。最易誤事。卽於事無誤。而被讒者必曰適逢使酒。卽官聲之玷矣。余佐幕時。主人多善飲者。皆與之約。非二吏扃宅門後。不得舉杯。故不必有止酒之苦。而未嘗居耽飲之名。耽。都含切。覃韻樂也。○飲酒宜節

經言其理。史記其事。儒生之學。先在窮經。既入官則以制事爲重。凡意計不到之處。剖大疑決大獄。史無不備。不必刻舟求劍。自可觸類引伸。公事稍暇。當涉獵諸史。以廣識議。愼勿謂一官一邑。不足見眞實學問也。暇宜讀史

聽訟不協情理。雖兩造曲遵。畢竟是孼。斷事茫無把握。以覆訊收場。安得不怠。原其故則事不諳律例所致。且官之讀律。與幕不同。幕須全部熟貫。官則庶務紛乘。勢有不暇。凡律例之不關聽訟者。原可任之幕友。若田宅婚姻錢債賊盜人命鬭毆訴訟詐僞犯姦雜犯斷獄諸條。非了然於心。則兩造對簿。猝難質諸幕友者。勢必游疑莫決。爲訟師之所窺測。惟熟之平日則因事傳例。訟端百變。不難立時折斷。使訟師懾服。誑狀自少。卽獲訟簡刑清之益。每遇公餘。留心一二條。不過數月。可得其要。憚而不爲。是爲安於怠。甘於作孼矣。律例不可不讀

朝廷廟祀之神。無一不當敬禮。而城隍神尤爲本境之主。余緜就幕館。次日

必齋戒詣廟焚香。將不能不治刑民及恐有寃抑之故。一一攄誠默禱。所館之處。類皆甯謐。館仁和則錢塘多獄。館錢塘則仁和多獄。其後館烏程歸安亦然。當事戲號余爲福幕。自維庸人庸福。荷主人隆禮厚糈。所以蒙神佑者大矣。竊祿甯遠亦以素心誓之於神。凡四年。祈禱必應。審理命案。多叨神庇。然當敬者不獨城隍神也。凡地方土神爲闔境尊信者。其先必有功德於民。始能血食勿替。或以非祀典所載。不爲之禮。此尤不可。蓋庸人婦穉。多不畏官法。而畏神誅。且畏土神。甚於畏廟祀之神。神不自靈。靈於事神者之心。即其畏神之一念。官爲擴而充之。俾知遷善改過。詎非神道設教之意乎。敬神以信民○以上學治臆說

病榻夢痕錄節

自憶平生。秉性戇直。不能謹言。雖幸親知曲諒。未干大戾。而事後之悔。紛不可追。惟敬鬼神三字。服膺勿失。向幕游時。每到館次日。齋戒詣城隍廟。訴不

得不幕之故。默誓神前。念稍苟且。神奪其魄。是以兢兢自懔。凡不可入廟之事。俱不敢爲。後吏寧遠亦然。水旱祈禱。無不立應。疑獄二事。靈祐昭然。此余治心之實學也。自讀姚端恪公常覺胸中生意滿。須知世上苦人多之句。偶生怨尤。立時悔悟。佐幕時自撰苦心未必天終負。辣手須防人不堪一聯。書以自警。尤舉念可質鬼神。病廢十一年。猶得徼天之幸。及見子孫輩讀書成立。未必不由於此。吾子孫善承之而已。二三月來。痰多氣滯。精神愈憊。不願開口。不願見人。並不願聞家事。命繼坊重繕曾祖以來祭規。俟吾夫婦百年後。城居三房輪值。墉埒二房。鄉居不便。酌付祭產數畝。令其自祭。因念余身後百事預備。口定終制。撒手卽可治斂。附身附棺。誠敬如禮。斷斷不可用僧道鼓樂樹燈等項。余四世單傳。房族無應服之人。距鄉路遠。不須分帛。自至親密友以外。不必徧訃。七日原可發引。或有月日避忌。亦當選擇。但不可久遠停住中堂。致使魂魄不安。吾墓遠在山陰。會葬以勞親友。宜敬辭之。萬不可已者。及門而止。俗例至親有祖道之祭。此最無謂。當以遺命毋受。吾生無益於世。然守先人之訓。以節儉自持。兒輩治喪。宜體此意。惟饋奠依禮用牲。此外素饍最宜。不必行酒。無得豐侈肴饌。烹宰暴殄。陷吾於不節不儉。可以此語。揭於柩前。親友食於有喪之側。諒不以口腹責人也。

自輓二則

賸有餘慚名過實。差無遺憾死如歸。

讀聖賢書。曰懷刑。曰守身。歷種種風波。此日髮膚還父母。
爲衣食計。也求田。也問舍。成區區基業。他年顏面在兒孫。

羅聘四八

清姓羅氏名聘字遯夫號兩峯別號花之寺僧世居歙之呈坎村其二十一世祖乾宗公始遷於江蘇江都江都縣名戰國時楚廣陵邑漢置縣三國時廢晉復置故城在今江蘇省江都縣西南四十六里唐城圯於江徙今所清與甘泉縣並爲揚州府治民國廢甘泉入江都縣地當長江北岸四十里運河西岸考愚溪公應雍正辛卯武鄉試中舉人有子五人先生行四爲金農弟子畫入高格王昶稱其畫羅漢足與陳洪綬崔丹頡頏尤喜畫鬼有鬼趣圖爲時所重嘉慶己未七月己未卒年六十四著有香葉草堂詩一卷超然物外吳錫麒序而傳之妻號白蓮亦能詩

清世宗雍正十一年正月初七日子時生生卒見碑傳補

清仁宗嘉慶四年七月初三日子時卒

癸丑	命	六歲	癸丑
		十六	壬子
甲寅	宮	二六	辛亥
		三六	庚戌

己丑　甲　四六己酉　五六戊申
甲子　寅　六六丁未　七六丙午

兩峯先生之造。日幹之己。與時幹甲合。同化爲土。日枝之丑。與時枝子合。亦同化爲土。通會謂爲幹合又得枝合。互見兩旬者。名曰夫婦聚會。就格局言之。似與光武帝造相同。其實有大別者在。蓋光武帝造日爲甲子。乃是進神。月爲己丑。乃是貴人。且生近大寒。土爲進化。兩峯造日爲己丑。適値大敗。時爲甲子。又値孤虛。且生逾雨水。土爲退化。光武造一甲一己。陰陽和協。兩峯造。一己二甲。陰陽交爭。所以一爲人君。一爲名士。迥乎不同也。差幸月枝之寅藏戊。遙合年幹之癸。可以化火。年枝之丑藏己。遙合月幹之甲。可以化土。雖曰另起爐竈。究與己甲化土之正格。不無裨益。卽命宮甲寅。名雖分庭抗禮。亦未嘗不可收氣求聲應之效。惟視用之者何如耳。此爲己甲化土格·又爲夫婦聚會格·惜値大敗孤虛·

有此種種優異。雖幼遭孤露。長仍博聞。既通畫學十三科。復讀奇書五千卷。故能譽滿寰區。名登清史。此豈偶然者哉。至於壽享六旬有七。適行丁運。歲值己未。吾益信化土忌丁。比衝太歲。爲可怕也。

附錄

吳錫麒撰羅兩峯先生墓志銘有云。君生平游跡所經。如越。如楚。如齊。如豫。如燕趙。山郵往復。波路參差。片席移雲。孤燈召夢。發余懷之鬱勃。觸古事之蒼涼。不食者武昌之魚。可語者韓陵之石。數聲名於洛下。爭唱檀來。邀禮遇於燕臺。請從隗始。嘗三遊都下。一時王公卿尹。西園下士。東閣延賓。王符在門。倒屣恐晚。孟公驚坐。覿面可知。所主者如英竹井相國。翁覃溪。周載軒。余秋室諸前輩。並皆名賢碩德。送抱推襟。余亦得侍清談。時邀光接。見其三升酒盡。十丈縑橫。山水方滋。雲煙相亂。或奚童易飽於一炙。或外國購價以千金。酣嬉淋漓。無所遴惜也。然而一生道長。半世饑驅。人海浮沈。堂蓑偃蹇。碧草綠波之賦。黃蘆苦竹之吟。溽雨歇而元蟬鳴。繁霜飛而涼雁叫。青苔及榻。

鐺塵染衣。腰減帶長。髮疎簪重。死喪之戚。過向子期之生平。羈旅之年。己王仲宣之踰紀。客何爲哉。能不傷乎。比年以來。思歸綦切。而質衣欲盡。債帖難償。未之能行也。會兩淮曾賓谷都轉。與君舊交。寄以資斧。俾其子迎還。得休倦鳥之飛。幸遂首禾之願。余亦主講安定學院。閒裁尺牘。用寫惜勤。每顧索郎。思同旅語。方謂青氈道故。白首如新。豈知老洫波難。斜光暝易。會無一載。別卽千秋。能不悲哉。君夙耽禪理。悉究竺墳。一喝醒人。勝打頭之棒。十年喫飯。愛折脚之鐺。嘗夢入一招提。榜曰花之寺。髣髴前生卽其主僧。後遂號花之寺僧。鐫印識之。在京師余嘗訪之琉璃廠。觀音閣下。向鐙王而借席。與彌勒而同龕。布薩森嚴。羼提無悶。巾瓶淨契。花水澄觀。雖僧迦湛志於苦空。釋子希心於止觀。弗之過已。所著香雪草堂詩一卷。余喜其天懷刻露。神詣幽微。既爲序而傳之。外又有正信錄諸書。多識前言。時呈新藻。類皆怪奇偉麗。鑑耀人間。所惜緝柳雖勤。編蒲未竟。莫能寫定也。碑傳集補

鎮江　袁樹珊著

洪亮吉 四九

清。姓洪氏。字君直。一字稚存。號北江。江蘇陽湖縣左廂花橋里人。陽湖縣本武進縣地。清析置陽湖縣。以縣有陽湖名。與武進並爲常州府治。民國廢入武進。縣人在清時。多以古文名。世稱陽湖派。乾隆辛未年六歲父喪。恆資館穀養母。己丑年二十四補陽湖縣學附生。丙申年三十一母喪。以客遊。不及視含殮。故遇忌日輒不食。庚子年三十五賣文得四百金。應順天鄉試。中式舉人。庚戌年四十五三月。應禮部試。四月初九日。榜發獲雋。殿試一甲第二名。授翰林院編修。充國史館纂修官。壬子。年四十七充順天鄉試同考官。又奉視學貴州之命。嘉慶元年丙辰。年五十一回京供職。在上書房行走。己未年五十四九月二十四日。亮吉目擊時艱。晨夕過慮。章奏時政數千言。上書成親王。及座師吏部尙書朱珪等。冀其轉達聖聽。旋有旨落職。交刑部嚴審。具奏擬以大不敬罪。斬立決。次日奉旨免死。發往伊犂。交將軍保寧管束。庚申四月二十七日。在伊犂。欽奉諭旨。釋放回籍。九月初七日抵里。親故話舊。幾如隔世。因自號更生居士。亮吉於書無所不窺。尤精輿地學。詩文有奇氣。少與黃景仁齊名江左。號洪黃。景仁客死汾州。千里奔其喪。世有巨卿之目。其後沈研經史。與孫星衍論學相長。人又稱孫洪。己巳五月辛未卒。年六十四。所著書凡二百六十餘卷。經傳訓詁地理沿革。尤為顓門云。

清高宗乾隆十一年丙寅九月初三日子時生生卒見年譜

清仁宗嘉慶十四年己巳五月十二日未時卒

丙寅	命	七歲 十七	己亥 庚子
戊戌	宮	二七 三七	辛丑 壬寅
丙申	乙	四七 五七	癸卯 甲辰
戊子	未	六七 七七	乙巳 丙午

洪北江先生年譜。載明生於常州中和橋興隆里賃宅中宅後有積水池。先生生於池南西舍。珊讀此。不禁感於人之姓名。及產生地點。與命運休咎均有密切關係也。謹按北江先生之造。丙寅。戊戌。丙申。戊子。日元之丙屬火。古人以太陽喻之。言其具有鼓盪萬物之功也。然若無雨水潤澤於其間。旱魃爲災。赤地千里。何足取哉。今觀八字。年幹明透丙火。年枝寅藏丙火。月枝戌。命宮未。又各藏丁火。合計之。火有五矣。雖日枝之申中藏壬水。時枝之子中藏癸水。然以二水而濟五火。得毋有日光太强。雨量不足之弊乎。恰好洪其姓。北江其名。而又產生於積水池南之西舍。西北二字。同屬金水。而洪江池三字。又俱屬水。得此爲本命中子藏水之臂助。無異旱逢甘雨。遠勝望梅止渴多矣。而況兩丙兩戊。並列天幹。形勢整齊。不同雜亂。再益以學堂文昌。各自聯合。天德月德。左右齊輝。（兩幹不雜。諸吉並臨。）自應文章華國。道德潤身。豈止餅賜紅綾。班聯玉筍已哉。六歲未行大運。辛未。小限己丑。午峯公棄養。三十一歲辛運丙申。蔣太宜人作古。此無他。一爲未丑戌三刑。一爲寅申六衝故也。二十四歲子運己丑。補陽湖縣學附生。三十五歲丑運庚子。應順天鄉試。中式舉人。四十六歲寅運辛亥。應禮部試。榜發獲雋。殿試一甲第二名。授翰林院編修。充國史館纂修官。四十七歲仍行寅運壬子。充順天鄉試同考官。又奉視學貴州之命。凡此種種。皆運歲水金。裨益用神。有以致之。再證以癸運榮任學使。供職朝堂。尤覺水之功效大矣哉。及至五十四歲卯運己未。章奏時政。竟致落職。交刑部嚴審。具奏擬以大不敬罪。斬立決。旋奉旨免死。發往伊犂。交將軍保甯管束。五十五歲仍行卯運庚申。公在伊犂。欽奉諭旨。釋放回籍。具見逢土則危。逢水則安。太歲之權威。不亦大乎。六十四歲辰運空亡。歲值己巳。火土復會三刑。是以謝世。

附錄

宋謝文節公橋亭卜卦硯歌并敍

研欵材。修九寸七分。廣五寸六分。厚九分。額篆橋亭卜卦研五字。面左右草書云。此吾石友也。不食而堅。語有之。人心如石。不如石堅。誰似當年采薇不食。守義賢也。轉背右題程文海銘。又右題。大明永樂丙申七月。洪水去。橋亭易爲先生祠。搰地得之。搰音骨。从曰不从日。牽物動轉也。與掘同。閩後學趙元。硯中正書題宋謝侍郎研五字。舊藏天津城西海潮菴。雍正初。周上舍月東焯。以米易得之。今湖南巡撫查公禮。最所心賞。歲丁卯。月東搆疾時。巡撫公官廣西太平府知府。月東臨沒。語其子持書抱研。行萬里。至太平。以贈。嗣後公官於四川十年。會皇師平金川。公涖其事。常與硯偕。歲壬寅。公有湖南巡撫之命。自四川入覲。予得謁公於陝西巡撫畢公之座。因屬爲歌。以紀其事云。

卜卦研。隨忠臣。六十四卦反覆陳。早識宋運終庚申。橋亭邊。卜卦所。一片趙家乾淨土。有時米盡卜亦閒。讀易無聲飲泉苦。集賢銘後處士銘。六十八字兼元明。橋亭東西流水清。此硯欲出鏗然驚。建陽城。研易米。得錢卽揮得米喜。海潮菴。米易研。瞻研如瞻昔賢面。誰云石一方。重乃抵璞玉。故人欲之心已諾。研得所歸方瞑目。嗚呼。研兮前身不從謝信州。後亦不殉程趙周。物經百刼復得主。光彩早歷天西頭。臣忠友信兼生死。抱研來還知孝子。攜經萬里越百川。研兮得完人足穿。君不見研今隨公不離側。軍中十年尤著績。飛符四調糧草檄。屢殺賊。三爻六爻有時卜。一詠一吟隨所適。平生亦聞周月東。今不見研先交公。研修九寸一寸厚。聊成一卦卜研壽。書繇辭。作研贊。海水枯。石不爛。

題袁安臥雪圖

屋頭無炊烟。門外一丈雪。此時屋中人。已恐不能活。永平及永元。三世弱天子。此時屋中人。如何遽能死。閉門一臥歷一時。門外雪深殊不知。洛陽縣令來何巧。從事汝南鐵欲倒。門外雪花飛入竈。從茲舉足一出門。衣被四海皆陽春。眼前高臥匪無意。預想俗敝當還醇。君不見丈夫一世歸懷抱。有事日多無事少。卽論無事亦須眠。那得閒心訪安道。

朱孝女奉親圖

孝女婺源人。誓志不嫁。以養父母。父亡。事母幾二十年。及母沒。孝女年已五十、依兄弟以居。繪父母象。懸室中。朝夕事之如生。其兄某。爲作奉親圖。索詩云爾。

二十事父母。三十依偏親。四十作藐孤。哀哀逮晨昏。父亡事母母亦亡。高齋却掃爲影堂。影堂西偏兒所住。生死不離親一步。行年五十不下堂。父母以外無尊章。畫師敬復瞻顏色。髮白未笄何可得。椿兮萱兮合作圖。旁有几榻兼詩書。君不見孝可生。孝可死。由周秦。逮今此。伊誰作配光靑史。北宮之女嬰兒子。以上北江集

黃景仁五十

清。姓黃氏。名景仁。字漢鏞。一字仲則。自號鹿菲子。江蘇武進縣人。生於高淳學署。乾隆丙子。甫八歲。爲文援筆立就。丁丑年九歲應試。乙酉年十七補博士弟子員。壬辰年廿四客安徽學署朱筠幕。上巳日。會釆石之太白樓。授簡賦詩者十數人。景仁年最少。頃刻數百言。座客爲之閣筆。性好遊。遍歷九華匡廬彭澤洞庭之勝。後又自京游陝。癸卯四月丁酉日。卒於山西解州運城官署。年僅三十五。有兩當軒集。

清高宗乾隆十四年己巳正月初四日午時生生卒見年譜

清高宗乾隆四十八年癸卯四月二十五日□時卒

己巳	命	六歲 十六	乙丑 甲子
丙寅	宮	二六 三六	癸亥 壬戌
癸丑	壬	四六 五六	辛酉 庚申

戊午 申 六六 己未 七六 戊午

仲則先生之造。癸戊聯合。不獨月幹逢丙。此卽滴天髓註云。凡戊癸得丙丁透者。不論衰旺秋冬。皆能化火之義。年枝逢巳。而月時二枝。又會寅午。此誠化火之正格。就表面觀之。以視彭剛直公。戊癸化火之造。有過之。無不及也。殊不知剛直公造。八字四合。左右同心。上下情協。而大運又復木火連環。故能始其所始。終其所終。富貴福壽。永乎無窮。仲則造則大異於是。蓋日時二枝。丑午相害。年月二枝。巳寅相刑。再益以命宮之申。衝寅刑巳。幾有衆叛親離之勢。雖宮幹逢壬。尚可化木。遙爲癸戊化火之奧援。然亦渺乎小矣。眞化火格。惜犯三刑。是以潦倒三十年。只博得淒清五千首而已。觀其四歲壬申。父端衡公逝世。足證三刑爲禍。觀其九歲乙運丁丑。卽能應試。十七歲甲運乙酉。卽補博士弟子員。足證火得木生。丑酉會巳。均能爲福。不獨此也。卽十九歲之迎娶趙夫人。二十三歲之生子乙生。亦皆甲運子運。合己會丑之特效。至鄉試七次而不一售。其大弊實在命宮之衝刑。

非文章不淵雅也。及至亥運衝生年之巳。寅月衝命宮之申。以致戊癸化火。無所依附。故爲債家所迫。病卒運城。（在山西省・安邑縣・西南十五里・一名司鹽城・清時有河東道・鹽運使・並解州州判駐此・今移安邑縣治此）壽祇三十有五。太史公曰。人能弘道。無如命何。觀之於此。而益信也。

附錄

雜感

仙佛茫茫兩未成。祇知獨夜不平鳴。風蓬飄盡悲歌氣。泥絮沾來薄倖名。十有九人堪白眼。百無一用是書生。莫因詩卷愁成讖。（楚禁切）春鳥秋蟲自作聲。

（或戒以苦吟非福・謝之而已・）

送容甫歸里

羨君樂事故園新。問字談經大有人。此日衆中推折角。他年殿上待重茵。療飢字少憐予陋。勸學言溫鑑爾眞。自忖不材終放棄。江潭瓠（黃郭切）落寄吟身。

夜起

憂本難忘忿詎蠲。音涓寶刀閒拍未成眠。君平與世原交棄。叔夜于仙已絕緣。

入夢敢忘舟在壑。浮名拚換酒如泉。祖郎自愛中宵舞。不爲聞雞要著鞭。

呈袁簡齋太史

一代才豪仰大賢。天公位置卻天然。文章草草皆千古。仕宦匆匆只十年。暫

借玉堂留姓氏。便衣勾漏作神仙。由來名士如名將。誰似汾陽福命全。

聞鄭誠齋先生主講崇文書院寄呈二首錄一清·課士有書院·崇文在杭州西湖上·今廢·

浪游京洛困塵緇。慚愧生平國士知。粱苑鄒枚空綴賦。韓門郊島例窮詩。每

多未了嗟生拙。敢以無才說數奇。音羈常共衰親向南望。手拈香瓣話恩私。

思家

客序悤悤換物華。臨歧絮語暗咨嗟。門前稅急應捐產。江上書歸定落花。有

限親朋誰眼底。無多骨肉況天涯。遙憐兒女高樓夜。未解長安正憶家。

鮑叔祠

誰道人心不可淳。此公祠廟至今新。能知有母眞良友。若解分財已古人。倦客飽看翻覆手。短歌聊當送迎神。咯嗛慷慨龍門筆。尙有恩仇氣未馴。

饑烏

啞衣加切 啞啼烏翅倒垂。託身偏擇最高枝。向人不是輕開口。爲有區區反哺私。

稚存歸索家書

只有平安字。因君一語傳。馬頭無歷日。好記雁來天。

別老母

搴幃拜母河梁去。白髮愁看淚眼枯。慘慘柴門風雪夜。此時有子不如無。

別內

幾回契闊喜生還。人老淒風苦雨閒。今夜別君無一語。但看堂上有衰顏。以上兩當軒詩集

孫星衍哀黃仲則少府詩

我識黃郎最少年。典裘一賦正翩翩。花裁吟骨須輸俊。鶴比天姿合遜妍。尚訣亘卿眞死友。予存安邑迓君。病甚劇。不辭阿嬭竟神仙。嬭。綿批切。音迷。齊人呼母曰嬭。李賀稱母阿嬭。方成一尉獨難得。君時尚候銓。可有科名到九泉。治城遺集

洪亮吉輓聯

噩耗到三更。老母寡妻惟我託。噩。音萼。藥韻。與愕同。驚也。凶耗謂之噩耗。炎天走千里。素車白馬送君歸。年譜

阮元 五一

清。姓阮氏。名元。字伯元。號雲臺。江蘇江都人。占籍儀徵。生於揚州西門白瓦巷舊第之南宅。即今所建之海岱庵也。乾隆己酉。（年廿六）登進士。授編修。官至東閣大學士。加太傅銜。道光己酉十月丁丑卒。年八十六。謚文達。元撫浙時。立詁經精舍。立海寧安瀾書院。建玉環廳學宮。奏設學額。立杭嘉等郡昭忠祠。修海塘志。撰經郛。及海運考。兩浙金石志。積古齋鐘鼎款識。又輯經籍纂詁。在史館時。創立儒林傳。得百四十六人。進四庫未收書。六十種。作提要上之。繼又總督兩廣。疏請嚴禁鴉片。首以嚴駁夷商爲務。遇事裁抑之。及調任後。夷人兵船踵至。海疆乃至此多故矣。著有十三經校刊記。皇清碑版錄。揅經室集。先後行世。

清高宗乾隆二十九年正月二十日子時生（生卒見阮氏家譜）

清宣宗道光二十九年十月十三日巳時卒

甲申	命	四歲丁卯	十四戊辰
丙寅	宮	二四己巳	三四庚午
壬申	丙	四四辛未	五四壬申
庚子	寅	六四癸酉	七四甲戌

江都阮氏宗譜載文達公乾隆二十九年正月二十日子時生。其八字為甲申。丙寅。壬申。庚子。珊謹按日主之壬。在五行屬水。劉伯溫註滴天髓有云。壬乃癸水之源。有分有合。運行不息。為百川。亦為雨露。不可歧而二之。斯言極當。足破今人妄分壬癸之謬。惟細按之。年枝之申。與日枝之申。均各藏壬水。時枝之子。又藏癸水。合計之。水有四矣。一水曰水。二水曰沝。之壘切。音捶。二水也。三水曰淼。弭沼切。音眇。大水也。四水曰㵘。音漫。大水也。又音臭。義同。今命占四水。無論為水。為沝。為淼為㵘。更無論其為百川。為雨露。其為水勢有餘。則一也。假令無火濟之。無土禦之。不憂霪雨成災。卽患洪水為害。水勢雖大。何足取哉。恰好生月之幹。與

命宮之幹。俱見丙火。月枝之寅。與命宮之寅。既各藏丙火。又各藏戊土。合計之。火凾有四。土亦有四。以此四火。凾可交濟四水。以此四土。尤可抵禦四水。數量相等。功效特殊。既可協陰陽於無形。又可振河海而不洩。此誠老成謀國。綏靖封疆之造。豈止廣設書院。作育人材已哉。十八歲戊運辛丑。林太夫人謝世。二十九歲己運壬子。元配江夫人仙遊。四十二歲午運乙丑。承信公棄養。四十七歲辛運己巳。坐失察學政舞弊事。奪官。六十九歲癸運壬辰。繼配孔夫人卒。妾唐氏亦卒。七十三歲酉運丙申。妾謝氏又卒。就此觀之。具見辛乙癸壬丑巳辰申之運歲。皆爲水多之命所切忌。是以憂喪頻遭。煩惱疊見也。二十一歲辰運甲辰。入學補附生。二十三歲辰運丙午。鄉試中舉。二十十六歲己運己酉。登進士第。改翰林院庶吉士。散館授編修。二十七歲己運庚戌。超授少詹事。命直南書房。修石渠寶笈。就此觀之。具見甲丙己戊木火土三行。皆與水多之命。大有裨益。是以開通雲路。馳騁天衢也。自三十歲己運癸丑。至七十四歲。酉運丁酉。忽督學政。忽任總裁。忽爲巡撫。忽爲漕督。忽爲總督。忽爲御史。忽爲侍郎。忽爲太子少保。忽爲大學士。忽而蠲賦賑飢。忽而督兵禦寇。忽而折衝樽俎。忽立學院。忽刊經解。忽往蘇浙粵豫。忽往滇黔桂川。服官四十餘載。經過巳庚午辛未壬申癸酉等運。雖間有小疵。均不妨大體。元理賦云。土止水流全福壽。碧淵賦云。壬癸路經南域。主健勳業堪圖。驗之於此。而益信也。七十五歲甲運戌戌。至八十五歲乙運戌申。自請告回籍。迄至恩准重赴鹿鳴宴。晉加太傅。此十年間。無異洞裏眞人。山中宰相。其愉快倍勝前境者。因甲木戊土二運。爲壬水日元最喜之神也。八十六歲乙運。己酉年。乙亥月。丁丑日。乙巳時。公謝絕塵寰。飄然引去者。此運剋太歲。酉丑巳會金生水。滿溢高危之故也。

附錄

癸亥九月十九日。與諸故友相聚於平山堂。爲展重陽詩會。即以贈別。

不到虹橋漫四年。歸來松菊尚依然。家山乍見翻疑夢。故友相逢盡似仙。舊雨一番文字飲。重陽兩度暮秋天。芙蓉樓句何珍重。吳楚連江又放船。

余撫浙江江西。皆曾修建鄉闈號舍。今督粵。粵闈號舍七千六百餘間。更湫隘。皆改建寬大之。秋兼撫印。監臨鄉試。書誌一律。

廣廈何曾有萬間。聊開矮屋庇孤寒。節交白露天猶暑。氣吐青雲地忽寬。爽塏竟饒遷舍樂。風簷頗似在家安。他年多士兒孫住。可識從前坐臥難。

別醫者范素菴濬

四年病脚氣。兩足殊支離。豈無千金藥。豈無三世醫。奈此溼與熱。兼之勞且衰。不劇已爲幸。安能有痊期。君恩念老臣。移節居滇池。彼間不寒暑。貂葛無所施。彼間不卑濕。高燥如京師。卽使自乞郡。亦惟此地宜。范氏送我行。遠過端江涯。爲言相別後。當是去病時。

焦山書藏記

嘉慶十四年。元在杭州立書藏於靈隱寺。且爲之記。蓋謂漢以後藏書之地。曰觀。曰閣。而不名藏。藏者。本於周禮宰夫所治。史記老子所守。至於開元釋藏。乃釋家取儒家所未用之字。以示異也。又因史遷之書。藏之名山。白少傅藏集於東林諸寺。孫洙得古文苑於佛龕閒僻之地。能傳久遠。故仿之也。繼欲再置焦山書藏。未克成。十八年春。元轉漕於揚子江口。焦山詩僧借菴。巨超翠屏洲詩人王君柳村。豫來瓜洲舟次。論詩之暇。及藏書事。遂議於焦山。亦立書藏。以瘞鶴銘相此胎禽等七十四字編號。屬借庵簿錄管鑰之。復刻銅章。書樓扁。訂條例。一如靈隱。觀察丁公百川。淮爲治此藏事而藏之。此藏立。則凡願以其所著所刊所寫所藏之書。藏此藏者。皆裒之。且卽以元昔所捐置焦山之宋元鎭江二志爲相字第一二號。以志緣起。千百年後。當與靈隱並存矣。

汪容甫先生手書跋

汪孟慈戸部。喜孫 奉其考容甫先生。上謝東墅師書六紙卷。請題識。元展之。有感於師友在昔之情。今五十餘年矣。此內情事。元知之久。昔東墅師督學江蘇。識拔學人。得容甫先生。極賞重之。先生學與文在彼時交游間相知者。不過劉端臨先生等數人。餘皆不能知先生。先生性眞率。每簡之。以故時人毀之。先生益簡之。不諧於人。會丁酉拔貢之年。自學官以下。無不毀先生於學使前。師曰。汪中卽爲渾沌窮奇。檮杌饕餮。吾亦拔之。先生每有古文章。必呈師。師皆深賞之。且語人曰。吾之上容甫。爵也。若以學。吾于容甫北面矣。嗚呼。今有如先生之學者耶。有如師之能識其學。心好彥技者耶。師在上書房。年節例以紙研之類。進于御前。每屬先生覓之。故書內云然。書中稱阮封君者。先大夫也。元在京。官詹事時。先生在揚州。常與先大夫相見。且書內云。阮門生之父。忠信 家諱 人也。讀之有餘感焉。元於乾隆四十七八年間。識先生於揚州。常與淩仲之先生諸人。同泛舟平山。先生議論經史。風發泉涌。又曾得見先生校大戴記初稿。入京後。遂不相見。及元卦浙江督學時。先生已卒。乃於嘉慶初。得先生述學稿。合孔撝約先生。錢溉亭先生三人書。刻於杭州。道光初又合先生各著作。彙刻入皇清經解內矣。元老入京師。孟慈亦常相見。孟慈之學。大得父教。而其不諧于俗。亦略有父風。但余許之曰孝。何也。凡容甫先生所著書內片言隻字。余與孟慈言孟慈無不析及精微。心知其意。又于先生手蹟。斷牋缺紙。無不寶而尊之若此。子弟之佳。有如此者乎。丁酉九月。

赤壁賦

丁丑之春。余從鄂下。移節武昌。復以簡兵之行。溯襄郢䢵陵。操舟師下荊州。乘風東歸。過所謂赤壁者。慨然歎曰。余所經之地。古皆篡竊於曹公。維彼亂世。實生奸雄。攬茲陳迹。不知感慨之何從也。斯壁也。抗洞庭之北。據監利之東。衆山凝碧。絕壁留紅。春江曉開。殘月落弓。戈船偃旗。軍堠靜烽。天下治平。

舟楫盡通。東吳西蜀。往來憧憧。溯建安之挾令。出南郡以輿戎。攘江陵之軍實。秣北馬于渚宮。舍彼精騎。泛此艨艟。波濤之性不習。檣櫓之用未工。斯不待吳廷斫案。已先決其無功。況夫公瑾用智。孔明效忠。公覆贊助。載荻蒙衝。進夏口以西拒。當烏林而礪鋒。憑沙羨以自守。射連艦而進攻。破江天之寒色。縱一炬以橫空。起鳴雷於萬鼓。扇巽女于殘冬。付舳艫于譆出。化猿鶴與沙蟲。幾于烏林焚巢。臺雀墜銅。折鼎一足。當塗路窮。笑江波而迴指。乃僅免于華容。余因曰。非赤壁而亦敗。矧天假以東風。余今出荊門。回郢中。順江水以安流。乘長風之颯颯。揔盂甄而校武。修隄防而劭農。擬蘇子于黃州。乃情地之不同。毋徒傷于古人之故壘。惟穆然于江上之青峯。以上見揅經室集

阮文達公論二通

阮儀徵太傅嘗言少年科第。往往目無今人。胸無古人。最是誤事。但既登館閣。勢不能重入家塾。再爲枕經葄史之功。葄·存故切·音祚·藉也·計惟留意二通。庶知千

百年來理亂之原。政事之跡。可備他日出爲世用。二通者。資治通鑑。文獻通考也。鷗陂漁話

楹聯

嘉慶初。阮文達公撫浙。爲鄉試監臨。題貢院聯云。下筆千言。正桂子香時。槐花黃後。出門一笑。看西湖月上。東浙潮生。歸安王勿菴侍郎以銜之太夫人八秩壽辰。公賀聯云。多子兩魁天下士。侍郎乾隆乙卯狀元。其弟以鋙同科會元。大年三歷太平朝。錢塘魏春松觀察成憲之出守揚州也。公贈聯云。兩袖淸風廉太守。二分明月古揚州。又題吳山呂祖殿澄心閣云。仙佛緣中。湖山勝處。樓臺影裏。雲水間時。是眞能吐棄凡艷。天然入妙者。冷廬雜識

鎭江有某鹾商。欲求芸臺書楹帖。師未許也。而某商愈欲得之。師令人語之曰。我有兩部舊書。應歸鎭江人刊行。如肯成此美事。必書楹帖以報之。某商首肯。師卽日以七字聯句獎之云。古籍待刊三十載。舊聞新見一千年。跋云。

嘉慶間。余得宋嘉定。元至順。鎭江府志兩部。皆四庫未收之書。曾經進呈。得蒙恩鑒。因以底本貯之焦山書藏三十餘年。無過而問者。歲辛丑丹徒包怡莊學兄。請付棗梨。鎭江之書。歸鎭江人珍護。甚善。不意歸田老眼。尙見此書之成。乃知書之行世。及刊書之人。遲早皆有福命焉。因喜而記之。節性齋老人阮元撰。並書。時年七十有八。聞此書近已刻成一部。其一部亦已周雕矣。

嘆夷初犯京江。揚郡人家。已紛紛逃竄。賴但雲湖都轉。竭力防堵。加意撫循。不一月。卽各安其居。揚人甚德之。値都轉九月誕辰。各製楹帖。以致其頌禱之忱。然語或過當。甚有以郭汾陽李西平爲比者。則擬於不倫。惟雲臺師撰七字聯云。菊花潭裏人同壽。揚子江頭海不波。落落大方。恰合身分。不能不推爲大手筆也。

阮芸臺有別墅在邵伯湖之北。湖壖植柳三萬株壖與堧同。而緣切。音蠕。先韻。河邊地也。自額所居曰南萬柳堂。以別於京師之萬柳堂也。沿湖魚利甲於江北。師嘗集句自題堂聯云。君子來游貫及柳。牧人乃夢衆惟魚。以石鼓文對毛詩。自然名貴。雲臺師舊宅在舊城之公道巷。自回祿後。始遷居新城南河下康山草堂之右。余於數年前。初到揚州。卽謁師於舊宅。巷口有石牌樓。大書福壽庭三字。大門口貼八字大聯云。三朝閣老。一代偉人。時觀者多以爲疑。謂師之枚卜。在道光年間。何以有三朝閣老之稱。不知師於乾隆六十年九月。已授內閣學士兼禮部侍郎。則閣老之稱。由來已久。或又疑一代偉人四字。頗嫌自誇。余初亦無以應之。後讀雷塘菴主弟子記。乃知師於嘉慶五年在浙江巡撫任內。奏陳籌海捕盜等因。曾奉有顯親揚名。爲國宣力。成一代偉人之諭。此是敬錄天語。並非自誇也。後吾師亦微聞人言。遂於新宅大門改書云。三朝閣老。九省疆臣。則更不招擬議矣。以上楹聯叢話

林則徐五二

清。姓林氏。名則徐。字元撫。一字少穆。晚號竢村老人。竢：牀史切：待也：古俟字：福建侯官縣人。嘉慶辛未年二十七。成進士。選庶吉士。累官至總督。則徐服官江南最久。以吳民苦賦重。講求漕務。不遺餘力。蘇民德之。及官兩廣。以禁雅片。致與英人戰。迨和議成。戍伊犁。旋又起用。官雲貴總督。加太子太保。洪楊軍起。召爲欽差大臣。中途卒。時道光庚戌十月丁丑。年六十六。諡文忠。則徐嘗曰。西洋尙不足憂。終爲中國患者。其惟俄羅斯乎。著有畿輔水利議。滇軺紀程。荷戈紀程。雲左山房詩鈔。四洲志。政書家書等。

清高宗乾隆五十年七月二十六日子時生 生卒見年譜

清宣宗道光三十年十月十九日辰時卒

乙巳　命　八藏　癸未

十八　壬午

甲申　宮　二八　辛巳

三八　庚辰

癸酉　甲　四八 五八　己卯 戊寅
壬子　申　六八 七八　丁丑 丙子

林文忠公年譜。引郭伯蒼十日話云。公造爲乙巳。甲申。癸酉。壬子。珊謹按之。時幹逢壬。日幹逢癸。月幹逢甲。年幹逢乙。而壬癸甲乙。自時至年。一氣呵成。毫不間斷。以視乙癸甲壬。甲癸壬乙。及壬甲乙癸。癸甲乙壬之凌亂者。迴乎不同。造微賦云。天幹連珠。朝廷擢用。此誠最爲整齊。最爲完善之連珠上格。安得不朝廷擢用哉。不甯惟是。日幹之癸。以年枝之巳爲貴人。與日枝酉合。年幹之乙。以時枝之子爲貴人。與月枝申合。且申爲癸日之學堂。子爲癸日之祠館。琴堂歌云。貴人不必看生星。合格正高明。指迷賦云。學堂多合兮。登上甲之第。今貴人既見生星。學堂又復多合。安得不品節高明。榮膺甲第者哉。惟細按之。幹透癸壬。枝會申子。水勢有餘。顯而易見。必須運歲逢木洩水。逢火濟氺。逢土制水。始可發抒抱負。酬答君親。大展經綸。有裨民物。若見金見水。或衝或剋。未有不針芒刺手。茨棘傷足者。觀公十四歲未運戊午。補弟子員。二十歲壬運甲子。舉於鄉。二十七歲午運辛未。成進士。選翰林院庶吉士。可見戊癸化火。甲木生火。巳午未會火。均有特殊之效力也。自三十二歲丙子。至五十五歲己亥。始而主考觀察。陳臬開藩。調蘇撫。署江督。繼而湖廣總督。粵東欽差。雖辛巳庚辰四運。挾金挾火挾土。不爲純粹。除四十歲甲申。運剋歲君。陳太夫人棄養。四十三歲丁亥。衝犯生年。孟養公逝世。外餘均水到成渠。指揮如意。五十六歲庚子。特奏整飭洋務。嚴禁雅片。英艦犯浙。陷定海。攻粵關。清廷恐懼。與英議和。罷公職。來京候處。五十七歲辛丑。赴浙江軍營。會辦洋務。尋又發戍伊犂。途中奉命折回。在東河效力贖罪。五十八歲壬寅。仍遣戍伊犂。五十九歲癸卯。公在伊犂。六十歲甲辰。勘辦伊犂開墾事宜。六十一歲乙巳。署陝甘總督。六十二歲丙午。任陝西巡撫。緝拿刀匪。開倉平糶。六十三歲丁未。任雲桂總督。六十四歲戊申。勦辦永昌等處哨匪。加太子太保銜。是年鄭夫人卒。六十五歲己酉。因病開缺。回籍調理。此十年間。公雖忽辱忽榮。備嘗艱苦。然亦名震寰球。芳流百世。其所以如是者。蓋爲五十六歲卯運。歲值庚子。衝酉刑卯之故。及至戊運合癸。又轉否爲泰矣。六十四歲戊申斷絃。六十五歲己酉開缺。六十六歲庚戌。溘然長逝。此皆寅運三刑之故。而庚戌年會申酉爲金。至剛必折。理勢然也。

附錄

赴戍登程口占示家人 道光壬寅七月

出門一笑莫心哀。浩蕩襟懷到處開。時事難從無過立。達官非自有生來。風濤回首空三島。塵壤從頭數九垓。休信兒童輕薄語。嗤他趙老送燈臺。自注見歸田錄。

力微任重久神疲。再竭衰庸定不支。苟利國家生死以。敢因禍福避趨之。謫居正是君恩厚。養拙剛於戍卒宜。戲與山妻談故事。試吟斷送老頭皮。自注用

宋楊朴・及蘇軾赴詔獄故事○詩鈔卷六・

被命回京以四五品京堂用紀恩述懷 道光乙巳九月

寓公家室問蒼茫。笑指新豐似故鄉。自注・眷屬寓西安・三載餘矣・頻附音書煩北海 自注・李石梧中丞・曾同憂患憶南陽。自注・鄭嶰筠前輩・門牆沆瀣雲情重。自注・眷屬在陝・多承及門方仲鴻・劉鑑泉兩觀察・解推之誼・兒女糟糠絮語長。準備椒盤謀餞歲。屠蘇偏合老先嘗。詩鈔卷八

與弟元掄（論禁烟）元掄爲公之胞弟充江督幕府

鴉片流毒中華。每年外溢金銀數千萬。漏卮不塞。足以貧民。吸烟者衆。上自官府縉紳。下至工商優隸。以及婦女僧尼道士。隨在吸食。痼癖不除。足以弱種。英咭唎以此毒物。貽禍中華。其肉不足食矣。愚兄正擬奏請嚴禁。而黃鴻臚已先我入奏矣。請旨嚴塞漏卮。以培國本。得邀聖鑒。有旨令各督撫。各抒所見。妥議禁烟章程具奏。而現任督撫。嗜烟者約占半數。若輩豈肯自拔。石頭壓自腳。則陰持異議。模稜其辭。勢所必然。愚兄不忍見我中華民族。盡甘

飲酖以自殺。務爲黃公作後盾。專摺入奏。附呈禁烟章程六條。照錄於下。（一）烟具先宜收繳淨盡。以絕饞根也。查吸烟必須槍斗。無槍斗則烟無裝處。不得不斷矣。須責成州縣。盡力收繳。視其距離海疆之遠近。與夫戶口之繁約。由各該省大吏。酌期定數。責以起獲。示以勸懲。除新槍新斗聽該州縣自行銷毀外。凡漬有烟油之老槍老斗。皆須包封粘貼印花。彙册送省。由該省大吏。當堂公同啓封。毀碎燒化。無論此具或由搜獲。或由首繳。皆覈作州縣功過之數。收繳過少者。立予撤參。格外多收者。分別獎勵。（二）各省大吏。應卽通飭各州縣出示。勸令人民自新。以一年爲戒絕期。劃分四限。遞加罪名。以免因循觀望也。查律定吸烟者以重典。原爲斷吸起見。果能人人斷吸。亦又何求。各省大吏應出示曉諭。如吸烟之人。於首限三箇月內戒絕。將家藏烟具餘烟。全行呈繳到官。出具改悔自新甘結。加具族隣保結立案。免予治罪。若後被人告發重吸。訊實加等治罪。其在二三四限內戒絕投首者。

雖未能概予免罪。似亦可酌量施以薄懲。拘留五日十日十五日。若怠忽遷延。再三自誤。揆以誅心之律。已非徒杖所可蔽辜。則拏獲審實。似應按加一等。至軍爲止。（三）開館販土以及製造烟具各罪名。均應照原律一體加重。並分別勒限繳具。以截其流也。查開設烟館。本係死罪。販土亦應遠戍。今吸烟者既擬重刑。若輩豈容末減。但澆俗已深。亦宜予以自新之路。凡開館者。勒限一月。將烟具烟土。呈繳到官。准將原罪量減。倘逾限不繳而拏獲者。照原例加重。販土之徒。路有遠近。應酌限三個月。限內不拘行至何處。准赴所在有司衙門繳土免罪。若逾限不繳而發覺者。亦應論死。所繳烟土。眼同在城文武。澆桐油立時燒化。造烟具之人。限一月內。將所製大小烟具。全行繳官毀化。免罪。如逾限不繳。或隱匿而發覺者。俱照例重辦。（四）失察處分。宜先嚴於所近也。文武屬員有吸烟者。該管上司。於奉文三個月內。查明舉發者。均予免議。逾限失察者。分別議處。本署戚友家丁有犯者。限一個月內查明。逾限失察者。卽行革職。本署書差有犯者。限三個月內。查明懲辦。逾限失察者。分別降調。（五）地保牌頭甲長本有稽查奸宄之責。境內有烟土烟膏烟具。均應着令查起也。此舉不免啓狹嫌誣告之風。然果吸烟者懼其滋擾。而皆決意戒絕。正不爲無裨也。至開烟館之房主。地方保甲。斷無不知之理。若不舉發。顯係包庇。應與正犯同罪。房屋入官。（六）審斷之法。宜預講也。凡海疆繁會之區。吸烟者不可勝數。告發與拏獲者必多。地方有司。欲明其虛實。功不在審而在熬。熬一人與數百人。工夫一也。宜擇一公所。彙提被控被拏者。委正印以上候補者一員承審。臨審時須將各犯身上嚴搜。卽餻點亦毋許帶入。然後封門開審。各離尺許。不准往來。問官亦只准帶一丁。隨身伺候。不許擅離。自辰巳至子丑。祗須靜對。不必問供。祗須留意各犯面部。有癮之人。情態百出矣。其審係被人虛誣者。由承審官出具切結。日後別經發覺。惟原審官是問。以上六條。愚兄擬請旨施行。猶恐各督撫中有駁辨難行者。則功敗垂成。殊爲可惜。素仰居停公正不阿。江督又係疆臣中之領袖。苟得其同意。不慮他省或持異議矣。我弟賓主間甚相沆瀣。（沆·杭上聲·養韻·瀣音械·沆瀣·露氣也·）可將兄意轉達之。但望其覆奏之摺。勿與兄意觝觸。則烟害庶有肅清之日矣。因兄與陶公素無深交。未便直接磋商。故煩吾弟作先容也。兄元撫手草。

與掄弟（商酌戒烟藥方）

來書俱悉。禁烟章程已得陶制軍同意。欣甚慰甚。所云革弊盡善矣。惜少救弊之法。具見陶公爲政以德。不尙嚴刻也。夫欲救此弊。祗有酌定完善戒烟藥方。欲定戒烟藥方。須先研究食烟後。因何精神抖擻。癮來時因何呵欠頻作。精神疲憊。蓋由人之喉管有二。食管以主飲食下達二腸。氣管以主呼吸。用通五臟。氣管本屬清虛。不受一粒半滴之物。而烟乃有氣無形之物。故可吸入呼出。往來於五臟。雖其氣已去。而其味常留。但人之所以得生者。胥藉胃間所納穀氣。循環於經絡。以培養其精神。食烟時雖能提攝精神。不過片時之興奮。其臟腑慣得烟氣以剋穀氣。因是滋養力缺乏。面色枯槁而羸瘦矣。凡食鴉片烟者。視五穀猶可緩。惟對時不食烟。則癮作而全身疲倦。其故由於正氣爲邪氣所制耳。按鴉片性毒而淫。味濇而滯。色黑而入肝腎。故一吸而能透於筋肉骨髓之中。一呼又能達於肢體皮毛之杪。遍身內外。無處不到。是以烟纔下咽。自頂至踵。頓覺舒暢。由漸而常。由常而成癮。內而臟腑經絡。外而耳目手足。皆必得此烟氣而後能安。一旦無之。腎先告乏。而呵欠頻作。肝亦困憊。而涕淚交流。血液滯流。而精神疲憊矣。溺乎其中者。至是而適受其困。然溺而知戒。不過困於一時。溺而不戒。則直徇以身命焉。以烟氣剋穀氣。引邪奪正。其能久乎。果其戒之。並非難事。祗須立志堅定。體之壯者。無藥方亦可斷絕。惟受癮深。氣體弱者。無藥方殊難斷絕。爰擬前後兩方。前曰忌酸丸。後曰補正丸。忌酸丸以烟灰和藥爲之。緣初戒時。不能遽絕烟。故以烟灰代之。藥共十四味。重用附子者。取其走而不守。能通行十二經也。佐之以柴胡之左旋。升麻之右旋。沉香之直達下焦。四者相合。則徹乎上下表裏。頃刻而能徧及全身矣。因吸烟之人。中氣無不傷。氣傷則不能化精。而血遂衰。故用參芪以補肺氣。白朮以補脾氣。陳皮木香以利諸氣。當歸連柏以涼血而生血。且連柏能殺附子之毒。天麻能止氣血兩虛者之昏暈。甘草補中益氣。並能引和諸藥。烟灰能抵夙癮也。此方氣血兩補。煉以爲丸。吞入於胃。行氣於五臟。輸精於經絡。俄頃間。亦能徹頂踵。遍內外。是以烟癮不起。諸病不作。且有沉木二香。薰蒸五臟。故吞丸數日後。若再吸烟。不獨臟氣與之扞格。卽鼻中聞之。亦嫌其臭矣。補正丸。卽以忌酸丸之方。減去附子。黃芪木香。并烟灰。其餘藥味分量。均與忌酸丸方同。凡戒烟者。先單吞忌酸丸。五日六日起。每日減忌酸一丸。加補正兩丸替之。減兩丸則以四丸替之。照此遞推。互相加減。至忌酸丸減盡。再單服補正丸一月。卽補正丸亦可不服。而癮自斷矣。愚兄訂定此方。試有效驗。惟因和有烟灰。若吞服後。接連食味酸之物。能令人腸斷而死。故以忌酸名。尤恐不知者與酸味同食。殊爲危險。陶制軍素精醫道。煩我弟轉請正之。倘有解免忌酸之藥加入。則此方克臻完善。庶可進呈御覽。頒行各省。使世人得全身命。以保餘生。懔國法而免刑戮。凡有血氣之人。有不覺悟自醒。迷途早返者哉。藥方製法附後。

忌酸丸方

生洋參五錢　白朮三錢　當歸二錢　黃柏四錢　川連四錢

炙黃芪三錢半　炙甘草三錢半　陳皮二錢半　柴胡二錢半　沉香二錢忌火

木香二錢忌火　天麻三錢　升麻一錢半　附子七錢　煙灰一兩後下

右藥共爲細末。入生附子七錢。用米泔浸透。濾乾。石臼中搗爛如泥。再入烟灰攪勻。麵糊爲丸。如小桐子大。平日有癮一錢。服丸三十粒。初服宜加多。五日後。每日減去一丸。加補正丸二粒。以減盡爲度。

補正丸方（分量同前方）

生洋參　白朮　當歸　黃柏　川連　炙甘草　陳皮

柴胡　沉香　天麻　升麻

共爲細末。用蜜和丸。如小桐子大。以之頂換忌酸丸。

訓大兒汝舟（囑以簡便禁烟藥方傳播鄉里）

自黃鴻臚奏請嚴禁鴉片。有旨令各直省督撫妥議具奏。余擬具章程六條。并忌酸補正戒烟兩藥方進呈。得蒙聖鑒。採錄頒行。惟二方中都用洋參。配合兩劑。需錢數十千。彼憚於斷烟者固有所藉口。卽有志戒煙者。一時或乏此整款。勸人斷煙者。亦未必均肯捐貲。多製藥丸。隨人施給。則刀圭雖可以救病。其如畏難苟安何。嗟夫。人孰不欲生。若不於此寬限期內求生。轉瞬限期屆滿。不死於煙。卽死於法。縱孽由自作。原不可活。然不敎而誅。治民者太覺忍心。用是再定兩種簡便戒烟藥方。皆費錢極少。而收效甚捷。一曰四物飲。一曰瓜汁飲。藥味製法錄後。爾速照方抄錄。刊印三萬紙。遣人散發鄉里。庶使窮鄉僻壤之地。輿臺奴隸之微。苟一念知悔。無論有錢無錢。皆可立刻配合。則惡癖易除。而顯戮可免矣。

四物飲

赤沙糖一斤　生甘草一斤　川貝母七錢去心研細　鴉片灰三錢　癮重四錢

右四物以清水十大碗。入銅鍋內煎兩三時。約存三四碗。愈濃愈妙。將渣濾去。汁貯磁甕內。置靜室透風處。每日早起及夜臥之前。各取汁一茶杯。以開水溫服。吃煙多者。須依食煙次數。加食二三次。癮自可斷。如煙癮重大。取濾出之渣。加水重煎。十杯煎成一杯。照前法再服。必效。

瓜汁飲

南瓜正在開花時。連花葉根藤。一併取起。用水洗淨。入石臼中合而擣之取汁常服。半月後夙癮盡去。甫經結瓜者。連瓜擣之。亦可用。

本草載南瓜甘溫無毒。補中益氣。截其藤擣汁。誤吞生煙者服之。卽不死。是其解毒如神。故除癮亦極效。此物在夏秋間。荒僻村野。隨在皆有。取之不窮。不費分文。勸人戒煙者。宜多取此汁。廣貯罈瓶。留以濟人。可謂不費之惠。

致鄭夫人（告知獲譴謫戍伊犂）

英逆竄擾浙境。攻占定海。疆臣都歸咎我禁煙操之過激。並不當斷絕英夷之貿易致啓夷衅。職責所在。余固不敢諉罪。雖頂踵捐糜。亦不敢自惜。已自請從嚴治罪。幷乞天恩暫寬一線。准予戴罪赴浙省隨營效力。以圖克復。而贖前愆。卽知在事者畏夷如虎。將與議和。恐我走浙。必梗和議。而主禦侮。遂附片密呈。謂英夷和議。均堪遷就。所恨者林某一人耳。始則天恩高厚。命我以四品卿銜。赴鎭海軍營效力贖罪。忽覽此密奏。立頒諭旨。追回前命。改爲謫戍伊犁。當時降職之命。適在文華殿王相國案頭。忽又接到謫戍之命。相國爽然若失。旋語湯協揆曰。余不爲林某惜。而爲天下後世憂。若聽林某謫戍。從此鴉片流毒內地。永無肅清之日矣。我輩身居宰輔。當爲萬民留一線生計。懇請聖上。收回謫戍之命。准予赴浙立功。湯公甚韙其言。合辭面奏。聖上謂林某本屬能辦事人。現在已爲衆矢之的。還是讓他伊犁去。將塞外荒地。整頓一番。他時仍可喚他回來。未爲晚也。二公竟爲我以去就力爭。終未能挽回天意。余入京待罪時。請謁王相國。相國以此事見告。使余愈覺感激聖恩高厚。雖肝腦塗地。不足以報萬一也。蓋聖主知余。戇直成性。現在嫉之者衆。難保不被人中傷。遠戍伊犁。可避人指摘。如此用心。雖父母之慈愛子女。亦無如是之體貼入微也。余已於初八日出京赴伊犁。當時有門生輩來送行。咸爲余代抱不平。見我喜笑自若。絕無斯些懊喪氣。都切疑訝。殊不知余此行出自天恩。從此可免被人交章責難。能無樂乎。夫人因怕酬應。不願居京寓。而歸鄉里。誠然與身心較爲有益。余遠去矣。睽違數千里。竹報須經月始達。諸宜自珍。幸勿以戍人爲念。

致鄭夫人（告知乞休已准并起程返里日期）

引疾乞休之請。已蒙聖恩允准。給假百日。回籍調理。並蒙賜人參二兩。以衰朽之身。沐此逾格恩慈。未識此生能報犬馬否。現正在趕辦移交。擬於七夕前一日。起程返里。近日地方紳士。紛來送行。向余借小照臨摹。言地方人士。深沐公恩。釀資修像建生祠。爲公祈福。冀得重蒞斯土。造福滇民。余力却不允。祇得以照付之。又有門生數輩。同來送行。并請方略。咸稱西洋夷人。居心叵測。將來必爲中國禍。然而諸生所抱。直是杞人之憂。蓋西洋地遠而國富。易與耳。終爲中國患者。其惟俄羅斯乎。當時余曾爲諸生言。諸生頗切疑訝。此足見諸生只有近憂。而無遠慮也。相見在邇。不復絮覼。（俗覼字·覼音羅·歌韻 覼縷·委曲也·○以上家書）

楹聯

林文忠公在河工時。題所居室聯云。春從天上至。水由地中行。題客座聯云。蘆中人出。河上公來。又贈河丞張姓者云。乘槎直到牽牛渚。載筆同遊放鶴亭。切地切姓。人咸嘆其工妙。冷廬雜識

聞前明王文成公行部所至。必令二人肩二高脚牌前導。大書云。求通民情。願聞己過。議者以爲客氣。不虛也。吾友林少穆爲江蘇廉訪時。嘗書此作大門楹聯。是矣。

少穆卸兩廣督篆後。有引疾歸田之意。嘗豫撰書樓一聯云。坐臥一樓間。因病得閒。如此散材天或恕。結交千載上。過時爲學。庶幾炳燭老猶明。寄書囑余爲作隸字。余謂此願未易酬。且俟他日把臂入川時。再了此案可矣。以上楹聯

曾國藩 五三

清。姓曾氏。名國藩。字伯涵。號滌生。湖南湘鄉縣人。道光戊戌。年二十八成進士。改翰林院庶吉士。散館授檢討。咸豐壬子。年四十二洪秀全陷九江。國藩奉旨辦團練於長沙。募農夫倡勇敢。用書生爲營官。湘軍之名自此始。舉塔齊布於戎行。識羅澤南於諸生。拔楊載福於卒伍。延彭玉麟於管庫。保胡林翼。左宗棠以大用。而湖南泄沓之風。由國藩一變。同治壬戌。年五十二國藩駐安慶。居中調度。弟國荃。有直搗金陵之師。李鴻章有後勁蘇滬之師。楊載福。彭玉麟有肅清下遊之師。大江以北。多隆阿有圍廬州之師。李續宜。復有派援穎州之師。大江以南。鮑超有進攻寧國之師。左宗棠有規復全浙之師。十道並出。皆受成於國藩。至丙寅。年五十六平東捻任柱。賴文光平西捻牛洪。張總愚。累官至大學士。封一等毅勇侯。壬申二月戊午。年六十二。卒於江督任所。追贈太傅。諡文正。入祀賢良昭忠祠。各省建立專祠。公創立長江水師。太湖水師章程。皆手定。又定陸軍營制。馬勇章程。江南開墾章程。直隸清訟事宜。練軍章程。文章奏疏尤美。有集行世。

清仁宗嘉慶十六年十月十一日亥時生（生卒見年譜）

清穆宗同治十一年二月初四月戌時卒

辛未	命	六歲 十六	戊戌 丁酉
己亥	宮	二六 三六	丙申 乙未
丙辰	甲	四六 五六	甲午 癸巳
己亥	午	六六 七六	壬辰 辛卯

混元賦云。天乙貴人安靜。張良作漢代之名臣。斯言重在安靜二字。何謂安靜。與日主情致纏綿。休戚相關。是也。若盜洩日主。侮慢日主。戕賊日主。雖天乙貴人。沓來紛至。而主人將藏身匿影之不暇。遑論安靜。遑論名臣哉。珊謹按曾文正公造。日元之丙。在五行屬火。誕生於小雪節後。與盛夏之赤帝司

權迴異。月時二幹。並列己土。年枝之未。中藏己土。日枝之辰。又藏戊土。土多若此。晦火堪虞。幸命宮甲午。幹木枝火。一面生火。一面助火。用神雖備。然猶有鞭長不及之歎。恰好月時二枝之亥。適值天乙貴人。左擁右抱。各藏甲木。而年枝之未。與日枝之辰。前引後從。又各藏乙木。藉此四木。制彼四土。藉此四木。生我丙火。光輝發越。賓主咸宜。（用神完構・氣協中和・）豈獨天乙貴人安靜。直使丙火日主。氣勢雄厚。可以盡其能力。爲鼓盪萬物之需也。趙衰有言曰。說禮樂。敦詩書。爲元師。叔孫豹有言曰。太上立德。次立功。次立言。謂爲三不朽。文正公獨兼之。豈止爲名臣已哉。二十三歲酉運癸巳。入縣學。二十四歲酉運甲午。舉鄉試。二十八歲丙運戊戌。成進士。改翰林院庶吉士。三十三歲申運癸卯。以侍講充四川鄉試正主考。三十七歲乙運丁未。六擢內閣學士。四十一歲乙運辛亥。署刑部右侍郎。充順天武鄉考試官。凡此種種。皆貴人會合。木火資生之明證也。自四十二歲。奉旨幫同辦理本省團練鄉民。搜查土匪諸事。迄至克復金陵。生擒忠王李秀成。賞太子太保銜。錫封一等侯爵。督理兩江等。此皆未運會木甲木生火午火助火之明證也。五十七歲癸運而後。調督直隸。因教案棘手。威名重挫者。癸水有傷丙火也。不寧惟是。即四十二歲未運壬子。江太夫人棄養。四十四歲未運甲寅。小限辛亥戰靖港。軍潰。公憤甚。投水死。以救得免。四十七歲甲運丁巳。竹亭公逝世。四十八歲甲運戊午。賊屯聚舒城。三河鎮敗績。官湘軍熸焉熸・音潛・讀・火滅也・全覆殉難者六千人。凡此種種。或由火爲水剋。或由亥爲巳衝。或由歲爲運剋。氣運如斯。非人謀不臧也。至六十二歲。行癸運末。末交巳運值壬申年。公薨於江督任者。水勢愈盛。火勢愈衰。功成身退。不足怪也。

附錄

忮求詩二首（諭紀澤紀鴻）

善莫大於恕。德莫凶於妒。妒者妾婦行。瑣瑣奚比數。己拙忌人能。己塞忌人遇。己若無事功。忌人得成務。己若無黨援。忌人得多助。勢位茍相敵。畏偪又相惡。己無好聞望。忌人文名著。己無賢子孫。忌人後嗣裕。爭名日夜奔。爭利東西騖。但期一身榮。不惜他人汚。聞災或欣幸。聞禍或悅豫。問渠何以然。不自知其故。爾室神來格。高明鬼所顧。天道常好還。嫉人還自誤。幽明叢詬忌。乖氣相迴互。重者菑汝躬。輕亦減汝祚。我今告後生。悚然大覺悟。終身讓人道。曾不失寸步。終身祝人善。曾不損尺布。消除嫉妒心。普天零甘露。家家獲吉祥。我亦無恐怖。右不忮

知足天地寬。貪得宇宙隘。豈無過人姿。多欲爲患害。在約每思豐。居困常求泰。富求千乘車。貴求萬釘帶。未得求速償。既得求勿壞。芬馨比椒蘭。磐固方泰岱。求榮不知饜。志亢神愈忲。歲燠有時寒。日明有時晦。時來多善緣。運去生災怪。諸福不可期。百殃紛來會。片言動招尤。舉足便有礙。戚戚抱殷憂。精爽日凋瘵。矯首望八荒。乾坤一何大。安榮無遽欣。患難無遽憝。君看十人中。

八九無倚賴。人窮多過我。我窮猶可耐。而況處夷塗。奚事生嗟愾。於世少所求。俯仰有餘快。俟命堪終古。曾不願乎外。右不求見詩集

◎稟祖父（欲另尋祖母墳地）

祖母已於十二月初十安葬。甚好甚好。但孫有略不放心者。孫幸蒙祖父福佑。忝居卿大夫之末。則祖母墳塋。必須局面宏敞。其墓下拜掃之處。須寬闊。其外須建立誥封牌坊。又其外須立神道碑。木兜沖原墳。規模隘小。離河太近。無立牌坊與神道碑之地。是以孫不甚放心。意欲從容另尋一地。以圖改葬。不求富貴吉祥。但求無水蟻。無凶險。面前宏敞而已。不知大人以爲何如。若可。則家中在近境四十里內。從容尋一地可也。餘俟續具。孫謹稟。道光二十七年正月十七日

稟父母（當歸蒸鷄治失眠）

九弟信言母親常睡不著。男婦亦患此病。用熟地。當歸。蒸母雞食之。大有效

驗。九弟可常辦與母親吃。鄉間雞肉豬肉。最爲養人。若常用黃芪當歸等類蒸之。略帶藥性。而無藥氣。堂上五位老人食之。甚有益也。望諸弟時時留心辦之。

致四弟（治家八字訣）

余與沅弟論治家之道。一切以星岡公爲法。大約有八字訣。其四字卽上年所稱書蔬魚豬也。又四字。則曰早掃考寶。早者。起早也。掃者。掃屋也。考者祖先祭祀。敬奉顯考。王考。曾祖考。言考而妣可該也。寶者。親族鄰里。時時周旋。賀喜弔喪。問疾濟急。星岡公常曰。人待人。無價之寶也。星岡公生平於此數端。最爲認眞。故余戲述爲八字訣。曰書蔬魚豬。早掃考寶也。此言雖涉諧謔。而擬卽寫屏上。以祝賢弟夫婦壽辰。使後世子孫。知吾兄弟家教。亦知吾兄弟風趣也。弟以爲然否。

致諸弟（無師無友亦可成第一等人物）

送王五詩第二首。弟不能解。數千里致書來問此極虛心。余得信甚喜。若事事勤思善問。何患不一日千里。茲另紙寫明寄回。家塾讀書。余明知非諸弟所甚願。然近處實無名師可從。省城如陳堯農羅羅山。皆可謂名師。而六弟九弟。又不善求益。且住省二年。詩文與字。皆無大長進。如今我雖欲再言。堂上大人。亦必不肯聽。不如安分耐煩。寂處里閈。無師無友。挺然特立。作第一等人物。此則我之所期於諸弟者也。昔婺源汪雙池先生。一貧如洗。三十以前。在窰上爲人傭工畫碗。三十以後。讀書訓蒙。到老終身。不應科舉。卒著書百餘卷。爲本朝有數名儒。彼何嘗有師友哉。又何嘗出里閭哉。余所望於諸弟者。如是而已。然總不出乎立志有恆四字之外也。

致四弟九弟（述爲學四要）

吾見家中後輩。體皆虛弱。讀書不甚長進。曾以爲學四事勗兒輩。一曰看生書。宜求速。不多讀。則太陋。一曰溫舊書。宜求熟。不背誦。則易忘。一曰習字宜有恆。不善寫則如身之無衣。山之無木。一日作文宜苦思。不善作。則如人之啞不能言。馬之跛不能行。四者缺一不可。蓋閱歷一生。而深知之。深悔之者。今亦望家中諸姪力行之。兩弟如以爲然。望常以此教誡子姪。爲要。（以上家書）

諭紀澤（勉其雪己之三恥）

余生平有三恥。學問各途。皆略涉其涯涘。獨天文算學。毫無所知。雖恆星五緯。亦不認識。一恥也。每作一事。治一業。輒有始無終。二恥也。少時作字。不能臨摹一家之體。遂致屢變而無所成。遲鈍而不適於用。近歲在軍。因作字太鈍。廢閣殊多。三恥也。爾若爲克家之子。當思雪此三恥。推步算學。縱難通曉。恆星五緯。觀認尚易。家中言天文之書。有十七史中各天文志。及五禮通考中。所輯觀象授時一種。每夜認明恆星二三座。不過數月。可畢識矣。

諭紀澤（研究天文學）

字諭紀澤。二十五日寄一信。言讀詩經注疏之法。二十七日縣城二勇至。接爾十一日安稟具悉一切。爾看天文。認得恆星數十座。甚慰甚慰。前信言五禮通考中。觀象授時二十卷。內恆星圖最爲明晰。曾繙閱否。國朝大儒。於天文歷數之學。講求精熟。度越前古。自梅定九王寅旭。以至江戴諸老。皆稱絕學。然皆不講占驗。但講推步。占驗者。觀星象雲氣。以卜吉凶。史記天官書漢書天文志是也。推步者。測七政行度。以定授時。史記律書漢書律歷志是也。秦味經先生之觀象授時。簡而得要。心壺既肯究心此事。可借此書與之閱看。五禮通考內有之。皇清經解內亦有之。若爾與心壺二人。略窺二者之端緒。則足以補余之缺憾矣。咸豐八年十二月廿九日

諭紀澤（讀書宜知所選擇）

字諭紀澤。前次於諸叔父信中。復示爾所問各書帖之目。鄉間苦於無書。然爾生今日。吾家之書。業已百倍於道光中年矣。買書不可不多。而看書不可不知所擇。以韓退之爲千古大儒。而自述其所服膺之書。不過數種。曰易曰

書。曰詩。曰春秋左傳。曰莊子。曰離騷。曰史記。曰相如子雲。柳子厚。自述其所得。正者曰易。曰書。曰詩。曰禮。曰春秋。旁者曰穀梁。曰孟荀。曰老莊。曰國語。曰離騷。曰史記。二公所讀之書。皆不甚多。

諭紀澤（已將洪秀全等正法）

余以二十五日至金陵。沅叔病已痊愈。二十八日戮洪秀全之尸。初六日將僞忠王正法。初八日接富將軍咨。余蒙恩封侯。沅叔封伯。余所發之摺。批示尚未接到。不知同事諸公得何懋賞。然得五等賞甚少。余借人之力。以竊上賞。寸心不安之至。

諭紀澤紀鴻（講求居家規模禮節）

吾家門第鼎盛。而居家規模禮節。未能認眞講求。歷觀古來世家長久者。男子須講求耕讀二事。婦女須講求紡績酒食二事。斯干之詩。言帝王居室之事。而女子重在酒食是議。家人卦以二爻爲主。重在中饋。內則一篇。言酒食者居半。故吾屢教兒婦諸女。親主中饋。後輩視之。若不要緊。此後還鄉居家。婦女縱不能精於烹調。必須常至廚房。必須講求作酒作醯醢小菜之類。醯讀如嬉。齊韻。醋也。醢音海。賄韻。肉醬也。爾等必須留心於蒔蔬養魚。此一家興旺氣象。斷不可忽。紡績雖不能多。亦不可間斷。大房唱之。各房皆和之。家風自厚矣。至囑至囑。

諭紀澤（勿慢近鄰）

李申夫之母嘗有二語云。有錢有酒款遠親。火燒盜搶喊四鄰。戒高貴之家。不可敬遠親而慢近鄰也。我家初移富圫。音奧。與墺同。四方土可居也。又水厓曰墺。不可輕慢近鄰。酒飯宜鬆。禮貌宜恭。或另請一人。款待賓客。亦可。除不管閒事。不幫官司外。有可行方便之處。亦無吝也。此諭。以上家訓

答意城書（爲父母葬地事）

先嚴慈葬地。自須急求改卜。來示所云。蓋古人所稱。利不什。不變法。害不什。不易制。先君葬域。人多謂其凶煞。果若所云。是在害什之科。而利什者。又不可

以卒求斯亦疚心之一端耳。
又壬歲母喪。葬非佳壤。去年葬父。亦非吉域。今歲擬親履各處。求稍可以安吾心者。而改卜焉。庶幾少釋歉衷。

曾文正公信命

凡富貴功名。皆有命定。半由人力。半由天事。惟學作聖賢。全由自己作主。不與天命相干涉。吾有志學為聖賢。少時欠居敬工夫。至今猶不免偶有戲言過動。爾宜舉止端莊。言不妄發。則入德之基也。

念不知命。不知禮。不知言。三者論語以殿全篇之末。良有深意。若知斯三者。而益之以孟子取人為善。與人為善之義。則將庶可為完人矣。以上嘉言鈔

曾文正公善相

曾文正公全集。有相人訣。造語皆深刻。略云。邪正看眼鼻。眞假看嘴脣。功名看氣概。富貴看精神。風波看脚根。主意看指爪。若要看條理。須在語言中。蓋

非入世久。閱人多者。不能道其隻字。子樓隨筆

曾文正公輓聯

全椒薛慰農先生時雨。撰曾文正公輓聯云。一個臣。休休有容。頻年燮理餘閒。小隊出郊坰。慣向山中招魏野。萬戶侯。綿綿弗替。此日元勛佐命。大名垂宇宙。豈徒江左頌夷吾。堂皇正大。自是才人本色。惜哀榮錄中不載故附錄於此。鋤經書壆舍零墨

胡林翼五四

清。姓胡氏。名林翼。字貺生。貺，音況，賜與也。一字潤芝。生於湖南益陽縣十九里岡村胡家彎。道光丙申年二十五。中進士。授編修。屢擢湖北巡撫。時洪楊勢盛。林翼創釐金。通鹽運。改漕章。增多收入。固守武昌。爲各省戰事之根據。治軍務。明紀律、尤加意將才。嘗曰。兵之竄者無不疲。將之貪者無不怯。又曰。才者無求於天下。天下當自求之。世以爲知言。咸豐辛酉。八月壬午。年五十。卒於武昌節署。諡文忠。入祀賢良祠。湖北湖南均建專祠。有讀史兵略。及奏疏文集。

清仁宗嘉慶十七年六月初六日酉時生 生卒見年譜

清文宗咸豐十一年八月廿六日亥時卒

壬申 命

丁未 宮

八歲	戊申
十八	己酉
二八	庚戌
三八	辛亥

丁未　癸　四八 壬子　五八 癸丑

己酉　丑　六八 甲寅　七八 乙卯

滴天髓云。丁火柔中。內性昭融。抱乙而孝。合壬而忠。讀此可見乙木壬水二者。與丁火有密切關係。不可須臾離也。珊謹按胡文忠公造。日主之丁。猶之燈火也。日枝之未。中藏乙木。猶之燈心也。年幹之壬。顯明屬水。猶之燈油也。今乙藏未內。與丁火相近相親。此卽抱乙也。年幹壬水。與丁火陰陽和協。此卽合壬也。抱乙合壬。曰忠曰孝。此乃形容丁火。旣得燈心。又得燈油。必可剔焰搖紅。通宵達旦耳。或曰。當今之世。電燈普及。吾未見其有燈心燈油也。子之所述。毋乃太陳腐乎。曰。君不觀電燈需煤火乎。電燈需汽水乎。若二者缺一。必不發光。新舊雖殊。其理一也。今觀八字。年枝之申。中藏壬水。連同年幹壬水。水有二矣。月枝之未。中歲乙木。連同日枝之未。所藏乙木。木亦有二矣。就此觀之。數量相等。燈油與燈心相稱。煤火與汽水平均。其爲花吐不夜。焰發舍春。從可知矣。惟嫌誕生之際。適在小暑節後。究竟火氣有餘。水氣不足。假使無年枝申金。時支酉金。爲壬水之奧援。仍不得以盡美盡善，立功立德論。今年枝之申。與時枝之酉。左右交拱。無破無傷。而又得大運金水連環。氣求聲應。是以育物經邦。不愧元功碩輔。扶危勘亂。堪稱盡瘁鞠躬也。（用神固妙行運亦佳。是以如此。）二十四歲酉運。乙未六月。取入縣學。八月。中式舉人。二十五歲仍行酉運。丙申中式進士。改翰林院庶吉士。次年授職編修。次年充國史館編修。具見酉金之效力大矣哉。自二十九歲。充會試同考官。署安順府。補貴東道。拜四川按察使。調湖北按察使。擢江蘇藩司。署湖北巡撫。此皆庚戌辛亥壬金水等運。裨益用神。有以致之。至於三十歲辛丑。雲閣公謝世。四十六歲丁巳。病痢數月。四十七歲戊午。湯太夫人棄養。此乃衝尅太歲。疊經火土之故。最爲明顯也。五十歲辛酉。公薨於武昌節署。直是日犯歲君。非壬運咎也。

咸豐八年戊午。十月壬子。李公續賓軍。敗績於舒城三河鎭。李公戰死。文武官士同殉者。殆六千人。湘軍熸焉。都興阿公亦退屯宿松。官文公亟奏起公。一日公居喪幄。忽急卒馳書至。公發書大慟。仆地歐血。不能起。家人皇駭。良久始甦。丁卯遂奉湯太夫人體魄。渴葬於益陽十八里五龍山。用百人八日畢役。十一月甲申。偕姚紹崇 桂軒 等五人啓行。自泉交河涕泣登舟。阻風洞庭。八日下教僚屬。曰。林翼此出。勢處萬難。蓋出則非禮。不出則非義。出則於事未必有濟。不出則於心大有不安。與迪庵共患難交最深。聞難不赴。非友也。且値時會艱難。叨竊官位。若藉守孝。以遂其推諉巧避之私。鬼神鑒其微矣。惟既以兵事出。當馳往下游。治兵爲先。借受印信。不過籌調餉糈。董戒州縣耳。斷不敢冠蓋堂皇。偃然自處。此次挫敗。不在兵少。一月連克四城。俗士驚喜。以爲兵將如虎如熊。殆將飛而食肉。林翼早竊憂之。四次寓書相戒。每克一城。中傷千人。攻堅爲下策。已犯兵家之深忌。得桐城。勇丁有私獲。則無鬬志矣。兵不可貧。亦不可富。不宜無傷。不可過傷。夫戰。勇氣也。當以節宣蓄養。提振爲先。又陰事也。當以困塞堅忍蟄伏爲事。尤必以智計爲先。迪庵爲人木强敦厚安重不遷。設遇盛時。必爲周勃之勳。今則四顧茫茫。無可委託。賊何日而平。楚何日而安乎。希庵至性戚戚於心。設其父母因悲感而召之。設希庵異日負兄骨歸湘。則鄂中大將。殆虛無人。且此次道府州縣副參千把死者千數百人。人才殄瘁。莫此爲甚。即如丁篁村。其治兵智略稍遜。而忠勇不欺。即欲求此等裨將。亦不可再得。而何伯凝劉星槎之初入軍營。留備將選者。同時殉難。殊可憂傷。此鄂事之可慮者一也。自昔周瑜。陸遜。陶侃。柳仲郢。均撫交廣。或兼白帝長沙零陵等州郡。以數州之富。養兵不過五萬人。今則一鄂而供征兵五萬人之食。賊不可了。事不可止。處此時勢。而不能去弱留强。去奢從儉。設一日有水旱之災。民穀不登。禍亂之來。不在賊而在勇矣。夫在上者以養人爲職。能養者爲仁。不能養者爲暴。人至飢餓。則必不畏死。苟悅不云乎。人不樂生。不可齊之以法。蘇軾不云乎。賒死之與忍飢等耳。此誠千古治國之至言。姑卽今日湘鄂較之。湘中鹽茶百貨月計可十五萬。所出不過十萬。鄂中人僅多數萬。而出迺多至十餘萬。湖南失守地少倉穀尙有存者。鄂中幾無粒米之存。荊襄爲天下險要。又頓以不耕不織之重兵。不知已捐穀若干石。若以錢貨爲重。而輕倉廩。在樂歲則可。狃於便安。然豈近憂遠慮之道哉。意欲廣捐穀之招徠。以治其標。而又寓屯田於防守分汎之營。以固其本。公等明於古今之略。爲我詳思而核議之。夫言貨則月少十五萬之銀。言食則一省之大。公家無三五日之糧。然且以爲安也。與燕雀處堂何異。此鄂事之可慮者二也。天下以盜賊爲患。而亂天下者不在盜賊。而在人才不出。居人上者。不知求才耳。酇侯治漢。文若佐許。武鄉治蜀。景略圖秦。其得力全在得人。蓋無一時一事。不以人才爲念。得人者昌。失人者亡。以衞靈而不喪國。以武氏而能治天下。其效可覩矣。鄂吏貪庸者。卽令以范六丈一筆句去。亦恐前去後來。猶吾大夫也。於事何濟。竊欲旌奬一二賢才。以爲表的。庶使中人以下。兗而從焉。鄙人之於求才。亦頗至矣。然樸實之士。狷介之守。尚有一二。求其識時務。具智略。負奇氣者。亦不數覯。深思其故。由林翼器局之小。鑒別之疏。不足盡天下之才。夫人才隨取才者之分量而生。亦視用才者之輕重而至。我之分量窮極夫天下古今。則必有天下之才應之。某之不才。誠竊自媿古人。必使各舉所知。立賢無方者。亦欲以此推之人心之公。庶幾博求而有得也。鄙意編列條目。徵求事實。飭司道府各舉所知。其有賢才異能。必須度外汲引者。另列一格。均以公牘舉薦。竊謂此爲治鄂之大事。今鄂中人才安在。求賢之方略安在。此又鄂事之可慮者三也。

與靜娟夫人書云。正月十八日。到省城中。一無所有。兄祇宜盡力一戰耳。勝亦佳。敗亦佳。勝則成一時之功。敗則成千古之名。不足念。不必悲也。兄已升蘇藩。又調此藩。一迂腐書生耳。官至二品。年逾四十。祇合如此。所望夫人爲我善自排遣。善養高堂。實爲義分之當然。毋學小人硜硜自守之見。而以保全大局爲計。則幸甚。兄如戰勝。則亦惟有善自保重。萬不輕生。又云。人生在世。祗有安心法。安心作一忠義人。則亦無他念矣。咸豐五年乙卯二月

與汪梅村。蔣文若。周志圃書云。先宮詹正學純行。矜式鄉里。展視松楸。見邱壠有水嚙痕。悲慟自責。負罪萬狀。十數年荷戈於外。省墓缺如。致先人體魄不安。急思改得吉卜。奈甫滿百日。而三河變起。朝廷有從軍之命。義不得顧其私。逾年。始倩堪輿家物色一二吉壤。已請黃大令。褚廣文。前往覆勘。妥定後。另遷宮詹公幽宮。伏念先宮詹。主持正學。身體力行。爲縣人士所欽仰。擬行營高敞。於地旁建立祠堂。外間疊架爲書院體勢。購羣書實其中。卽以公之邑人士。咸豐十年庚申正月○以上年譜

左宗棠 五五

清。姓左氏。名宗棠。字季高。一字樸存。早歲自號湘上農人。世居湖南湘陰縣東鄉左家塅。道光壬辰。年二十一。中式第十八名舉人。累官至東閣大學士。陝甘閩浙兩總督。封二等恪靖侯。光緒乙酉七月癸亥。卒於福州。年七十四。謚文襄。命各省建立專祠。平生戰績。始平髮逆。繼平捻匪。移師陝甘。肅清甘隴囘匪。金積堡肅州之戰。最烈者也。旋督劉錦棠等。恢復新疆二萬餘里。其功尤偉。有盾鼻餘瀋。及奏議百二十卷。而以西征書疏為最夥。詳明曉暢。洞中機宜。足備西北邊防之參考也。

清仁宗嘉慶十七年十月初七日寅時生（生卒見年譜）

清德宗光緒十一年七月廿七日□時卒

壬申　命

辛亥　宮

九歲　壬子
十九　癸丑
二九　甲寅
三九　乙卯

丙午　甲　四九 丙辰　五九 丁巳

庚寅　辰　六九 戊午　七九 己未

三命通會云。丙辛化水。非申子辰月不化。其次亥月亦化。此不過言其大較而已。其實並不拘此。元理賦云。化成祿旺者生。化成祿絕者死。可見只論其所化是否祿旺祿絕而已。珊謹按左文襄公造。日元之丙。與月幹之辛。一陽一陰。互相聯合。丙固非火。辛亦非金。同化而爲水矣。既化爲水。論祿旺。論祿絕。皆不得以正五行之丙火辛金言。當以化氣五行之水爲標準也。此化水於立冬節後。月支値亥。證以古人亥月亦化之說。固無疑問。證以化成祿旺之說。尤爲合格。蓋日元之丙爲陽。不啻壬水也。月支之亥。固爲壬水之臨官。年支之申。又爲壬水之長生。此卽化成祿旺。而非化成祿絕也。子平大全云。丙爲陽火。化水進。辛家門顯赫。長在庚寅。今生時恰逢庚寅。而又與日枝之午聯合。情致纏綿。格局純眞。更無疑義。此名眞化水格。名垂竹帛。氣壯山河。豈偶然哉。觀於公十七歲子運。丁亥。余太夫人見背。十九歲子運。庚寅。春帆公亦見背。四十八歲卯運。己未。突因樊燮參案。致多周折。五十五歲辰運。丁卯。部議革職留任。五十九歲辰運庚午。小限丙午。周夫人卒於家。六十一歲壬申。仲兄景喬亦卒於家。六十二歲長子孝威。又卒於家。具見子運冲犯午日。己能化土。丁壬化木。三午疊刃。皆爲丙辛化水格之忌神也。證以廿一歲癸運。仲兄景喬鄉試領解首。公亦中式舉人。三十五六歲寅運。長子孝威。次子孝寬生。四十二歲乙運。三子孝勛生。公以防守湖南功。得旨以州縣用。雲程發軔。具見癸能化火。寅能合亥。皆爲化水格之喜神也。再證以四十五至四十九歲卯運。曾公國藩。奏公接濟軍餉功。胡公林翼。復薦公爲將材。命以兵部郎中用。又奉詔以四品京堂候補。隨同曾國藩。襄辦軍務。四子孝同。亦生於卯運。五十至五十四歲丙運。奉命率師援浙。巡撫浙江。繼又督閩兼浙。加太子少保。封一等伯。節制三省軍務。各軍凱旋。長子入學中舉。亦在丙運。更可見乙運化金。卯運天乙。丙運同類。尤爲化水格之喜神也。五十五至五十九歲。辰運移督陝甘。六十至六十四歲。丁運既督陝甘。又督新疆。並在陝甘。刊種棉十要。分行各屬。設局教授紡織。此二運雖身膺重任。而時履薄冰。可見辰爲水墓。壬能化木洩水。不盡佳也。六十五至六十九歲。巳運收復新疆。改設行省。並在蘭州（即甘肅省・皐蘭縣・）創設織呢局。雇用德國工匠。並購開河機器。先施治於涇川上源。（涇川縣・屬甘肅省・）既爲祖國策治安。又爲人民謀福利。若非巳遙合申。寅遙合亥。曷克臻此。七十至七十四歲。戊運化火。仍爲喜神。是以中俄和議告成。約還伊犂全境。詔入軍機。命督兩江。又奉命督辦福建軍務。及法人請和。而公竟於乙酉七月病劇。薨於福州。此乃小限辛卯。歲破坐宮之故。不得歸咎於戊運也。

附錄

與周夫人（道光乙未會試夫人湘潭周氏名詒端字筠心）

此次闈中文字甚得意。持示朋輩。亦決爲必中。乃竟以湖南額溢被黜。僅取謄錄。聞同考溫侍講呈薦甚力。總裁亦許爲立言有體。科名雖無關人生大節。然實有天命存焉。特自問非戰之罪。似尙可歸見江東父老耳。

與景喬先生（道光丙午）

許行爲神農之言。自孟子距之後儒遂絕口不談。魯齋以治生爲急。世或譏之。其實古人無不耕且讀者。伊尹生于畎畝。孔明躬耕南陽。寬衣博帶。仰食于人。以官爲家。臣飢欲死者。漢以後之學士大夫也。究竟治生何害。治生自以務農爲先務。果欲爲隱居求志之處士。太平有道之良民。舍躬稼其何從乎。陶詩云。既耕亦已種。時還讀我書。又曰。四體誠乃疲。庶無異患干。與其叩門乞食。何若帶月荷鋤之爲樂乎。蓋治生爲吾儒之本分。謀利則商賈之賤行。此中義利界限甚明。孔子之訓樊須。孟子之責陳相。乃係就學人立志先立其大者遠者而言。並非謂士人不當躬稼也。而後儒講貫不明。遂至博極羣書。不知五穀。寧奔走于風塵。而怠荒于稼穡。名爲學者。實等游民。嗚呼。此其弊也。豈獨迂闊無用。爲人所詬病也哉。近日所著。又得數篇。分門別類。纂輯成編。名曰樸存閣農書。大約十數篇耳。他日告成。擬即以此函中之意見。演爲序論。未知吾兄以爲然否。

與景喬先生（道光戊申）

年來於兵事頗有所得。自覺倘遭時命。假我斧柯。必能實實做到。絕非紙上之談。因思古人無不文武兼資。凡所稱名將者。大抵習詩禮而知古今。漢趙翁孫所爲章奏。於西北情事。直如掌上螺紋。其文筆之簡練精到。漢廷諸儒莫能過也。三國人才。猶多儒雅。斷未有不識丁之莽夫而可以折衝決勝者。昨昇岳忠武書出師表。忠義之氣不待言。即一種書味盎然。（盎鴦去聲。漾韻。盎然豐滿貌。）溢於楮墨。決非迂腐小儒輕薄名士所能僞爲。益以歎將才固貴天生。而學問之功。尤不可少也。古人謂不爲良相。即爲良醫。弟則謂不爲名儒。即爲名將。亦可一洗凡庸齷齪之胸襟也。

與孝威（同治甲子）

吾少時好談兵。於古今兵事。頗有獨見灼知之處。遂以此爲當道所推許。馳驅戎馬。忽已十餘年矣。禍難方殷。未知何時始能底定。長揖歸田。然每念及爾等。則惟願努力作耕田識字之好秀才。佳子弟。不願學老夫也。蓋兵者凶器。不得已而用之。易曰。聖人以此毒天下。而民從之。明指爲毒。可知用之者必不得已也。蓋天下之亂。起於一縣。平時保民治匪。果有好地方官。淸查保甲。分別良莠。結實辦理。自然無事。不宜隨便用兵。無論宵小蹤跡。出沒無常。發兵捕勦。百不得一。卽兵實可用。帶兵之人。實在能幹。亦只可用壯聲威。以振良民之氣。而寒宵小之心。至於淸查村堡之人。仍以用本地紳民爲主。若以昏懦之官。帶無紀律之兵。下鄉查訪。所到之地。雞犬一空。首要各犯。早已聞風遠遁。甚或妄拏良民。要功冒賞。而良民亦激爲匪。禍且至數年不息。三省教匪。卽由地方官派兵查拏而起。其前鑒也。比因平陽會匪一案。感而書此。

與周受三（同治乙丑名開錫公之受業弟子最早者）

吏治之振新。全在上司精神貫注。除貪鄙吸烟。及全無知覺運動之人。斷不宜用外。餘皆隨材器使。亦可漸收轉移之效。大抵中人之資。可與爲善。可與爲惡。吾之好惡一端。斯吏之趨向定矣。長沙一猾吏。曾語人云。吾輩所工者。揣摩風氣耳。使上司所尙者。果是廉幹一路。吾亦何樂而貪庸乎。此言雖譎。却亦近理。今日道府以至督撫均言察吏。不知察吏之外。尙有訓吏恤吏兩端。訓之使不至爲惡。恤之使可以爲善。斯其成就者多。而轉移自速也。由前言之。表端則影自正。修身以上之事也。由後言之。以人治人改而止。忠恕之道。齊家以下之事也。閩中官吏龐雜。習氣頹靡。吾惟去其太甚者。舉其賢者能者。不必問其從來。咎其已往。某某當權時鑽營之人。概置不問可也。

與景喬先生（同治丙寅）

近擬在閩設廠。自造輪船。已志俞允。所爲章奏數千言。其大意謂防海必用海船。海船不及輪船之靈捷。西洋各國。與俄羅斯米利堅。數十年講求輪船之制。互相師法。製作日精。日本始購輪船拆視。仿造未成。近乃派人赴英吉利。學其文字。究其象數。卽爲仿造張本。不數年東洋之輪船必縱橫于海上。獨我中國。因軍務未平。無暇及此。同以大海爲利。人有所挾。我獨無之。譬猶渡河。人操舟而我結筏。譬猶使馬。人跨駿而我騎驢。可乎。均是人也。聰明睿知。相近者性。而所習不能無殊。中國之睿知運于虛。外國之聰明寄於實。中國以義理爲本。藝事爲末。外國以藝事爲重。義理爲輕。謂我之長不如外國。藉外國導其先可也。謂我之長。不如外國。讓外國擅其能。不可也。約計有數百萬之費。卽可造成多艘。而他日所省之費多矣。弟前在杭州。曾飭匠仿造小輪。試行於西湖。惜不能速。據洋將德克碑稅務司日意格皆云。大致不差。惟機件不靈耳。現在決計創行。雖非常之願。衆人必起而阻撓。亦不恤也。湘人固閉。殆必聞而掩耳。謂我變于夷矣。

與孝寬（光緒丁丑）

板石坳墳地甚佳。坳音凹窊下也又音拗義同已將汝母及汝二姊改葬。極慰。克庵先生所相道林橋一穴。岳麓一穴。價均不昂。擬卽買爲壽藏。他年歸蛻于此。岳麓脈自龍山分出。蜿蜒千餘里。較南嶽雖博厚不如。而盤折雄秀。實有獨勝之處。張南軒與朱子於此山遊覽殆徧。非無因也。可卽請源圃先生于此定穴。作生基。死便埋我。湘山湘水。樂哉斯邱。凡此皆克公爲我計畫。至爲深遠。他日魂魄有依。猶拜故人之賜也。以上家書

李文田謁左文襄祠

嫋嫋清涼山。下有故侯祠。入門先哽咽。升堂想威儀。昔來披襟言。今來灑涕悲。何止禮數異。所貴心相知。漂搖十二載。書生無一奇。豈有天下才。乃共癯僧饑。山林鼓角響。如見雲中旗。蒼茫不忍去。礌落以陳詞。礌盧對切同磥堆石自高而下也○近人詩錄

彭玉麟五六

清。姓彭氏。名玉麟。字雪琴。湖南衡陽縣人。生於安徽合肥縣梁園巡檢司署。梁園。鎭名。在合肥縣東北七十里。舊有巡司道光辛卯。年十六投協標充書識。衡陽知府高公人鑑。善相士。見玉麟奇之。使入署讀書。是歲縣試第三。竟不入學。至癸巳。年十八始隸諸生籍。道光庚戌。年三十五。從協標大軍。擒李沅發於金峯嶺。誤以爲武生。補外委。玉麟辭歸。咸豐癸丑。年三十八。洪楊軍起。曾國藩治水師於衡湘。常君儀安。薦玉麟有膽略。水師立。以玉麟與楊載福分統之。於是轉戰長江各省。捷湘潭。復武漢。破田家鎭。拔湖口。奪小姑。復彭澤。連克九江。安慶。蕪湖。江寧。厥功甚偉。定長江水師之制。每年巡閱長江。官至兵部尙書。光緒庚寅三月乙亥卒。年七十五。諡剛直。性剛介絕俗。善爲詩。下筆立就。尤善畫梅。海內流傳者過萬本云。

清仁宗嘉慶二十一年十二月十四日丑時生生卒見續碑傳集

清德宗光緒十六年三月初六日□時卒

丙子　命　二歲 壬寅　十二 癸卯
辛丑　宮　二二 甲辰　三二 乙巳
戊子　庚　四二 丙午　五二 丁未
癸丑　寅　六二 戊申　七二 己酉

劉誠意伯滴天髓注云。凡戊癸得丙丁透者。不論衰旺秋冬。皆能化火最爲眞也。珊謹按彭剛直公造日幹戊。時幹癸。互相聯合。而年幹又得丙字命宮又逢庚寅。其爲化火格眞。無可疑義。經云化之眞者名公鉅卿。卽此一端。足證剛直公造。不同凡響。其實尚不止此。月幹逢辛。與年幹丙合。年日二枝之子。與月時二枝之丑。又復互合。三命通會。謂爲鴛鴦德合。又謂爲天地德合。亟言其格局優美。迥勝尋常。此名天地德合格。而況將星貴人。雙雙幷列。氣象巍峨。襟懷磊落。更屬顯然。家天罡有云。將星文武兩相宜。祿足權高足可知。不作宰臣清斐職。便居帥府擁旌旗。此數語。更可爲剛直公寫照矣。惜二子二丑。皆値孤虛。是以妻喪子卒。雖屢立軍功。貴至尙書。而文場戰勝。僅獲一矜。程子曰。命之理微。吾證以剛直公造。認爲彰彰明甚。觀其十八歲卯運癸巳。小試入學。三十五歲乙運庚戌。公從大軍討李源發。拔補臨武營外委。固知卯乙癸庚。同爲化火之喜神也。及至三十八歲交入巳運。曾文正公。委公統率湘軍水師。屢戰勝利。是以名聞天下。接行丙午丁未戊申等運。有爲正五行之火者。有爲化氣五行之火者。有爲空亡逢衝則實者。有爲文昌會合有情者。故能規復金陵。歷敍奇功。由縣府而道臬。由提督而尙書。雖曰人事。謂非命運使然耶。或曰。七十五歲己運遽歸道山。何哉。曰。己能化土。晦火無光。小限丙子。助紂爲虐。雖歲値庚寅。亦無如之何矣。蓋小人道長。君子道消。理勢然也。

附錄

宿莫愁湖

石澗泉深瀑布流。萬竿修竹擁僧樓。我來睡入雲窩裏。曉起推牕滿白頭。錫經

書舍零墨

攻克小孤山要隘

書生笑率戰船來。江上旌旗耀日開。十萬健兒齊奏凱。彭郎奪得小姑回。彭剛直詩集

諭玉孫（勸力學爲通儒）

汝父以不羈之性。誤軍令而論斬。吾宗有後。血胤在爾。胤音孕。嗣續也。汝父少不學。督率過嚴。輒跅弛。跅音託。弛音豕。跅弛。卽不自檢束也。余切誡之。以其凶終。恐覆吾祚。今幸老朽可保首領。而令名未爲渠傷足可慰己。汝年雖稚。有跨竈之譽。接爾安稟。覺字體骨秀得之天。文法高邁疑素習。吾祖孫間。何不可曲致其情。乃類孔氏。道不垂伯鯉。而及子思耶。今後但求汝不應科舉。不習刀馬。隱於窮荒讀

破萬卷書爲通儒。於願已奢。噫。緬懷殺戒。緬音免。思貌。令吾悾忡。

稟叔（告賑災事）

人民遭瘡痛之深。歸無廬舍。食無糗糧。衣薄而天寒。鴻嗷遍野。觸景生悲。朝廷雖有賑恤。然遠水不救近火。待受皇恩。民早凍餒。斃溝壑中矣。姪嘗聞仁者言。濟急須濟急時。無所以將宦囊所得。隨緣先行布施。見一家之中被匪殺害數口者。或流離轉徙。歸來房屋被焚者。或房屋尚存。無衣無食者。概畀數金。俾得苟延殘喘。其餘造册散賑諸事。深恐掛一漏萬。常督率屬吏謹愼將事。如此辦理。於心稍覺安泰。然獨恨吾非豪富。傾家以汎愛博施。汎音信震韻拯民水火。登諸衽席也。

致弟（告以盡力國事）

茲請質庵至九江。有戎幕密相託。兄以賊寇未下。夙夜兢惕。臨事畏懼敬愼。方寸間不肯些微放鬆。以此身已許國。吾身便爲國所有。若有疎虞。何以謝皇恩。小倉詩云。男兒欲報君恩重。死到沙場是善終。讀此增吾士氣百倍。

稟叔（告治軍之道）

治軍之道。以善戰爲第一。以愛民爲第二。以和協上下官紳爲第三。此語帥營常以垂示於僚屬。姪近在軍營。獲得善戰之虛譽。羊樓司。崇陽縣。咸寧等處。所向克敵如破竹。然不敢以是驕矜。蓋七十二戰。戰無不勝如項王。一朝被困。便隳其偉業。可見武功之難。須有到底不懈之心。始可免譽望一損。今古滋疑之憾。

致弟（論用兵之道）

用兵之道。千變萬化。然必訓練有素。有悍鷙之風而不驕。有安詳之氣而不惰。庶可應敵。應敵之時。則須動靜得宜。半以迎戰。半以扼守。動如水。靜如山。則氣不奪而威常存。其本強。而故示敵以弱者多勝。敵加於我。審量而後應之者多勝。或本弱。而故示敵以強者多敗。敵加於我。漫無審量。而應之者多敗。明於此。可以言用兵。至於行陣。當修碉壘。以濠深爲妙。擇地有兩法。自固者則擇高山。擇險隘。扼賊者擇平坦必經之路。擇淺水津渡之處。嗣後每立一軍。則修碉二十座。以爲老營。以是環老營之四面方三百里。皆可往來梭剿。言戰則左右前後相呼應。可以分賊之勢。言守則深濠堅壘以靜守。可以待賊之疲。出正兵亦可。出奇兵亦可。有迴翔之餘地。而無盤旋之困厄也。

稟叔（靖港之計）

靖港之敗。曾帥幾溺。此乃不肯從姪之計。險取覆亡也。當吾水師過洞庭。逼岳州。嚴陣於城下。適逢王珍潰走。賊都棄舟登陸。奪靖港而據之。遂陷湘潭。是時省城長沙亦陷於敵中。水師十營皆來援。衆推姪定計。圖恢復。姪乃昌言。願率五營。直趨湘潭。請曾帥率五營繼之爲聲援。奈何約不履行。曾帥竟不趨湘潭。而攻靖港。一時令出不行。憤而投水。幸從者救出得不死。既而吾軍大捷於湘潭。曾帥見我。輒異於曩昔。我反難乎其爲情也。自田家鎮告捷以後。兩人之情感益密矣。祈大人時賜箴誨。免姪殞蹶也可。

致弟（論行軍當禁騷擾）

帶勇者。當以禁止騷擾良民爲第一義。王者之師。壺漿簞食以迎。乃以能行其仁。而萬民歸仁也。迺吾觀近年軍行之地。大無論城邑。小無論村舍。幾無不毀之屋。不伐之樹。富者箱篋傾之空。貧者環堵。猶不免亡其破褐敗屨。掘地將三尺。此其受害於匪者十之七八。受害于兵者。未嘗無二三。民遭大刼。元氣傷盡。行軍之官。安可不力加申誡。嚴飭其部屬之騷擾也耶。

致弟（述一生崇儉不貪之益）

崇儉是我一生長處。非誇語。不貪。亦是我一生長處。非誇語。憶余受不次之擢。十餘年來。任知府。擢巡撫。由提督。補侍郎。未嘗營一瓦之覆。一畝之殖。受傷積勞。未嘗請一日之假。終年於風濤矢石之中。未嘗移居岸上。以求一人之安。雖膺榮賞。自顧才穢。未嘗肯濫竽滋任。應領收之俸給。及一切餉銀。未嘗侵蝕絲毫。未嘗置一新袍。敝衣草屨。御之而心氣舒泰。中懷澄然無滓。可以明徹天地。俯仰無愧怍。是以歷勸家中。幸以余爲法。以戒奢侈。崇儉實。戒貪欲。崇廉義爲要義。不可妄製一衣。妄用一錢也。

致弟（科名由命中注定）

釗姪書來。以未入學爲憂。余心竊不以爲然。吾人只有進德修業。是分內事。科名兩字。乃是身外事。分內事由我作主。得尺則我之尺也。得寸則我之寸也。進德至何等地步。便算我之地步。修業至何等光景。便算我之光景。至於科名由命中注定。絲毫不能自主。

稟叔（天命不可拘）

人之成大事。立大業者。識見爲主。才學爲輔。而事業之成否。愈須參酌。夫天人之理。人定雖可勝天。有時亦天命不可拘。

致弟（云退處是福）

昔與我共患難者。無論生死。皆得令名。余以一儒生。而得虛名。最可愧。當今之世。退未必非福。閱歷多年。見成功與名位。若由命焉。否則如我者豈無人。以上家書

彭剛直公疏辭漕督

同治四年。命疏漕運總督。再疏辭。言臣布寒儒。傭書養母。咸豐三年丁母憂。曾國藩謬采虛聲。强令入營。初見卽自誓不求保舉。不受官職。十餘年來。自知府自巡撫。由提督改侍郞。並未嘗一日居官。歷任廉俸及軍營例支官品銀。從未具領分毫。恩雖實授。官猶虛寄。若責臣以必赴。惟有負罪而再辭。上鑒其誠從之。續碑傳集

袁氏命譜卷八　潤德堂叢書之六

鎭江　袁樹珊著

馬新貽五七

清。姓馬氏。名新貽。字穀山。號燕門。山東荷澤縣籍。居曹州府城。曹州舊縣名今爲荷澤縣。東北五十里馬家海。道光辛丑。年二十一補縣學生員。丙午。年二十六鄉試中式舉人。次年丁未。應禮部試中式貢士。殿試三甲六名。賜同進士出身。以知縣籤發安徽。精力過人。尤練達吏事。積功。官至兩江總督。同治庚午七月二十六日巳刻。校閱甫畢。回署。爲張汶祥所刺。次日未刻卒於任所。年五十。諡端敏。

清宣宗道光元年十月初九日辰時生生卒見年譜

清穆宗同治九年七月二十七日未時卒

辛巳　命　九歲十九　丁酉丙申

戊戌　宮　二九 三九　乙未 甲午
丙戌　庚　四九 五九　癸巳 壬辰
壬辰　寅　六九 七九　辛卯 庚寅

謹按馬端敏公造。丙火日元。生居霜降節後。斯時土王用事。丙火失令。再益以月幹戊土。及地枝巳戌戌辰。各藏戊土。疊疊盜洩之。火爲土晦。本不足稱。因年枝之巳。適値詞館。命宮之寅。適値長生。一則得火助火。一則得木生火。仍可日麗中天。光照宇宙。更兼日帶二德。尤有特長。是以早登科第。榮膺疆圻。（渠希切·音祈·界也·地方千里爲圻·）古歌云。天月二德喜重逢。貴比汾陽富石崇。祖蔭崇隆承福厚。不然年少步蟾宮。此之謂也。（用神得所·吉星照臨固妙·究不能解四大空亡也·）惜日元丙戌在甲申旬中。生年辛巳。納音屬金。而甲申旬中。竟無納音之金。淵海子平謂爲四大空亡。多主蹇滯。或主夭折。而況時日二枝。辰戌犯冲。殊爲乖戾。是以雖逢二德。亦難解凶。然此必須詳細鈎稽。始可洞中竅結。否則能不爲二德所迷惑者乎。二十一歲丙運。辛丑。補縣學生員。二十六歲申運丙午。中鄉試舉人。二十七歲仍行申運。丁未。應禮部試。登進士第。蓬蓬勃勃。如願以償。此皆丙丁助力之明證也。自三十歲後。署理宿松知縣。補授安慶知府。署理廬鳳潁道。補授安徽臬司。陞授安徽藩司。調補浙撫。陞授閩督。後又調補江督。風起雲湧。不可一世。更覺乙未甲午四運。木火連環。效力之大也。及至五十歲交入癸運。歲値庚午。小限辛丑。七月甲申。二十六日庚寅巳刻辛巳。校閱甫畢。由偏門步行回署。將近門首。突有不識姓名人。僞作跪狀。持刀行刺。將領奔救。已傷公右脅肋。深入數寸。扶歸正寢。至二十七日未刻薨逝。據此推測。火忌土晦。尤忌金侮也。

附錄

王給諫原摺稱。臣聞馬某辦事。雖甚認眞。而性情仍極平正。乃變起一時。至不能自全性命。實爲從來未有之事。疆臣且人人自危。或其中有牽掣窒礙

之處。難以總斷推詳。仍即以該犯一人。挾嫌等情。訊擬完案。應請添派親信
大臣。澈底根究。毋使稍有隱飾云云。
十月十七日上諭。前據張之萬奏。會審凶犯。張汶祥。堅不吐實。設法研訊等
語。此案關係重大。豈可日久稽延。曾國藩此時計可抵任。著即會同奎玉等。
嚴切訊究。以期水落石出。固不可任其狡展。亦不得以犯無口供。將不相干
涉之案。牽混定讞。總期設法審出實情。方准定案。
二月初二日上諭。前因太常寺少卿王家璧奏。馬新貽被刺一案。頗有傳聞。
二月初六日上諭。此案凶犯張汶祥。以漏網髮逆。復通海盜。因馬新貽在浙
撫任內。戮伊黨夥甚多。又因伊妻羅氏。爲吳炳燮誘逃。呈控未准審理。心懷
怨恨。竟敢乘間刺害大員。實屬罪大惡極。著即將張汶祥凌遲處死。以彰國
法。而慰忠魂云云。

李鴻章 五八

清姓李氏。（本姓許氏）名鴻章。字漸甫。號少荃。晚號儀叟。安徽合肥縣人。道光癸卯（年二十一）優貢甲辰（年二十二）順天鄉試。中式舉人。丁未（年二十五）進士。入翰院。洪楊軍起。鴻章在原籍。贊巡撫福濟公及呂文節公賢基軍事。時廬州已陷。福濟公謀規復。鴻章建議先取含山巢縣。福濟公授以兵。遂克二縣。時咸豐甲寅十二月也。（年三十二）知兵之名。由是始著。福濟公將疏薦道員。忌之者衆。謗讟繁興。幾不能自立於鄉里。戊午（年三十六）曾文正公督軍入江西。圍建昌。遂往謁見。文正大喜。留幕中。謀畫一切。文正深倚之。繼在江淮間。招集鄉勇。轉戰蘇常安徽各地。世稱淮軍。並擬議借用洋將。以故與外人交接甚多。洪楊平後。捻匪又起。曾公自以功高震主。託言湘軍老敝。不堪再戰。一意授之淮軍。卒將捻匪剿平。鴻章爲人英斷。具世界知識。一時中興名臣。以外交而論。要推李公爲第一。任事亦最久。任兩廣總督。兩湖總督。直隸總督。各國條約。多出其手。中日之馬關條約。辛丑之聯軍條約。皆其最大者也。官至太子太傅。文華殿大學士。封肅毅伯。光緒辛丑九月己丑卒。年七十九。追封一等侯。謚文忠。

清宣宗道光三年正月初五日卯時生（見家譜）

清德宗光緒廿七年九月廿七日午時卒（見續碑傳集）

癸未	命	四歲 癸丑	十四 壬子
甲寅	宮	二四 辛亥	三四 庚戌
乙亥	甲	四四 己酉	五四 戊申
己卯	子	六四 丁未	七四 丙午

通會云。乙亥日。己卯時。生寅月。不見庚辛。乃是日祿歸時格。當卜顯揚貴達。此僅就五字言耳。珊謹按李文忠公造。癸未甲寅乙亥己卯。日元之乙屬木。月幹之甲亦屬木。月日二枝寅亥。又各藏甲木。年時二枝未卯。又各藏乙木。

而亥寅卯未。又各自合木。天幹又不見庚辛二字。金無一點。木必叢生。此誠純潔曲直格。非片面之日祿歸時比也。古歌云。甲乙生人寅卯辰。又名仁壽兩堪評。亥卯未全嫌白帝。若逢坎位必身榮。就此觀之。幹逢甲乙。枝會寅卯辰。或亥卯未。均當作曲直格論。又名仁壽但必須不見白帝。所謂白帝者。蓋恐金來尅木。有傷本質也。逢坎身榮者。蓋坎屬水。能生木。裨益本質也。先賢名論。固甚簡明。然珊猶有說焉。何則。曲直果成。雖行金運。亦無大害。蓋四柱本來無金。略見微金。我强彼弱。彼豈敢輕犯我哉。至於坎水生木。更妙。究不若土之培木。火之暄木。爲尤妙也。觀於文忠公二十一歲癸卯。得優貢。二十二歲甲辰。舉鄉試。二十五歲丁未。入翰林。可見大運子水。與水木火之流年。均與曲直格。聲應氣求也。及至戊己戌丁未丙等運。土火齊逢。培木暄木之能力。愈加充足。是以自江蘇巡撫。而晉至總理。及外務大臣。竿頭直上。幸福可知。至辛庚四運。雖曰屬金。不利曲直。然亦不過喪母喪妻。公私栗六而已。與正格並無防礙。七十九歲丙運。歲值辛丑。竟薨於京師賢良寺者。此乃辛乙交戰。丑未相衝之故。與丙運無涉也。

附錄

龍潭阻風懷雪琴

秋風縱酒潯陽郭。夜月聯吟赤壁舟。往事隔年如昨日。故人擊楫又中流。萬嵩煙雨樓船靜。六代江山畫角愁。不見元龍湖海氣。臥聞涼吹撼汀洲。（近人詩錄）

稟母親　函

金陵圍師。自攻克鍾山石壘後。晝夜猛攻。創傷枕藉。（謂縱橫相枕而臥也）卒以洪賊困守城中。糧援俱絕。李秀成力勸洪賊棄城同走。賊不聽。乃令李世賢。先就食江西。而自留金陵。背城固守。再於城內築月城。以禦官軍。自謂安如磐石。九帥百計圍攻。思築隧道以轟之。無奈月城相阻。不得越雷池一步。五月三十日。攻克龍膊子山陰堅壘。俗所謂天保城者。遂築砲臺於上。日夜轟擊。而潛穴於下。時刻進取。六月十六日。地道火發。傾城二十餘丈。李臣典蕭泗孚輩。蟻附爭登。城遂破。九帥日夜勞心。風餐露宿。以致蒼黑顚頟。無復書生面貌。其忠義之氣。令人感泣。當今偉績。盡出曾氏一門。是天賦之獨厚耳。城破後僞天王府火起。九帥閉門搜殺賊衆三日夜。太平酋目三千。兵十餘萬皆死。生擒李秀成。及僞天王之兄洪仁達等。僞天王知不得善終。先於五月二十七日服毒自盡。其子福瑱。年十五六。爲部下挾之突圍出走。相擾十數年。至是始抵於平。事聞於朝。聖上以手加額。破顏作慶。於是詔封曾滌笙夫子爲一等侯。國荃一等伯。李臣典一等子。蕭泗孚一等男。官文與兒均一等伯爵。楊岳斌彭玉麟駱秉章鮑超均一等輕車都尉。餘各按功升賞。李秀成等諸逆。均磔於市。現查得福瑱之出走也。僞堵王黃文金。迎至湖州。是時蘇州軍力攻。破其城。浙軍亦下安吉。文金於倉卒中。挾福瑱走寧國。蘇州軍並收復廣德州城。

稟母親

逆賊洪福塡亡走寧國。又走廣德。廣德被蘇州軍破後。鮑超又大破逆軍於許灣。黃文金又挾福塡走浙江之淳安。爲浙軍黃少春所破。至於文金死。福塡輾轉走廣信。爲江西軍席寶田。率輕兵尾其後。及至石城。圍破之。而俘斬過半。卒獲福塡於荒谷中。磔於南昌市。僞天王之兄僞䘏王洪仁政。弟僞於王洪仁玕。及黃文金。僞昭王黃文英等。已先爲席寶田所擒。於是逆賊餘衆僅存李世賢汪海洋入閩一股。事聞。詔賞江南巡撫沈保禎一等輕車都尉。並賞鮑超一等子爵。席寶田雲騎尉。

示父兄

年來國勢日非。吾等執政。雖竭力謀強盛。然未見效。深爲可嘆。國人思想受毒根深。忽然一旦變化。固非易事。然受外人之淩辱。國人未能反省。非愚且鈍乎。受人淩辱之原因。莫外乎不諳世事。默守陳法。藏身於文字之間。而卑視工商。豈知世界文明。工商業較重於文字。窺東西各國之强盛。無獨不然。今當局者漸醒。於是有遣使出洋攷察之議。然考察而未能仿行。等於不察。欲仿行而仍假手於外人。等於不仿。故曾夫子滌笙等有上疏擬選聰穎子弟。出洋習藝事各專所學。報效於國家也。或謂天津。上海。福州。等處。已設局仿造輪船。槍礮。軍火。京師設同文館。選滿漢子弟。延請學者教授。又上海開廣方言館。選文童肄業。似中國已有基緒。無須遠涉重洋。不知設局製造開館。所以圖振奮之基也。遠適肄業。集思廣益。所以收遠大之效也。西人學求實濟。無論為士。為工。為兵。無不入塾讀書。共明其理。習見其器。躬親其事。各致其心思功力。遞相師授。期於月異而歲不同。中國欲取其長。一旦遽圖盡購其器。不惟力有不逮。且此中奧窔。苟非徧覽久習。則本原無由洞澈。曲折無以自明。古人謂學齊語者。須引而置之莊嶽之間。又曰。百聞不如一見。此物此志也。況誠得其法。歸而觸類引伸。今日所為孜孜以求者。不更擴充於無窮耶。余然曾夫子之說。附其後。因疏聖上。並籌辦法。吾兒身體不佳。宜自保重。每日工作。宜有定時。弗過度。余年老力衰。耳眼不靈。疏忽之處頗多。可恨可恨。

諭文兒

汝兄弟來稟。以讀書不得其法。頗爲悵恨。要知讀古文。須從頭至尾。一氣讀完。萬不可分段讀。蓋文貴氣魄。忌散漫。分段讀。勢必失通篇精警處而淡然無味也。既知讀法。則一面讀。一面想。如李華弔古戰場文。李陵答蘇武書。能想到一幅淒涼圖畫。滿紙生風。漢皇負德隻字淚寄千行。而爲之聲淚俱下者。可謂得讀書之玄奧矣。此層我與伯叔等。時時論及。汝可翻閱長上之日記。就近請教四叔。汝兄弟家居。宜聽諸長上訓言。讀書寫字。刻苦用功。我以身體不適。不能多及。他日當反復論之。以上家書

周烈女 五九

清。姓周氏。名絡馨。江蘇儀徵縣。北洋山人。隨父廣慶。僑居江都城北。道光丙午。四月初九日人定時。隣有桑源者。踰牆壞寢而入。欲强汚之。致受刃傷。女憤極。不食者十日。卒於是月十八日戌時。年甫十七。桑源如律治罪。女隨案請旌。大學士阮公芸臺表其廬曰。周烈女室。

清宣宗道光十年十一月十二日寅時生 （卒見碑傳補）

清宣宗道光廿六年四月十八日戌時卒

庚寅	命	六歲 十六	丁亥 丙戌
戊子	宮	二六 三六	乙酉 甲申
丙寅	戊	四六 五六	癸未 壬午
庚寅	子	六六 七六	辛巳 庚辰

碑傳補載（卷六）周烈女傳云。（劉文淇撰）烈女家世儒族。父廣慶。始廢書習賈。道光十

年。移居郡城北門外。宅在街西。而設油米肆於街東。女幼端謹。寡言笑。識字。解書算。待字於室。肆中事。時或紛遽。廣慶則呼女至肆襄助。凡女工煩撋炊爨之事。（撋音特。拭也。煩撋。猶捼挱。兩手相切摩也。）亦無不習。二十六年四月二日。女之母張氏往鄉間親串家未歸。鄰有桑源者。知女獨與其妹居。於初九日人定時。踰牆壞寢門而入。爇燭於几。女以獨宿。故不解衣而寢者已數日。至是聞闔戶聲驚醒。（闔音合。門扇也。）則燭光瑩然。源立於側。有一刀插几上。女急呼其妹起。自出帳外。叱源曰。汝何故夜入吾室。源以游辭挑之。女勃然怒。復叱之。源脅之以刃。女大聲曰。今日之事。惟有死耳。源持刃徑前。女子以右手格之。傷四指。女忍痛奪戶出奔庭中。源急追之。復以刃刺其頸。流血不止。女之妹甫六齡。見女倒地。乃大哭號。鄰里聞聲驚起。急呼廣慶至。則源已遁。廣慶乘夜詣縣。縣令來取女生供。親驗頸傷二處。深四分。右小指將斷。女憤極。不食者十日。竟不起。縣役旋於二十六日。在淮安山陽縣境獲源。供認不諱。論如律。女循例隨案。

詳請旌表。予告大學士阮公。親詣其廬。式之。而表其廬曰周烈女室。並率紳士。請於太守。奉主入縣學節孝祠。及平山堂五烈祠。女生於道光十年十一月十二日寅時。卒於二十六年四月十八日戌時。年甫十七。珊謹按周烈女之造。年庚寅。月戊子。日丙寅。時庚寅。四柱純陽。秉受乾剛之體。五行俱備。偏饒坤德之長。惟嫌地枝三寅。各藏丙火。連同丙火日元。火計有四。僅恃月枝一點子水。納音屬火。斷難收坎離交濟之功。所以人雖玉潔冰淸。知書識算。盜竟踰牆壞寢。爇燭施刀。命學新義有云。偏枯之造。難享大年。驗之於此。而益信也。所幸庚金兩排。藉金生水。尚可以羨補不足。智能疾聲呼妹。勇能飲刃捐軀者。職是之故。至於醵金建祠。固是賢紳美德。完璧無玼。（音此。支韻。瑕玼玉病也。與疵通。）自應貞女流芳。推其卒年。適在丙午。此日元而衝子水。故不免於難。然得亥水逆之貴人。會合長生。故又千秋不朽也。

丁丙六十

淸。姓丁氏。名丙。字嘉魚。號松生。晚號松存。浙江錢塘縣人。（民國改錢塘仁和。爲杭縣。）生於杭城麒麟街舊居。咸豐甲寅。（年二十三）取入杭州府學十五名附生。乙卯。（年二十四）丙封臂療親。丙辰。（年二十五）江寧大營潰。警音迭至。避難城中者。不下數萬計。均於各寺觀駐足。丙急設中城福院粥廠以濟之。己未。（年二十八）廣購書籍。庚申（年二十九）二月廿七日。杭城陷。三月初六日。杭城克復。四月初。金陵大營潰。蘇郡陷。時難民自蘇至松者數萬人。丙與鄭君友梅王君墨侯。於超果寺。西林寺。開設粥廠。並設施醫藥局。按口分給錢文。辛酉。（年三十）四月。採訪庚申殉難官紳士庶婦女。姓名事實。仿自靖錄例。纂修崇義錄。並創建崇義祠於吳山麓。十一月廿八日。城復陷。同治壬戌。（年三十一）蘇城克復。丙收集難童。爲謀安全。甲子二月廿四日。杭城克復。左文襄公進城。召丙謀畫善後。開辦振撫局。設立難民局。掩埋局。施材局。重建崇義祠。開濬城河。十二月初二日。奉旨以知縣發往江蘇補用。此乃左文襄公奏保也。乙丑。年三十四監造崇文書院。詁經精舍。及正氣先覺遺愛祠。爲蔣方伯重鑄岳墓鐵人。設立正蒙義塾。丙寅。年三十五開辦育嬰堂。是年十二月廿二日。生長子立中。辛卯科舉人丁卯。年三十六舉辦棲流所。戊辰年三十七並辦理救生局。及各善舉。光緒辛巳。年五十李文忠公爲丙父母奏建樂善好施坊。得旨俞允。辛卯。年六十藏書焦山。己亥三月丙辰。卒於里第。年六十八。除校刊古籍數百種外。著有善本書室藏書志。庚辛泣杭錄。北隅贅錄。續東河櫂歌。三塘漁唱等書。

清宣宗道光十二年七月二十日卯時生生卒見年譜

清德宗光緒二十五年三月初九日戌時卒

壬辰　命　八歲己酉　十八庚戌

戊申　宮　二八辛亥　三八壬子

甲子　丙　四八癸丑　五八甲寅

丁卯　午　六八乙卯　七八丙辰

丁松生先生之造。壬辰。戊申。甲子。丁卯與邵康節先生之造。辛亥。辛丑。甲子。甲戌。似同實異。松生造日元甲子。枝會辰申子。水多木漥。康節造日元甲子。支會亥丑子。亦水多木漥。此似同也。松生造。取時幹丁火。及命宮丙火午火。爲暖木之用。康節造。取時枝戌藏丁火。及命宮巳藏丙火。爲暖木之用。此又似同也。松生造誕生孟秋。暑熱猶存。產生南方。火氣較揚。且多一午火。故出身富餘。康節造。誕生暮冬。天氣嚴寒。產生北方。且少一午火。故出身儒素。此實異也。松生造。運喜土火。而偏逢金水。雖涵今茹古。連夜惜陰。僅博得青衿一領。未能桂杏聯輝。康節造。運喜火土。而火土連環。雖家徒四壁。艱苦備嘗。竟得司馬光等。爲之市園宅。置行窩。此又實異也。總之。松生康節二造。日主同爲進神。松生甲壬互刃。樂善好施。康節甲辛雙排。移風易俗。同爲芳流百世名著千秋之人。無甚軒輊也。康節之造。詳見前篇。茲再按照松生經歷略述如下。廿一歲庚運壬子。淩夫人卒。廿四歲戊運乙卯。洛耆公棄養。廿六歲仍行戊運丁巳。姚太夫人亦棄養。五十三歲癸運甲申。陸夫人卒。五十六歲丑運丁亥。胞兄竹舟公卒。六十一歲甲運壬辰。三子立亢殤。凡此種種。有爲戌衝生年之辰者。有爲亥會子丑爲水者。有爲逢水而又尅火者。是以憂喪不免。煩惱頻遭也。至於廿三歲庚運甲寅。考取杭州府學。三十三歲辛運甲子。奉旨以知縣補用。三十五歲亥運丙寅。長子立中生。五十歲癸運辛巳。爲父母建築樂善好施坊。得旨俞允。長子立中入泮。五十八歲丑運己丑。次子立方生。六十歲甲運辛卯。小限丁未。長子立中鄉試中式舉人。又藏書一千册於焦山。此皆歲限忽逢火土。賫助用神。有以致之。非大運金水之功也。六十八歲偶染微痾。遽捐館舍者。此乃寅運遙衝申月。太歲己亥。與小限己亥互相犯刑。助紂爲虐之故。非無因也。

追憶錢夫子

師諱光泰。字菊人。杭郡生。僑寓明州。館吾鄉黃氏。伯兄先受業焉。小子入學之日。師喜程課早畢。贈以棗栗餅餌。似寓獎勵之意。翼日。師即感疾。旋歸。歿於家。同學諸子皆散去。七八年來。無音耗可得。而師弟一日之緣。殆有宿契者歟。

請業錢門下。依依七歲兒。神童詩學誦。夫子眼青垂。一夕瓣香墮。四明山色悲。鐙前懷杖履。何以慰相期。

贈盧儒醫彤

我愛盧夫子。高風不可攀。藥求靈異水。家住最深山。偶作吾杭寓。姑蘇母病孱。當歸歸志切。風雪送君還。

八千卷樓書

弟兄兀兀抱書癡。諫果回甘味獨知。未必祖龍都燬盡。倘期得者寶藏之。

楊師母徐孺人咸豐十一年十二月朔投四眼井中死

哀哉楊烈婦。足以配吾師。辨義千尋井。從亡一歲兒。青山虛骨葬。白水此心知。故土如收復。終當立祀祠。

歇浦一丐沿門誦滕王閣序於關山萍水一聯尤聲淚俱下詩以紀之

世鮮平原座執延。羹殘炙冷散華筵。吾吟閣序滕王句。似聽簫聲吳市邊。滬上斯文愁掃地。馬當濟運待呼天。他鄉失路同牽恨。腸斷西湖病柳烟。

蔣薌泉方伯益澧既葺岳忠武祠墓復屬監鑄四佞像紀之以詩

脚長頭重屈難伸。四體翻成不壞身。奸亦何緣稱鐵漢。死偏如願附金人。六州大錯空教鑄。三字奇冤竟未淪。輸與墓門雙石獸。摩挲有客剔烟榛。

感懷書事

陸宜人自奉儉約。不吝施與。每散米帖。輒手記戶口。歲以爲常。去臘力疾勉爲。告女恆曰。來歲恐不必爲此。姑付汝收藏。或踵行之。今歲恆出遺錢。既爲散米。因題此詩。

風雪啼飢逼歲除。敢言仁粟慰鄉閭。沾沾細以斗升計。某某親將姓氏書。自說明年知在否。且教弱女好藏諸。今朝苦踐君遺意。珠淚潺湲米不如。

記老人擔米

解衣推食古之義。誰謂今人不能繼。特憐繼者世不多。童子何知知此意。光緒乙未歲將除。饋貧年米施普濟。千石萬斗十萬升。先分米帖爲成例。武林惸獨寡且孤。往往藉之卒殘歲。於橐於囊負更擔。中有衰翁挑兩器。三斗未滿二斗逾。一竹纖纖兩繩繫。誰知道經中正橋。一桶底脫米散地。縱留一器不能容。倉皇莫措但流涕。衰翁居隔偏遙遙。家無別器易非易。隣嫗更比翁力衰。待之舉火米難棄。過者駐足空旁觀。相對躊躇無一計。忽來一童眉爲攢。急解裏衣權作替。包之裹之足一囊。餘粒收羅靡遺細。途人嘖嘖交嘆嗟。不信此童不自利。童年約略二十強。不似攻書似習藝。衰翁擔米得得歸。惜未將童姓名記。

服西藥多不效人仍趨之偶作

瓶水津津露有光。粉研絳雪搗元霜。重樓蜃市萬千象。祕篋龍宮三十方。在昔鹽梅羹自美。於今甘草味爲良。從無康子遙相餽。愼守中醫未敢嘗。

三月初一日病危口占

六十八年有此身。時和歲稔亦艱辛。分應獨善心兼善。家守清貧書不貧。是以眞誠對知己。從無仰面一求人。何如早返初來路。願被罡風化作塵。以上松夢寮詩稿

張之洞 六一

清。姓張氏。名之洞。字孝達。一字香濤。號壺公。又號無競居士。晚號抱冰。直隸南皮縣人。咸豐壬子。年十六順天鄉試第一。同治癸亥。年二十七會試登進士。廷對擢一甲三名。授編修。丁卯。年三十一充浙江鄉試副考官。旋命提督湖北學政。所至提倡經史實學。外任督撫垂三十年。在兩湖最久。京漢鐵路。漢陽鐵廠。萍鄉煤廠。皆其所創辦。光緒末。爲軍機大臣。官至體仁閣大學士。軍機大臣實錄館總裁官。宣統己酉。八月丁酉卒。年七十三。諡文襄。有勸學篇。輶軒語。書目答問。廣雅堂集等。

清宣宗道光十七年八月初三日午時生（見五續疑年錄及名人生日表）

清宣統元年八月廿一日□時卒（見碑傳補）

丁酉 命 九歲 丁未
十九 丙午

戊申 宮 二九 乙巳
三九 甲辰

戊申　壬　四九癸卯　五九壬寅

戊午　寅　六九辛丑　七九庚子

明通賦云。拱貴拱祿爲將相。忌刑衝塡實之凶。三車一覽云。命中若逢天赦。一生處世無憂。珊謹按張文襄公之造。丁酉。戊申。戊申。戊午。日枝之申。時枝之午。虛拱未字。既無衝申衝午之嫌。又無塡實未貴之弊。且日値戊申爲秋月之天赦。宜其早捷巍科。晚膺相位。逢凶化吉。多子大年。（公有三妻六子。）然此猶言其表。實則命占六土。厚之至矣。得年幹丁火。及時枝午火。與夫二申藏水。從而暄之潤之。是以生機蓬勃。而收地大物博之效。再益以命宮寅木。疏通土脈。其妙更不可言矣。或謂逢寅衝申。奈何。曰不忌。蓋二申不衝一寅也。觀其十六歲未運壬子。順天鄉試發解。廿七歲午運癸亥。春闈登第。擢一甲三名。而授編修。吾固知其水火二者。均裨益厚土也。自三十歲至四十四歲。經過乙巳甲三運。既充浙江四川鄉試副考官。又任湖北四川學政。又晉翰林侍講。授山西巡撫。吾吏知其木能疏土。火能暄土。均爲土厚之命。所最喜也。四十五至七十三歲。擢兩廣。調兩湖。權兩江。加太子少保。入贊樞機。兼筦學部。（筦音管，與管同，主也。）尋爲體仁閣大學士。充經筵講官。三十年間。鵬飛鯤化。虎變龍翔。此皆辰癸卯壬寅辛等運。水木連環。有以致之。七十三歲仍行辛運。憂勞成疾。遽薨於位。適在己酉年。癸酉月。丁酉日。會生年之酉。四酉自刑。物極則反。無可避免。假使運不逢辛。亦未必若是也。

附錄

閱僕

崚坂擢輪雨雪雱。蕭奴從我在他鄉。乾餱冷店同朝暮。此亦貧交不可忘。（張文襄詩集）

勸學篇序

昔楚莊王之霸也。以民生在勤箴其民。以日討軍實儆其軍。以禍至無日訓其國人。夫楚當春秋魯文宣之際。士方鬬。兵方强。國勢方張。齊晉秦宋無抗顏行。誰能禍楚者。何爲而急迫震懼如是之皇皇耶。君子曰。不知其禍。則辱至矣。知其禍。則福至矣。今日之世變。豈特春秋所未有。抑秦漢以至元明所未有也。語其禍。則其共工之狂。辛有之痛。不足喻也。廟堂旰食。乾惕震厲。乃將改弦以調琴瑟。異等以儲將相。學堂建。特科設。海內志士。發憤搤捥。於是圖救時者言新學。慮害道者守舊學。莫衷於一。舊者因噎而食廢。新者歧多而羊亡。舊者不知通。新者不知本。不知通則無應敵制變之術。不知本則有非薄名教之心。夫如是則舊者愈病新。新者愈厭舊。交相爲瘉。而恢詭傾危。亂名改作之流。遂雜出其說。以蕩衆心。學者搖搖。中無所主。邪說暴行。橫流天下。敵既至。無與戰。敵未至。無與安。吾恐中國之禍。不在四海之外。而在九州之內矣。竊惟古來世運之明晦。人才之盛衰。其表在政。其裏在學。不佞承乏兩湖。與有教士化民之責。夙夜兢兢。思有所以裨助之者。乃規時勢。綜本末箸論二十四篇。以告兩湖之士。海內君子。與我同志。亦所不隱。內篇務本。以正人心。外篇務通。以開風氣。內篇九。曰同心。明保國保教保種爲一義。手足利則頭目康。血氣盛則心志剛。賢才衆多國勢自昌也。曰教忠。陳述本朝德澤深厚。使薄海臣民。咸懷忠良。以保國也。曰明綱。三綱爲中國神聖相傳之至教。禮政之原本。人禽之大防。以保教也。曰知類。閔神明之胄裔。無淪胥以亡。以保種也。曰宗經。周秦諸子。瑜不掩瑕。取節則可。破道勿聽。必折衷於聖也。曰正權。辨上下。定民志。斥民權之亂政也。曰循序。先入者爲主。講西學必先通中學。乃不忘其祖也。曰守約。喜新者甘。好古者苦。欲存中學。宜治要而約取也。曰去毒。洋藥滌染。我民斯活。絕之使無萌枿也。（注）枿與櫱同。槎枿伐木餘也。斜曰槎。斬而復生曰枿。外篇十五。曰益智。昧者來攻。迷者有凶也。曰遊學。明時勢。長志氣。擴見聞。增才智。非遊歷外國不爲功也。曰設學。廣立學堂。儲爲時用。爲習帖括者擊蒙也。曰學制。西國之強。強以學校。師有定程。弟有適從。授方任能。皆出其中。我宜擇善而從也。曰廣譯。從西師之益有限。譯西書之益無方也。曰閱報。眉睫難見。苦藥難嘗。知內弊而速去。知外患而豫防也。曰變法。專己襲常。不能自存也。曰變科舉。所習所用。事必相因也。曰農工商學。保民在養。養民在教。教農工商。利乃可興也。曰兵學。教士卒不如教將領。教兵易練。教將難成也。曰鑛學。興地利也。曰鐵路。通血氣也。曰會通。知西學之精意。通於中學。以曉固蔽也。曰非弭兵。惡教逸欲而自斃也。曰非攻教。惡逞小忿而敗大計也。二十四篇之義。括之以五知。一知恥。恥不如日本。恥不如土耳其。恥不如暹羅。恥不如古巴。二知懼。懼爲印度。懼爲越南緬甸朝鮮。懼爲埃及。懼爲波蘭。三知變。不變其習。不能變法。不變其法。不能變器。四知要。中學考古非要。致用爲要。西學亦有別。西藝非要。西政爲要。五知本。在海外不忘國。見異俗不忘親。多智巧不忘聖。凡此所說。竊嘗考諸中庸而有合焉。魯。弱國也。哀公問政。而孔子告之曰。好學近乎知。力行近乎仁。知恥近乎勇。終之曰。果能此道矣。雖愚必明。雖柔必强。茲內篇所言。皆求仁之事也。外篇所言。皆求智求勇之事也。夫中庸之書。豈特原心杪忽。校理分寸而已哉。孔子以魯秉禮而積弱。齊邾吳越。皆得以兵侮之。故爲此言以破魯國臣民之聾瞶。起魯國諸儒之廢疾。望魯國幡然有爲。以復文武之盛。然則無學無力無恥。則愚且柔。有學有力有恥。則明且强。在魯且然。況以七十萬方里之廣。四百兆人民之衆者哉。吾恐海內士大夫狃於晏安而不知禍之將及也。故舉楚事。吾又恐甘於暴棄。而不復求强也。故舉魯事。易曰。其亡其亡。繫於苞桑。（苞，本也，凡物繫於桑之苞本，則牢固也，）惟知亡。則知强矣。光緒二十四年三月。南皮張之洞書。

致兒子書（訓誡用功）

吾兒知悉。汝出門去國。已半月餘矣。爲父未嘗一日忘汝。父母愛子。無微不至。其實恨不一日離汝。然必令汝出門者。蓋欲汝用功上進。爲後日國家干城之器。有用之才耳。方今國是擾攘。外寇紛來。邊境屢失。腹地亦危。振興之道。第一卽在治國。治國之道不一。而練兵實爲首端。汝自幼卽好弄。在書房中。一遇先生外出。卽跳擲嬉笑。無所不爲。今幸科舉早廢。否則汝亦終以一秀才老其身。決不能折桂探杏。爲金馬玉堂中人物也。故學校肇開。卽送汝入校。當時諸前輩。猶多不謂然。然余固深知汝之性情。知決非科甲中人。故排萬難以送汝入校。果也除體操外。絕無寸進。余少年登科。自負淸流。而汝若此。眞令余憤愧欲死。然世事多艱。習武亦佳。因送汝東渡。入日本士官學校肄業。不與汝之性情相違。汝今旣入此。應努力上進。盡得其奧。勿憚勞。勿恃貴。勇猛剛毅。務必養成一軍人資格。汝之前途。正亦未有限量。國家正在用武之秋。汝縱患不能自立。勿患人之不已知。誌之誌之。勿忘勿忘。抑余又有誡汝者。汝隨余在兩湖。固總督大人之貴介子也。無人不恭待汝。今則去國萬里矣。汝平日所挾以傲人者。將不復可挾。萬一不幸肇禍。反足貽堂上以憂。汝此後當自視爲貧民。爲賤卒。苦身戮力。以從事於所學。不特得學問上之益。且可藉是磨練身心。卽後日得余之庇。畢業而後。得一官一職。亦可深知在下者之苦。而不致予智自雄。余五旬外之人也。服官一品。名滿天下。然猶兢兢也。常自恐懼。不敢放恣。汝隨余久。當必親炙之。勿自以爲貴介子弟。而漫不經心。此則非余之所望於爾也。汝其愼之。寒暖更宜自己留意。尤戒有狹邪賭博等行爲。卽幸不被人知悉。亦耗費精神。拋荒學業。萬一被人發覺。甚或爲日本官吏拘捕。則余之面目。將何所在。汝固不足惜。而余則何如。更宜力除。至囑至囑。余身體甚佳。家中大小。亦均平安。不必系念。汝盡心求學。勿妄外騖。汝苟竿頭日上。余亦心廣體胖矣。父壽示。五月十九日。

致兒子書（寄示格言）

吾兒知悉。汝去國後。日與老成相遠。而中國古聖賢之大經大法。益茫然不復記憶。孝弟爲人之本。本之不存。學也何用。此甚爲懸懸者也。國內學校子弟。有父兄之誡。師長之敎。而尙流於邪僻。不克自檢其身心。況去國已遠。無父兄。無師長。苟無克己工夫者。必不能以自存。余竊憂之。因將余近日所著勸學錄一篇寄汝。汝可作格言讀。懸於座右。日誦一遍。苟爲勸學錄中所可者。必有益於汝。汝儘行之。苟不許者。必於汝有害。汝力戒之。余著此書。本以開導國內青年子弟。並以告一斑爲父兄師長者。印行萬本。散發各校。雖所言或有不盡適合者。然大體必無誤。今人束聖賢書不讀。幾不知君父之尊。師長之重。甚有讀書數年。而全不知其所學爲何事者。上無道揆。下無法守。禽獸食人。狂瀾遍地。此正顧炎武所謂亡天下之象。余惄焉憂之。因擇數事以誡學生。而著爲是書。凡立身安命。待人處世。以及事父事君之道。靡不詳載引申。反覆叮嚀告誡。使學子而能體會及此者。推而充之。雖爲聖賢亦何難。小亦不失爲謹飭端行之士。足以保其身家。無父無君之事。必不敢爲。而滅門殺身之禍。亦可不至。此誠青年之一服良劑也。汝於正課之暇。應身體而力行之。如對嚴師。如對嚴父。朝而省焉。暮而察焉。庶幾邪說可以不至害事可以不作。而余亦放懷寬心。不復憂慮汝累及老父矣。卽同學中。汝亦可以此示之。多得一人體會中國留學中。卽可多一操行可守之人。愼勿以爲老生常談。而忽視之也。汝邇來身體如何。務須時時留心。余身體甚佳。家中亦均平安。汝不必憂慮。一切家務。自有余一人操心。汝可安心求學。不必罣念。且勿忘根本。寄汝勸學錄一本。汝當盡心讀之。久而久之。必可得其益也。

父濤白。十一月初五日。以上家書

武訓六二

淸姓武氏。本名武七。山東堂邑縣人。人以其勵志苦行。可爲世訓。乃以訓名之。訓三歲。父宗禹歿。隨母崔氏。求食。每得食。必先奉母。七歲。母又歿。日持缺盎盛淖糜。（淖音鬧。敎韻。和也。儀禮。嘉薦普淖。）哀號行乞。自恨不識字。常隨羣兒挾書往村塾就學。羣兒頗厭辱之。訓大憤。誓必集資敎人。晝行乞。夜績麻。或爲人磨米麥。得一錢。必謹守。與餅餌。食其殘。市其全者。由是積漸夥。日負以行。力或不勝。思收贏利。乃爲黠者所紿。顧訓志益堅。行益苦。行乞。績麻。磨米麥。不少休。數歲。積錢六千。一日踵富人某門。長跪求見。問其故。曰丐者有求於貴人也。貴人許我。乃敢言。富人疑其強索。拒之。訓曰。非乞錢也。丐所蓄。曩爲人所紿。今所積。將貯諸貴人。得倍其息。以償吾所爲。乃所願也。聞者復慫恿之。富人諾其請。訓拜謝去。自此乞錢盈千。輒持往。閱廿餘年。子母相權。數且盈萬。訓大喜。語人曰。今可以行吾志矣。卽於柳林置地。設義塾焉。初就學者無多。乃僦古廟爲學堂。招寠人子弟來學。聘邑之文學士爲主講。歲奉修脯有加。或不就。則長跪涕泣。必得請乃已。釋菜日。治盛饌餉師。以邑之有聞望者陪讌焉。或却不往。則又長跪涕泣。必得請乃已。人多審其愿而憐其意焉。所給每日多於往日。而訓悉寄於富家以權子母。嗣之館陶縣見僧人了證。在楊二莊設塾。助錢三百千。以贊其成。至臨清州。又於城之史巷。出貲建塾。州人感其義。名曰武訓義塾。訓積銖累寸。設學三州縣。校舍經費皆備。倩知教育者董理之。每朔望前往省視。遇教師之勤者。必跪而拜謝。學生有輟業嬉戲者。又必跪以哀告之。以故教師莫不畏敬。學生皆相戒勿敢怠。甫十餘年。塾中子弟。輟高第者日衆。而訓敝衣惡食。行乞如故。學生相約環跪其前。乞無自苦。而訓泊如也。光緒二十二年四月。以病歿。年五十有九。訓形短肥。未嘗一飯費一錢。或勸其娶。輒蹙然曰。有妻有子。耗吾財矣。竟終身不娶。既歿。魯撫張曜。臚陳事跡。請

付史館以傳之。清代名人傳

清宣宗道光十八年九月初八日辰時生 澄源作述參考清史稿

清德宗光緒二十二年四月□□日□卒

戊戌	命	五歲 十五	癸亥 甲子
壬戌	宮	二五 三五	乙丑 丙寅
丙午	甲	四五 五五	丁卯 戊辰
壬辰	寅	六五 七五	己巳 庚午

曩有山東僧名澄源者。善子平術。來京口訪珊。彼嘗示以當代名人及武訓等造。俾可共同研究。乃知訓爲清道光十八年九月初八日辰時生。光緒二十二年四月卒。其八字爲戊戌。壬戌。丙午。壬辰。觀其火土交加。偏枯特甚。固當幼失怙恃。陽刃衝合互見。駁雜異常。更應艱於妻子。五十九歲。運行戊字。歲值丙申。火愈炎。土愈燥。是以壽終學舍。按諸事實。似頗脗合。然猶疑信參

半。及讀清史稿。武訓列傳。載明光緒二十二年。歿於臨清義塾廡下。年五十九。而清代名人傳。又載三歲父宗禹歿。七歲母崔氏又歿。又載光緒二十二年四月以病歿。年五十有九。並云訓形短肥。以此證之。始信澄源所說。爲不虛也。珊玆再按之。家天罡云。羊刃雖爲凶惡神。只宜君子掌權人。巫咸撮要云。人命若還逢月德。百事所求多利益。珊嘗云。君子小人之別。不在富貴貧賤。而在尙義與好利兩途之判耳。尙義者雖貧賤不失爲君子。好利者雖富貴終爲小人。至於名位二字。更非專指官爵言。凡忠臣孝子義士節婦。各有名位。武訓乞者也。節資興學。與富貴驕人。惟利是圖者迥異。豈非君子乎。武訓得錢必市甘旨奉母。武訓又予田助養孝媳張陳氏。不僅義士。且是孝子。嗚呼。孝子義士之名位。吾不知較之貪官降將。爲何如也。武訓造壬水兩排。乃是七殺。午火會合。乃是陽刃。日元丙火。乃是兩德。是以爲君子而興學。是以爲孝子義士。名位大顯。卒至列傳國史。鐫像奉祀。豈非所求多利益。原來大吉昌平。珊曾在故里。與宗兄旭江。從弟子高。協辦臥雪學校。敬題不如武訓四字。署之廳事。非惟自警。蓋紀實也。

附錄

武訓。堂邑人。乞者也。初無名。以其第曰武七。七孤貧。從母乞於市。得錢必市甘旨奉母。母旣喪。稍長。且傭且乞。自恨不識字。誓積資設義學。以所得錢。寄富家。權子母。積三十年。得田二百三十畝有奇。乞如故。藍縷蔽骭。（骭音幹脅也・脛骨也・）晝乞而夜績。或勸其娶。七謝之。又數年。設義塾柳林莊。築塾費錢四千餘緡。盡出所積田以資塾。塾爲二級。曰蒙學。曰經學。開塾日。七先拜塾師。次遍拜諸生。具盛饌饗師。七屛立門外。俟讌罷。啜其餘。曰我乞者。不敢與師抗禮也。常往來塾中。値師晝寢。默跪榻前。師覺驚起。遇學生遊戲。亦如之。師生相戒勉於學。有不謹者。七聞之。泣且勸。有司旌其勤。名之曰訓。嘗至館陶。僧了證設塾鴉莊。貲不足。出錢數百緡。助其成。復積金千餘。建義塾臨淸。皆以其姓名名焉。縣有嫠。音釐、婦無夫也張陳氏家貧。刲肉以奉姑。刲音奎·割也·訓予田十畝助其養。遇孤寒。輒假以錢。終身不娶。亦不以告人。光緒二十二年。歿臨清義塾廡下。年五十九。病革。聞諸生誦讀聲。猶張目而笑。縣人感其義。鑴象於石。歸田四十畝。以其從子奉祀。山東巡撫張曜。袁樹勛先後疏請旌。祀孝義祠。清史稿

康有爲六三

清。姓康氏。名有爲。字廣廈。號長素。廣東南海縣人。生于南海西樵之銀塘鄉。光緒癸巳。年三十六領鄉薦。乙未年三十八成進士。戊戌政變。易號更生。丁巳蒙難。更號更甡。晚號天游化人。民國丁卯二月甲子。卒於青島寓舍。有大學注。中庸注。孟子注。春秋鄭。政見書。官制考。物質救國論。日本書目考。廣藝舟雙楫。南海詩文集等書。

清文宗咸豐八年二月初五日未時生（生卒見南海先生傳）

民國十六年二月廿八日卯時卒

戊午　命　六歲 十六　丙辰 丁巳

乙卯　宮　二六 三六　戊午 己未

辛亥　己　四六 五六　庚申 辛酉

乙未　未　六六 七六　壬戌 癸亥

文子云。金之勢勝木。一刃不能殘一林。蓋金能勝木。木畏金戕。然少數之金。斷不能勝多數之木。不獨不能勝木。且恐爲木所傷。故子平又有木强金折之說。珊謹按南海康先生造。戊午。乙卯。辛亥。乙未。日主之辛。在五行屬金。誕生於春分節後。木正當令。金本無權。金弱木强。顯然易見。月時二幹。乙木交拱。年時卯未二枝。乙木中藏。日枝之亥。又復中藏甲木。木計有五矣。一木曰木。二木曰林。三木曰森。今命占五木。望而知爲一大森林。僅憑單獨辛金。豈能勝林林總總之木。而況又值木强金弱時乎。所幸年幹之戊。在五行屬土。巍然特立。具有資生辛金之能力。雖木局如林。而辛金之本質未傷。琴堂指金歌云。一貴當權衆煞伏。將相威風肅。此之謂也。惜戊土爲乙木間隔。收效末減。所以才雖可以大用。功每敗于垂成。若戊居月幹。或居時幹。則辛金得直接資生之益。而戊土亦無扞格之處。有不旋乾轉坤。扶危定傾者乎。李商隱有句云。管樂有才原不忝。開張無命欲何如。古今一轍。夫復何言。十一歲丙運。戊辰。植謀公作古。五十六歲。申運癸丑。勞大夫人仙遊。足證春金怕。火蓋大運之丙屬火。歲幹之癸合戊化火。歲枝之丑。與未遙衝。是以憂喪靡已也。四十一歲己運戊戌。四月二十八日。德宗召見。先生昌言變政。至七月二十九日。奉密詔。命迅速出外。先生維新事業。至此結束。凡九十日。雖曰萬死一生。備嘗艱苦。然先生大名垂宇宙矣。此無他。運逢己土。歲値戊戌。幹枝又俱屬土。是以一飛翀天。一鳴驚人。以視三十六歲午運癸巳。領鄉薦。三十八歲己運乙未。成進士。其榮譽輕重。大有霄壤之判。四十二歲辛運丁巳。各省督軍。公推張勳爲盟主。六月三十夜。倉猝宣佈復辟。先生授爲弼德院副院長。賞給頭品頂帶。着加恩在紫禁城內賞坐二人肩輿。其時先生主張虛君共和。張勳主張君主立憲。政見各異。遂受排擠。七月初八日。段祺瑞馬廠誓師。大勢一變。張軍敗衂。衂音忸·屋韻·挫也·張勳逃東交民巷荷蘭兵營。先生亦避居美使館之美森院。是年十二月。美公使芮恩施備專車。派兵護先生出都。此一幕。不滿旬日。卒致瓦解。而稍留印像者。乃辛金大運之關係。其所以毫無結果者。歲值丁巳。與日主辛亥。幹剋枝衝也。至往來歐美。不寧厥居者十餘年。往來蘇浙講學著書者。又十餘年。均能逢凶化吉。到處歡騰。蓋由未庚申辛等運。土金連環。與辛金日主。均有相當感情也。七十歲壬運丁卯二月二十八日卯時。卒於青島寓舍者。丁壬化木。卯未會木。助紂肆虐。故君子道消也。

附錄

辛亥重九日聞黨禁開

千秋傷黨錮。禁網至今開。自是旻天大。甯因兵變來。流涕蘇馬赦。傷舊滂膺哀。感歎烏頭白。艱難歸去來。十四年于外。流離萬死間。子卿傷白髮。拔老指青山。國事亦多變。神州竟未還。惜哉遲歲月。念亂淚潸潸。

孔教會序

僕緣于大地之上。古今立國以萬數。語人曰。國不嚴軍兵。不設辨護士。民老死熙熙。不知律例。不識長吏。而能長治久安數千禩。統一方里數千萬。孳衍種族數萬萬。則橫覽歐美。暨窮歷史。未之有也。聞者則竊竊笑之。疑其誣也。雖然。吾中國數千年之爲治。實有然也。未嘗無法律。而實極闊疏。未嘗無長上。而皆不逮下。上雖專制。而下實自由。獄訟鮮少。賦斂極薄。但使人知禮義忠信之綱。家知慈孝廉節之化而已。嗟乎。何由而致是哉。味味我思之。豈非半部論語治之耶。夫論語何氏之書也。

其非然耶。或者慕歐思美。偏知政治之爲國也。夫人有耳目心思之用。則有情欲好惡之感。若無教道以範之。幽無天鬼之畏。明無禮紀之防。則暴亂恣睢。何所不至。專以法律爲治。則民作奸于法律之中。專以政治爲治。則民腐敗于政治之內。率苟免無恥。暴亂恣睢之民以爲國。猶雕朽木以抗大廈。泛膠舟以渡遠海。豈待風雨波浪之浩洶涌哉。若能以立國也。則世可無聖人。

可無教主矣。
今之謬慕歐美者。亦知歐美今所以盛强。不徒在其政治。而有物質爲之耶。歐美所以爲人心風俗之本。則更有教化爲之耶。政治教化之與物質。如鼎之足峙而並立。教化之與政治。如車之雙輪而並馳。缺一不可者也。或者以法革命之廢教也。豈知法廢舊教而已。而尊天與基督無異也。萬國自小蠻夷。莫不有教。嗟乎。天下豈有無教而可爲國者哉。教宜何從。審其歷史風俗之宜。人心之安者。其道至順則從之。非其歷史風俗之宜。人心之安者則可以致亂。若是則置之。
舉中國萬里之土壤。歷二千四百年之綿曖。合數萬后王卿士紳纓民庶婦孺之禮俗。所信受奉行。誦讀尊敬者。豈非先聖孔子之遺教耶。夫孔子之道本于天。人之性出于天。故因人性以爲道。若男女食味。被服別聲。人之性也。但品而節之。而不絕之。故至易至簡。而人不可須臾離其道也。苟非若婆羅門之去肉出家。墨子之非樂不歌。則普大地萬國之人。雖欲離孔教須臾而不能也。非惟中國也。凡人之爲人。有生我者。有與我並生而配合同遊者。有同職事而上下者。則因而立孝慈友弟義順忠信篤敬之倫行。苟非生於空桑。長於孤島無人之地。則是道也。凡普大地萬國之人。雖欲離孔教須臾而不能也。非惟中國爲然也。惻隱羞惡。謀慮進取。人之性也。擴而充之。以爲仁義智勇之德。雖禽獸亦有是一二焉。但不能合而擴充耳。則是道也。凡普大地萬國之人。雖欲離孔教須臾而不能也。

孔子尙慮後世之泥于一端。而不能盡于事變。故曰書不盡言。言不盡意。又曰觀其會通以行其典禮。窮則變。變則通。故爲運世之道。近則設三統。遠則張三世。以及其變通之宜。三統則有忠質文之異。親親尙功明鬼。時爲重輕。子丑寅之三正。赤白黑之三色。時爲建尙。乃至立明堂。則三十六牖七十二戶。或高圓侈。或橢圓衡方。或卑汚方。爲衣服。或長前衽。或長後衽。或前後長。

而今各國正朔宮室衣服之制。皆在焉。今非衣長後裾。而玄冠緇衣耶。其春秋明三世之義。則發據亂升平太平之異。據亂內其國而刺大夫。升平內諸夏而貶諸侯。太平則內外大小若一。而去天子。其三世之中各自爲三世。親親仁民愛物。遲衍遠于無窮。故于詩首文王以明立憲。書稱堯舜以明民主。易稱見羣龍無首。爲天下之至治。于禮運尤大暢其微旨。以公天下爲大同。以正君臣爲小康。故子思述祖德。以爲萬物並育而不相害。道並行而不相悖。如四時之錯行。日月之代明。善乎莊生尊孔子爲神明聖王也。曰配天地。本神明。育萬物。六通四闢。本末精粗。其運無乎不在。嗟乎。此孔子之道所以爲大也。夫大醫王者。藥籠中無不備。期于瘳民之疾。豈有挾一獨步單方。而可以爲聖醫者乎。

自漢時行孔子撥亂之治。風化至美。廉讓大行。宋明儒學。僅割據其一體。或有偏蹻。然氣節猶可觀焉。若夫春秋譏世卿。故漢時已去世爵。而布衣徒步。

可爲公卿。諸經之義。人民平等而無奴。故光武大行免奴。先於林肯二千年。孔子法律尙平。其有訟獄。則親王宰相。受法同罪。未以僞周禮議親議貴爲然也。經尤言薄稅斂。故輕減稅率。今天津畝田稅僅十三錢。漢時學校已徧全國。人民皆得入學。工商惟人民所習無限制。聚會著書言論皆自由。孔子敷教在寬。其有從佛道教者皆聽。凡此皆法革命時。流血百萬。而後得之者。而吾中國以奉孔子教。諸儒日以經義。爭而得之于二千年前。偏校萬國。皆未得有。此吾中國之美化。豈非孔教之盛德大功歟。吾人何幸而受之。頃年學士不通道教之原。立學官之經傳。已有選擇。大道淪墜。幾付燒薪。用致廉恥掃地。禮化蕩夷。極至晚淸之季。而大道喪矣。自共和來。禮樂並廢。典章皆易。道揆法守。掃地無餘。遂至教育之有司。議廢孔子之祀典。小則去拜跪而行鞠躬。重則廢經傳而裁俎豆。釁序鞠茂草之場。廟堂歇絲竹之聲。嗚呼。曾不意數千年文明之中華。一旦淪胥。至爲無教之國也。豈不哀哉。夫印度雖亡。而婆羅門敎二萬萬人。守敎之嚴毅如故。則印度人之政權雖亡。而敎化未亡。他日印度卽可從此而興焉。猶太雖亡。而猶太敎不亡。雖流離異國。奉之不移。乃至於今。猶太耆舊男女。當日之午。猶撫其太廟所羅門之城石而哭焉。則猶太人之政權雖亡。而敎化未亡。他日猶太人。卽可由敎而興焉。嗚呼。耗矣哀哉。滅絕無餘者。墨西哥也。爲班所滅。至古文字圖畫而滅之。今墨人面目。誰爲墨之遺黎哉。而所述之聖哲豪傑。往訓遺徽。皆班人之賢哲豪傑也。則是全滅也。故滅國不足計。若滅敎乎。則舉其國數千年之聖哲豪傑。遺訓往行盡滅之。所祖述者。皆謂他人父也。是與滅種同其慘禍焉。何其今之人。不自愛國。乃並數千年文明之敎化。與其無量數聖哲之心肝。豪傑之骨血。而先滅之歟。彼以孔敎爲可棄。豈知中國一切文明。皆與孔敎相繫相因。若孔敎可棄也。則一切文明。隨之而盡也。卽一切種族。隨之而滅也。嗟乎。中國人而有此也。是何心哉。

或謂教不待傳。優者自存。劣者自汰。天演之自然也。雖然。吾嘗遊徧五印度矣。奄萬里之境。無一香火之寺。無一印人之僧。驅車於舍衛。止宿于王舍城。問以鷲嶺一佛蹟。博物院之人曰。佛乃在中國。此地無之。嗚呼。以佛教之精微廣大也。至于歷刼不能不壞。故曰人能弘道。非道弘人。豈得謂教不待傳而自行哉。

或謂儒家大義。最重倫綱。今政改共和。君臣道息。則遺經垂教。窒礙難行。此溝猶瞀儒未通古義之論也。夫君臣之本義。但指職事之上下言之。非爲一帝者言之。傳曰。王臣公。公臣大夫。大夫臣士。士臣皁。皁臣輿。輿臣隸。由斯而言。士對于大夫爲臣。而對于皁則爲君矣。輿對于皁爲臣。而對于隸亦爲君。故大夫有家臣。而家主得稱君。禮喪服妾爲君。爲女君。家人則父母爲嚴君。至漢時人相呼以君臣。而爲郡將死節。猶盡君臣之義焉。自梁時改稱下官。禁稱君臣。于是千年來。但對帝者爲君臣。而宋儒益厲天澤之分。遂使令人有專制之忿。而波怒誤及于孔子焉。然求以孔子古義。則一切之主伯亞旅。無在不有君臣之義存焉。譬若一肆之中。肆主不以禮待其肆夥。肆夥不以忠事其肆主。而望其肆之興也。其可得乎。然則君臣之道。不能須臾離。而孔子之教。無可毫釐疑也。況孔子復有天下爲公。選賢與能之大同道。羣龍无首之太平世哉。執一端以疑先聖。是飛沙眯目。而責日月之失明也。豈不大愚哉。或謂各國宗教。皆主神道。孔子既不語神。則非教主也。愚儒一孔。遂敢妄議孔子。只爲哲學政治教育之名家。僅儕之于希臘索格底伯拉圖之列。此自日人不知孔教之謬論。而吾國東學。或爲所蔽惑。誤祖師其說。而自棄其教。尤愚謬之甚者也。中國數千年之言儒釋。只曰教而已矣。無神人之別也。夫今人之稱宗教者。名從日本。而日本譯自英文之釐離盡 Peligion 耳。在日人習用二文。故以佛教諸宗。加疊成詞。其意實曰神教云爾。然釐離盡之義。實不能以神教盡之。但久爲耶教形式所囿。幾若非神無教云爾。然教而加宗義已不妥。若因佛耶囘皆言神道。而謂爲神教可也。遂以孔子不言神道。卽不得爲教。則知二五而不知十者也。夫凡爲圓首方足之人。身外之交際。身內之云爲。持循何方。節文何若。必有教焉以爲之導。太古草昧尙鬼。則神教爲尊。近世文明重人。則人道爲重。故人道之教。實從神道而更進焉。要無論神道人道。而其爲教則一也。譬如君主有專制立憲之異。神道之教主獨尊。如專制之君主焉。人道之教主不尊。如立憲之君主焉。不能謂專制之君主爲君主。而立憲之君主非君主也。然則謂言神道者爲教。謂言人道者非教。謂佛耶囘爲教。謂孔子非教。豈不妄哉。况孔子尊天事帝。無貳爾心。明命鬼神。爲黔首則。原始反終。而知死生之說。精氣爲物。游魂爲變。而知鬼神之情狀。孔道何所不有。乃執不語神之單文。以概孔教之大道。是猶南洋人不知北地之有冰雪。而疑其無也。豈知孔子改制立法。弟子傳道四方。實爲中國之教主。豈與夫索格拉底。僅明哲學者。等量齊觀哉。

善乎吾友英名卿勃拉士之言曰。共和國以道德物質爲尚。尤過于政治也。國無道德。則法律無能爲。今觀國者。視政治過重。然政治非有巧妙。在宜其民之風氣事勢。養其性情。形以法律。然則今中國之所以爲敎。宜知所從矣。佛囘久入中國。既以信敎自由之故。民久安之。而相忘相混矣。然佛在蒙藏。久明罪福。其敎宜行。夫佛說雖妙澶漫。然多出世之言。如全施于中國。未見其周于民用也。基督尊天養魂。戒惡勸善。行之歐美。成効久彰矣。然孔子之道。以人爲天所生。故尊天以明萬物皆一體之仁。又以人爲父母所生。故敬祖以祠墓著傳體之孝。若基督只明尊天。而敬祖闕焉。今豈能舉中國四萬萬人之祠墓而一旦盡廢之。若今不尊孔。則何從焉。將爲逸居無敎之民歟。暴戾恣睢。以快嗜欲。而近於禽獸乎。則非待烹滅絕種而何。

嗟乎。皮之不存。毛將焉傅。今欲存中國。先救人心。善風俗。拒詖行。放淫辭。存道揆法守者。舍孔敎未由已。夫人杜威告吾曰。吾美之患。有國而無家。信如父不父。子不子。夫不夫。婦不婦。雖有粟。其得而食諸。凡我同人。將恐將懼。夫教爲天下。不爲一國而設。日本近者。廣厲儒學。崇祀孔子。況吾宗邦而自棄之。且吾國人人本皆覆幬于孔教中。不待立會。猶吾國人人皆爲中國民。不待注籍也。惟今列國交偪。必有國籍。諸教並立。亦有教籍。則教會之立。不可已也。大夫君子。邦人諸友。莫肯念亂乎。誰無良知。誰無責任。服教有年。年。弘道是務。守死善道之士。血氣含識之倫。同揚泗水之波瀾。共奏壁中之絲竹。其不致于洪水滔天。猛獸滿野耶。其諸邦人咸樂從于是會歟。吾中國猶有望也。孔子二千四百六十三年。秋八月壬子。南海康有爲撰。（南海詩文集）

古今圖書集成題記

古今圖書集成。爲清朝第一大書。將以軼宋之册府元龜。太平御覽。文苑英華。而與明之永樂大典。競宏富者。浙揚蘇諸閣燬後。流傳日少。聞劉忠誠督兩江。將翻印時。查問只有湖南及廣東共三本。近經革亂。海內傳本益寥寥。

京師經庚子破後。存本亦稀。此本自吾邑葉氏領運。自京而來粤。費萬金。後歸吾邑孔氏。昔先師朱九江先生語我。嘗假讀館孔氏三月焉。今歸於我。一萬卷。皆完好。誠中國之瓌寶也。願爲中國之文明保存之。自嘆久爲亡人流離異國之日多。絶少定居。安能以暇讀此祕笈。而藏此巨册。抑亦思古幽情。不能自已者耶。癸丑冬十二月。南海康有爲記。

端　方 六四

清。姓託和洛氏。名端方。字午橋。號匋齋。滿洲正白旗人。廕生用主事。遷工部員外郎中。光緒壬午(年二十二)舉人。戊戌(年三十八)簡直隸霸昌道。未幾。簡陝西按察使。己亥(年三十九)護陝撫。補陝藩。調河南布政使。未之任。拳匪亂作。晉豫繹騷。端方察幾先。多爲文告。反復曉譬。俾士民毋惑。境內晏然。兩宮西巡。駐蹕幾一年。而匕鬯不驚者。預防之力也。辛丑(年四十一)授湖北巡撫。壬寅(年四十二)署湖廣總督。甲辰(年四十四)調蘇撫。署江督。移撫湖南。銳意新政。所至以新學爲急。在湘。遣出洋遊學生尤衆。賓禮耆碩。調和新舊。湘人士多頌之。乙巳(年四十五)詔赴東西洋各國考察政治。時所稱五大臣者也。擢閩浙總督。未之官。與諸大臣分道浮海。周歷各國。八閱月而歸。成書奏進之。是爲中國議改立憲政體之始。宣統己酉(年四十九)調直督。以事爲言者劾罷。辛亥。命以侯補侍郎。督辦川漢粵漢鐵路事宜。郵傳部議以鐵路。歸國有。而收路章條。蜀與湘異。蜀人大譁。莠民乘之作亂。端方至漢口。詔率師入川。查辦。尋又命署川督。八月至重慶。而鄂變作。九月進次資州。經郡縣輒召父老宣朝廷德意。解散資境匪徒數萬人。蜀人頗感動。而所部鄂軍。陰懷反側。十月初七日晡時。兵官劉怡鳳。率軍隊持械入室。語不遜。端方嚴詞訶之。遂被迫拘係旁屋中。因不屈。被戕。蜀督以端方死事狀聞。上震悼。加恩贈太子太保。尋謚忠敏。有匋齋吉金錄。藏石記。

清文宗咸豐十一年三月十一日申時生

清宣統三年十月初七日申時卒見碑傳補

辛酉	命	五歲 十五	辛卯 庚寅
壬辰	宮	二五 三五	己丑 戊子
己亥	壬	四五 五五	丁亥 丙戌
壬申	辰	六五 七五	乙酉 甲申

光緒丁未。端忠敏公。時督兩江。因公蒞鎭。駐節金山。曾蒙其以命造見示。知爲辛酉。壬辰。己亥。壬申。當時曾以生時刼煞爲可慮。及亥運自刑爲可危。然斷無此學識。決其爲國捐軀。而況天演貴胄。卽小有罣誤。亦何傷耶。昨非今是。愧恧異常。（恧讀如濃入聲屋韻慚也）茲再就管見所及者。略述如下。查得日元之己。在五行屬土。誕臨穀雨節後。黃帝司權。土力充足。再益以辰藏戊土。申藏戊土。左右交拱之。其爲沃野千里。更屬顯然。惟細按之。月時二幹。並列壬水。日時亥申。各藏壬水。月枝之辰。又藏癸水。水多若此。土溼堪虞。如果命宮得一丙字午字。久雨忽晴。陽光乍放。則土之生產能力。依然保存無缺。今命宮壬辰。非惟無火。補四柱之缺點。復又增水。爲己土之仇讎。所以勳名雖卓越。福壽未全歸。善夫命學新義云。偏枯之造。有一二氣獨盛者。每能爲人之所不敢爲。言人之所不敢言。因此竟享大名。斯言誠不謬也。至於刼煞犯凶之說。古人言之鑿鑿。就珊經驗所得。大概刼煞如爲忌神則忌。如爲喜神則不忌。卽爲忌神矣。尤必須歲運再逢忌神。小人道長。君子道消。始以凶論。今忠敏之造。生時值申。誠爲刼煞。假使不逢亥運。其刼煞亦不爲禍。卽逢亥運。而不逢亥年。其刼煞仍不能爲禍。忠敏公五十一歲適行亥運。而又歲逢辛亥。月逢己亥。日逢辛丑。時逢丙申。是以所部反側。公因不屈。遂被戕。時爲十月初七日晡時。或曰忠敏殉難。刼煞與亥亥自刑之爲害。吾聞之矣。忠敏之陳臬開藩。一躍而爲疆吏。亦有故乎。曰有之。觀其二十二歲寅運壬午。鄉試中式。二十六歲己運丙戌。由張口監督。擢工部郎中。固可知火土裨益於日主也。三十八歲戊運戊戌。記名御史。簡直隸霸昌道。及陝西按察使。三十九歲仍行戊運。己亥。護陝西巡撫。補布政使。四十歲仍行戊運。庚子。拳匪亂作。晉豫繹騷。公察機先。多爲文告。反復曉譬。俾士民毋惑。境內晏然。（按此卽爲人所不敢爲言人所不敢言也。）閱時未逾三載。而晉遷如是之速。豈非土能益土之明證乎。四十一歲辛丑。至四十九歲己酉。授湖北巡撫。署湖廣總督。調蘇撫。署江督。出洋考察。復督兩江。又調督直隸。凡此種種。皆丁火生土之功。卽子運之水。得戊土蓄頓。亦復附首貼耳。故不爲害也。五十歲仍在丁運。忽賦閒居者。蓋歲值庚戌。天幹屬金。地支會金。洩土元氣也。

附錄

遊莫愁湖

五月湖樓趁夕涼。重來祠樹飫新霜。秋風莫續箜篌引。（箜篌樂器名。釋名謂爲師延所作。空國之侯所存也。故亦作空侯。或謂漢武帝使樂人侯暉爲之。其聲坎坎。故又作坎侯。其器今已仙舊說謂似瑟而小用木撥彈之。今日本所稱箜篌謂傳自百濟者。故亦謂之百濟琴。有百奏嵩奏兩種。）春夢誰尋玳瑁梁。孫楚酒樓餘蔓草。麗華宮井賸枯楊。佳人底事生南國。家事分明系洛陽。（近人詩錄）

舊史氏曰。公性豪邁。不拘小節。篤嗜金石書畫。海內孤本精拓。宋元明以來名蹟。聞風漎（音叢。水會也。）萃。悉歸儲藏。豐碑斷碣。輦至京邸。庋（音剞。紙韻。庋閣也。）廊廡（音武。麌韻。堂下周屋。）幾滿。尤好客。建節江鄂。開閣延賓。文酒之會無虛日。遭時承平。亦阮太傅畢尙書之流風也。晚丁杌音兀。月韻。陧。音臬。屑韻。危也。兵威不揚。肘腋之間。皆爲寇仇。忼慨捐軀。有弟同殉。赫赫雙忠。遂與顏平原兄弟千古爭烈矣。碑傳補

袁跋

樹珊袁君。吾鄉好道力學士也。其爲人和。其學博。其名遠播。宜也。余舊與之識。而過從甚罕。蓋以餬口四方。里居時少也。昔以家有婚喪。請其選吉。悉其學說高明。不同凡俗。可佩哉。茲承雅屬。屬題所著命譜。余雖幼讀詩書。粗知文藝。惜爲衣食所累。於題跋詠事。手生荊棘矣。惟器其人力學。益重其書精博。敢贅數語於紙尾。竊以爲此書之鴻碩。合聖賢仙佛。將相乞兒爲一爐。鎔經鑄史以成之。推勘詳審。所費心血。何止斗許。其書之奇偉。爲今所無。古所未有巨作也。此豈尋常山人術士之末技哉。眞堪補天人之補矣。

己卯冬同里左良袁象保謹跋

孫跋

鎭江袁樹珊先生。博雅能文。夙以擅日者之術。有聲江淮間。丁丑國難。先生避地淞濱。始獲謁見。竊窺先生。雖以方技問世。而著作等身。接物以和。因事諷託。談言微中。有嚴君平與父言慈。與子言孝遺風。誠足爲後學矜式。頃承以大著袁氏命譜稿本見示。義理嚴正。擇言信徵。勸善規惡。合定命與造命以立言。其於今日世道人心之維繫。豈曰小補。謹述數語。用示欽崇。

己卯歲暮後學孫抱存拜識

跋一

先伯父與　先君子。皆精於醫。　伯兄樹珊。　仲兄桂生。亦精於醫。　先伯父著有養生三要。　仲兄著有叢桂草堂醫草。均刊行於世。　伯兄亦曾著有萬方菁英待刊。觀於此編所載。不獨詳論命理。而且詳論醫學。其旨趣可見矣。　伯兄嘗言。達則兼善。窮則獨善。衞國惠民。從政治軍。此爲兼善所必需。事親持身。治家涉世。此爲獨善所必需。至於耕田讀書。習詩文。學書畫。種種學術。　伯兄常於家庭談話時。津津樂道之。今亦悉見於此編。其他說仙說佛。勸忠勸孝。莫不具有深意。願吾後昆。其世寶之。果能知所抉擇。其獲益不已多乎。若但云知命俟命。則猶未免淺之乎視此編矣。己卯端陽弟桐子高氏謹跋於鎭江師範學校時客海上

李跋

曩讀史記日者傳。引賈誼有云。古之聖人不居朝廷。必在卜醫之中。良以卜可決疑。醫能療疾。同爲生民所必需者。雷不揣譾陋。是以毅然棄其所業。而從袁師桂生。講習醫學。時　樹珊師。亦垂簾京口。大江南北。莫不知名。且又與桂生師同居共食。朝夕切磋。怡然一室。雷尤欽其力行孝友。迥異尋常。昔賢謂經師易得。人師難求。書云。德無常師。主善爲師。雷當亦竭誠請業。又蒙吾師多方指授。頻年以來。對於卜醫二學。猶愧未涉藩籬。間嘗輯有國醫文選。命學異同二書。未敢率爾問世也。茲讀吾　師所撰命譜八卷。不禁欽仰吾　師之用心良苦。寓意宏深矣。論儒則推崇　至聖。而以釋之佛印。道之呂嵒寓焉。論帝則推崇東漢世祖。明太祖。而以前清聖祖。高宗寓焉。論忠。則推崇　關壯繆。諸葛忠武。岳忠武。張睢陽。而以陸忠烈。文信國。楊忠愍。盧忠烈等寓焉。論政治。則推崇歐陽文忠。王荊公。（文忠荊公政見不同）　而以張文貞。阮文達等寓焉。論武功。則推崇范文正。王文成。戚少保。而以曾文正。胡文忠。左文襄等寓焉。至於文學之蘇文忠。黃文節。紀文達。畢弇山等。理學之朱文公。眞文忠。朱柏廬等。莫不具載。言書畫。則有趙松雪。董香光。及羅兩峯。言卜醫。則有邵康節。謝文節。劉青田。王念西。言孝子烈女。則有沈理存。周絡馨。言仁人義士。則有丁松生。武訓。他如張邦昌。秦檜。嚴嵩等之神奸巨慝。可以引爲炯戒者。亦備錄焉。此誠勸善懲惡。易俗移風之大著。豈獨發明五行物理。掃除舊有官殺財印之名詞。爲命學別開生面已哉。世有知音。讀吾　師書者。當可鑒別之。雷不學無文。實未能遠測其高深也。己卯蒲節後一日受業李雷雨田甫拜識。

勘誤表

卷數	頁數	行數	字數	誤	正
高序	二	四	一七	天	生
梁序	一	八	二五	翼	冀
題辭	一	八	二九	末	來
例言	一	十	九	佛	釋
徵引目書	五	二	二	傳字下	脫一集字
卷一	五	九	一四	壯字下	脫一長字
卷一	六	四	八	食	粟
卷一	六	八	一二	卦字下言二字	脫文
卷一	一四	七	五	二	三
卷一	一二九	三	七	大字下	應爲內字

卷數	頁數	行數	字數	誤	正
卷一	四三	六	三	五	七
卷一	四三	六	五	十	廿
卷一	四三	六	六	八	三
卷一	四三	八	一五	冋	而
卷一	四五	四	一	備	昭烈
卷一	四五	四	一四	備	昭烈
卷一	四五	四	一五	備	昭烈
卷一	四五	五	二	備	昭烈
卷一	四五	五	二一	備	昭烈
卷一	四五	六	十二	備	昭烈
卷一	四五	六	二六	備	昭烈

卷數	頁數	行數	字數	誤	正
卷一	四五	七	一九	備	昭烈
卷一	四五	一一	二	備	昭烈
卷一	四七	五	二九	帝	昭烈
卷一	四七	七	一	帝	昭烈
卷一	四七	一一	二一	無丞相兩字	
卷一	四七	一一	二三	亮	侯
卷一	六三	七	一一	况	況
卷一	六七	九	八	天渾	渾天
卷一	六八	一	二一	生字下脫生卒見茅山志六字	
卷一	八〇	一一	四	吾字下	應爲將字
卷二	一九	五	一八	元字下	應爲氣字

卷數	頁數	行數	字數	誤	正
卷二	五七	六	二七	林	材
卷二	七一	六	二〇	公字下	應爲館字
卷二	七一	一一	一三	元符元	紹聖五
卷二	七二	六	二九	哲字下	添一宗字
卷二	七二	八	一	多一宗字	
卷二	七八	九	小註	敕字上	應爲作字
卷三	一	五	小註	潰字下	應爲川字
卷三	二	七	二四	想	相
卷三	九	二	小註	隋字下	應爲移字
卷三	九	一一	一一	干	午
卷三	一二	六	一九	論	倫

命譜　勘誤表

卷數	頁數	行數	字數	誤	正
卷三	三八	五	一〇	議	註
卷三	五一	九	小註	亦字下	應爲作字
卷三	六一	六	七	紛	紛
卷三	六二	七	二五	币	市
卷三	六七	三	小註	煌	煜
卷三	七九	八	二六	王字下	脫一是字
卷三	七九	一二	二三	王字下	脫一爲字
卷三	八二	六	五	王字下	脫一是字
卷四	一二	四	一	司字下	應爲藉字
卷四	一二	一〇	二五	亟字下	應爲上字
卷四	二四	一〇	二六	末	木

卷數	頁數	行數	字數	誤	正
卷四	四一	六	一六	下字下	應爲之字
卷四	四二	一	小註	明字上	應爲見字
卷四	五七	一一	四	逈	迴
卷四	六三	五	二三	子字下	多一年字
卷四	六五	一〇	一二	意	義
卷四	七七	八	小註	母王上	應爲大字
卷五	三三	八	八	援	授
卷五	三三	一〇	二二	關字下	應爲內字
卷五	三五	五	小註	二	貳
卷五	三七	二	一五	二	貳
卷五	三八	一二	一	冲	衝

卷數	頁數	字數	行數	誤	正
卷五	三九	一	一〇	乞字下	應爲休字
卷五	四八	一〇	八	生字下	應爲之字
卷五	六〇	八	二六	住	佳
卷五	七〇	一一	小註	水字下	應爲生字
卷六	二三	三	小註	邦字下	應爲治字
卷六	二八	六	四	台	臺
卷六	七一	三	二三	牛	平
卷七	四	二	二三	子字下	應爲應字
卷七	六九	四	二四	冲	衝
卷七	七七	三	小註	舊字下	應爲有字
卷八	五	三	八	十字下	應爲二字

卷數	頁數	字數	行數	誤	正
卷八	四四	一二	一二	開	關

鎮江袁樹珊啓事　戊寅正月

鄙人賣卜京江，四十餘載。著書數種，就正高明。差幸薄負時譽，苟免飢寒。奈何避地滬瀆，復闢硯田。止足不知，貽譏　大雅。蓋鑒於星卜小道，當此之時，不絕如縷。而我國古聖先賢之哲學，亦將淡然若忘。是以不自揣度，擬重修漢司馬季主之墓。擬重修蜀嚴遵君平之宅。並擬纂輯歷代卜筮星相名人列傳。一以發潛德之幽光，一以保固有之國粹。惟茲事體大，所費甚鉅。爲此振刷精神，犧牲腦汁，略貢五行一得之愚。與　海內知音，共商力命問題。俾命運亨通之士，得以邁步進行。命運蹇滯之人，得以虛心耐守。敢謂避凶趨吉，益己利人。不過藉博錙銖，冀償夙願。同好君子，或可諒諸。

鎮江袁樹珊星命潤筆簡章

課占常事略批	一元	乾坤二造合婚	十元
課占要事詳批（嫌疑不占）	二元	嫁娶選擇吉期	十元
命理流年大略（只論一年）	二元	開市選擇吉期	二十元
命理行運大略	五元	修造選擇吉期	二十元
命理行運詳批	十元	安葬選擇吉期	二十元
細論十載流年	二十元	接印選擇吉期	五十元

凡蒙賜教　筆資先惠　外埠函託

約期覆件　空函垂詢　恕不裁答

收件處上海靜安寺路同福里十二號袁廬
電話三八七六六號

述卜筮星相學

鎮江袁樹珊著

是編計十餘萬言。釐爲八卷。以周易太乙遁甲六壬棋卜字卜選吉屬卜筮。以推命相人相宅相墓屬星相。純粹以科學方法說明之。且引經據典。尋流溯源。提要鈎玄。語無泛設。至我國及東西各國卜筮星相學之書目。其世所罕見者。本書均一一備錄。非惟足供留心斯學者之參考。卽研究天文・地質・生理・心理・論理・法律・政治・經濟・生物・化學・礦物・歷史・算術・醫學等學者。亦所當知也。

史紙精印　每部四冊　實價三元六角

洋裝鉛印　每部一冊　實價一元

總發行所鎮江三善巷潤德堂書局

分發行所上海靜安寺路同福里十二號　電話三八七六六號　袁廬

總代售處上海三馬路千頃堂書局

增訂命理探原

力學與命學　有連帶之關係　欲求發展力學　不可不知命學

此書編次簡明　人人可讀　按圖索驥　無師自通

自己推命　可以利己　為人推命　可以識人

論語首章曰，學而時習之，此力學也。終篇曰，不知命無以為君子，此命學也。讀此可以見聖人之心理，使人先盡人力，後安天命。既不致迷信人力，而恃強行險。亦不致迷信天命，而消極無為。諸葛公謀事在人，成事在天。曾文正三分人事，七分天命之說，皆本於此。前清四庫全書術數類，古今圖書集成藝術典，所載命學，精微博大，殊屬可觀。今海上書局，多有影印流傳，學者當有目共賞。惜對於力學，皆忽而不講。鎮江袁樹珊，有鑒於此，特將曩年舊作命理探原，重加增訂，釐為八卷，共拾餘萬言。既詳列命學之公式，又備言力學之方針。苟能人手一編，稍加之意。固不致盡恃人力為萬能，亦不致誤認天命為無稽。只須力命兩層，雙管齊下，有不共躋君子之域者乎。

洋裝一冊　特價四角　木版精印四冊　實價一元六角

總發行所鎮江三善巷潤德堂書局

分發行所上海靜安寺路同福里十二號　電話三八七六六　袁廬

總代售處上海三馬路千頃堂書局

星命釋疑綱要

一、君如有一種事件，不知能達目的與否，及希望如何，儘可垂詢。

二、君如有兩種事件，或兩條路徑，究竟何去何從，儘可垂詢。

三、君如於本身職務，覺有種種不愜，以致煩悶疑慮，儘可垂詢。

四、君如以進退關係，或動靜順逆，種種問題，疑團莫釋，儘可垂詢。

五、君如以要事託人，賢愚莫辨，或婚姻問題，是否美滿，儘可垂詢。

六、君如以親老子幼，及本身職業方針，與夫壽殀窮通結果，儘可垂詢。

以上六則，如蒙 垂詢。珊雖見聞膚淺，當按照潤例，就學言理，竭忱答覆，以副 雅誼。

養生三要

此為習醫門徑之書
欲求習醫方法及却病延年
多子多孫者須讀此書

袁昌齡先生遺著，原有醫門集要八卷。於脉理，藥性，內科，外科，及鍼灸科諸法，莫不綱舉目張。燦然大備。此編乃集要之首卷。書分三篇。曰衞生精義，曰病家須知，曰醫師箴言。皆裒集聖哲良規，名醫粹語，一可治未病，一可治已病，一可治醫病者之病，誠養生三要也。

木版精印　一冊　實價六角
洋裝鉛印　一冊　實價二角

總發行所鎮江三善巷潤德堂書局
分發行所上海靜安寺路同福里十二號電話二八七六六號袁廬
總代售處上海三馬路千頃堂書局

選吉探原

此爲選吉門徑之書

欲求選擇良辰。舉行上任開市。及嫁娶造葬者。須讀此書。

選吉一道，古人最重，今人每以迷信忽之。是以民國元年一月一日，丙子值建。二年一月一日，壬午值破。按照選吉原理，皆爲諸事不宜。乃竟有於此兩凶日，舉行各種重大典禮者。卒至荆棘叢生，干戈迭起。殊不知外事用剛日，內事用柔日，載諸經典，百王不易。太歲可坐，三煞可向，五黄，戊己須避。證以博物志所云，鵲巢門戶，皆背太歲。抱朴子所云，鶴知半夜，燕知戊己，益信而有徵。豈可概以迷信而抹煞之耶。

鎮江袁樹珊，所著選吉探原一書，上下兩册。對於選年選月選日選時，及朝野各界，選吉需要等法。孰吉孰凶，孰宜孰忌，莫不綱舉目張，詳細說明。凡欲從事斯道者，只須照表檢查，無異按圖索驥，順逆從違，立即解决。以視其他選吉之書，千頭萬緒，拘牽做謬者，誠不可同日而語也。

木版精印兩册　實價一元二角

洋裝一册　實價六角

賣卜危言

鎮江袁樹珊撰

此冊為長沙陳高林先生所書，眞草隸篆，各極其妙。影印精良，不爽毫黍。學者得此，不僅知賣卜之宗旨何在，尤可為臨池學書之一助也。

史紙精印 一冊 實價二角

總發行所鎮江三善巷潤德堂書局

分發行所上海靜安寺路同福里十二號 電話三八七六六號 袁廬

總代售處上海三馬路千頃堂書局

標準萬年曆

此為歷史家星卜家

必需之書

本書所載節氣時候，概以當年所頒行之時憲書為標準。及至民國成立，概以觀象台編製之曆書為標準。故能糾正坊間曆書之謬。凡欲求陰曆月建大小，節氣時候。及陽曆某日，為陰曆某日者，不可不人手一編也。

精裝一冊　實價一元　平裝一冊　實價五角

總發行所鎮江三善巷潤德堂書局

分發行所上海靜安寺路同福里十二號電話三八七六六號袁廬

總代售處上海三馬路千頃堂書局

大六壬探原

此為卜課門徑之書

欲求決萬事之疑。及動靜從違。成敗利鈍者。須讀此書。

易云，君子以思患而豫防之。中庸云凡事豫則立，不豫則廢。玉篇，豫或作預。由是觀之，豫之時義，大矣哉。今人但知金錢出入，須有豫算。而不知是非成敗，禍福榮辱，尤當有豫算。否則患何以防，事何以立。然欲求防患未然，立事不廢，必須求豫知之法。欲求豫知之法，能不讀卜筮之書乎。顧卜筮之書，種類不一。惟壬課原本羲爻，相傳尤古。其推演之法，由占時而月將，是無極生太極也。由月將而幹枝，是太極生兩儀也。由幹枝而四課，則太陽少陽，太陰少陰，四象生焉。由四課而發用，初傳法天，中傳法人，末傳法地，三才位焉。三才既具，五行備焉，神將定焉。神將既定，握其機樞。則天下萬事萬物，孰吉孰凶，孰悔孰吝，胥於此現象得之。豈獨是非成敗，禍福榮辱已哉。鎮江袁樹珊，採討壬學，歷有四十餘年。爰將其平日經驗，及家藏古籍。提要鈎玄，撰述成書。釐為三篇，曰演法，曰論斷，曰集說。命其名曰大六壬探原。蓋取其窮原探本之意。世之君子，苟欲預知防患未然，及立事不廢之法者，不可不人手一編也。

洋裝一冊　實價六角　木版精印二冊　實價一元二角

總發行所鎮江三善巷潤德堂書局

分發行所上海靜安寺路同福里十二號 電話三八七六六號 袁廬

總代售處上海三馬路千頃堂書局

中華民國二十九年二月出版

合訂本精裝一册 實價六元
分訂本平裝每册 實價二角

袁氏命譜

著作者 鎮江袁樹珊

總發行所 潤德堂書局
鎮江三善巷

分發行所 袁廬
上海靜安寺路同福里十二號

總代售處 千頃堂書局
上海三馬路

心一堂術數古籍珍本叢刊　第一輯書目

堪輿類

章仲山挨星秘訣（全彩色）
臨穴指南
靈城精義箋（全彩色）
堪輿一覽
三元地理真傳（線裝）
姚氏地理辨正圖說
地理辨正補
欽天監風水正論（線裝）
蔣徒傳天玉經補註
三元天心正運（全彩色）
元空紫白陽宅秘旨（全彩色）
羅經舉要（全彩色）
漢鏡齋堪輿小識
陽宅覺元氏新書
地理辨正補註
許氏地理辨正釋義
三元地理正傳（全彩色）
地理辨正天玉經內傳要訣圖解（全彩色）
地理方外別傳
星卦奧義圖訣（全彩色）
地理秘珍
三元挨星秘訣仙傳（全彩色）
欽天監地理醒世切要辨論（全彩色）
地理辨正抉要
地理法門全書
地理辨正抉要
元空法鑑批點本，秘傳玄空三鑑奧義匯鈔合刊
元空法鑑心法
地經圖說
地理辨正自解

謝氏地理書
地理學新義
平洋地理入門、巒頭圖解合刊
平洋地理闡秘（全彩）
華氏天心正運
地學形勢摘要
司馬頭陀地鉗
鑒水極玄經　秘授水法　合刊
地理輯要
地理辨正揭隱　附連成派秘鈔訣要
地學鐵骨秘　附　吳師青藏命理大易數
趙連城秘傳楊公地理真訣
趙連城傳地理秘訣附雪庵和尚字字金
山洋指迷
三元挨星四十八局圖說
張氏地理錦囊
青囊一粟
堪輿秘訣彙釋
風水正原
風水一書
金光斗臨經
論山水元運易理斷驗、三元氣運說附紫白訣等五種合刊
《沈氏玄空吹虀室雜存》《玄空捷訣》合刊
《玄空古義四種通釋》《地理疑義答問》合刊
王元極三元陽宅萃篇
王元極增批地理冰海附　地理冰海（原本）
地理辨正求真
地理小補（全彩色）
辨正發秘初稿（全彩色）
地理辨正翼
天機心竅等地理秘書四種合刊
李文田注撼龍經
家傳地理陰陽二宅秘斷
地理前五十段、後五十段合刊
挨星考注
地理三會集
三元山水秘密真訣（全彩色）
諸家風水選擇秘訣匯鈔

命理類

命理大四字金前定數（全彩色）
韋氏命學講義
命理斷語義理源深
千里命稿
文武星案上下卷
精選命理約言
斗數宣微
斗數觀測錄
地星會源斗數綱要合刊（全彩色）
皇極數（1－4）
星命風水秘傳百日通
鐵板神數（清刻足本）——附秘鈔密碼表
邵夫子先天神數（1－2）
斗數演例（全彩色）
滴天髓闡微——附李雨田命理初學捷徑
算命一讀通——鴻福齊天
命學探驪集
命理用神精華（原本）
澹園命談
命理尋源
新命理探原
滴天髓微義
蠢子數纏度
先天蠢子神數
《斗數秘鈔》《紫微斗數之捷徑》合刊
命譜
徐樂吾滴天髓微義
徐樂吾命理尋原

占筮類

擲地金聲搜精秘訣
卜易拆字秘傳百日通
易占陽宅六十四卦秘斷

相法類

相法易知
相法秘傳百日通
新相人學講義

手相學淺說
神相全編正義
相門精義
大清相法

三式類

壬課總訣（全彩色）
六壬教科六壬鑰
壬學述古
奇門揭要（全彩色）
奇門大宗直旨（全彩色）
奇門三奇干支神應（全彩色）
奇門廬中闡秘（全彩色）
六壬秘笈——韋千里占卜講義
奇門行軍要略
大六壬類闡（全彩色）
大六壬尋源二種
秘鈔大六壬神課金口訣
秘傳六壬課法附金口訣
大六壬指南
甲遁真授秘集
大六壬尋源二種（上）（下）
奇門心法秘纂（全彩色）
奇門仙機（全彩色）
大六壬探源
太乙鑰
太乙統宗捷要
太乙會要

其他類

述卜筮星相學
中國歷代卜人傳